Zum Verhältnis von sittlicher und ökonomischer Rationalität

Ein Beitrag zur Beziehung von Ethik und Ökonomie:

Zum Verhältnis von sittlicher und ökonomischer Rationalität

aufgezeigt am Beispiel der Unternehmenskultur der Siemens AG, Berlin und München

Dissertation
zur Erlangung des akademischen Grades
eines Doktors der Theologie
eingereicht an der
Katholisch-theologischen Fakultät
der Universität Wien

von Matthias Branahl
Wien 1991

div
Deutscher Instituts-Verlag

CIP-Titelaufnahme der Deutschen Bibliothek

Branahl, Matthias:
Zum Verhältnis von sittlicher und ökonomischer Rationalität – aufgezeigt am Beispiel der Unternehmenskultur der Siemens AG . . . / von Matthias Branahl. – Köln: Dt. Inst.-Verl., 1991
Zugl.: Wien, Uni., Diss.
ISBN 3-602-14309-0

Förderer der Drucklegung

Siemens AG, Berlin und München
Bund Katholischer Unternehmer e. V., Köln
Collegialität – Versicherung auf Gegenseitigkeit, Wien
Diözese Rottenburg – Stuttgart
Verband Christlicher Unternehmer Österreichs, Wien
Fa. Warenhandels- und Datenverarbeitungsgesellschaft mbH
„Delikomat“, Wien

Gustav-Heinemann-Ufer 84–88,
5000 Köln 51, Postfach 51 06 70,
Telefon (02 21) 3 70 83 41

Druck: Bercker, Kevelaer

Inhalt

Nicht die wirtschaftliche Unternehmung an sich
ist letztes Ziel,
sondern die Erfüllung des Kulturauftrages
zum Wohl der Menschen.

Danksagung

Die vorliegende, für die Drucklegung aktualisierte, interdisziplinäre Arbeit wurde von der Katholisch-Theologischen Fakultät der Universität Wien im Sommersemester 1991 als Dissertation angenommen.

Mein Dank gilt Herrn Prof. DDr. Rudolf Weiler, Vorstand des Instituts für Ethik und Sozialwissenschaften, sowie Herrn Prof. DDDr. Alfred Klose für die Erstellung des Zweitgutachtens.

Mein Dank gilt ferner stellvertretend für alle Gesprächspartner bei der Siemens AG in München dem Leiter der Abteilung ZPGI 1 (Zentralbereich Personal, Gesellschaftspolitische Grundlagen- und Bildungsarbeit), Herrn Dr. Walter Conradi.

Für ihre Begleitung, ihre Anregungen und alle ihre Bemühungen mein herzliches Danke.

Gewidmet sei diese Schrift aus Dankbarkeit meinen Eltern.

Köln, im September 1991

Matthias Branahl

Einführung

Die Menschheit, so Toffler, steht am Übergang zu einer neuen Stufe des wissenschaftlich-technischen Zeitalters[1], in dem die Technik nicht mehr nur als eine Möglichkeit des tätigen Menschseins unter anderen Möglichkeiten aufscheint, sondern „gleichsam zur Basis einer Mentalität" wird[2].

Daß ein so konzipiertes Kulturverständnis bis in unsere Tage „den Schein der Plausibilität wahren"[3] konnte, begründet Roos zum einen mit den Rücklagen der im Prozeß der abendländischen Geschichte angereicherten Wertsubstanz, zum anderen mit der erst heute gewonnenen Fähigkeit und dem Wissen darum, uns selbst zerstören zu können.

Über die Folgen der modernen, lange Zeit für wertfrei gehaltenen empirischen Wissenschaften und der darauf beruhenden Technologie gewinnen ethische Fragen zunehmend in jüngerer Zeit an Bedeutung, hat doch „der technisch-ökonomische Fortschritt innerhalb der neuzeitlichen Entwicklung einen Vorsprung erreicht, hinter dem der Schutz der Umwelt und die ethische Mobilisierung der Gesellschaft deutlich zurückgeblieben sind"[4].

Neben der konsekutiv-ethischen Fragestellung, ob man alles darf, was man kann, erhält die aus präventiv-ethischer Sicht zunehmend an Gewicht: Was soll man überhaupt können? Was läßt sich erreichen?[5]

---

1 vgl. Toffler (1972) und (1975).

2 vgl. Mieth (1988), 1.

3 Roos (1989), 1.

4 vgl. Auer (1987), 46; vgl. Lang in: Nahrendorf (1989),1: „Der Ausbau der moralischen Fundamente unserer Kultur hat mit dem Ausbau der materiellen Fundamente nicht Schritt gehalten"; für eine ausführlichere Skizzierung dieses Szenarios vgl. Inglehart (1979), Toffler (1972) und (1975) und Weizsäcker (1988).

5 vgl. Mieth (1988), 11f.

Dieser weltanschaulich-ethische Wandel in unserer Gesellschaft führte zur „Bildung einer neuen politischen Öffentlichkeit“[6], die zunehmend mehr Einfluß auf unternehmerische Entscheidungen und Strategien nimmt.

Als „eine logische Konsequenz erkennbarer ökologischer, ökonomischer und sozialer Trends“[7] werden neue Techniken und Produkte, aber auch das Unternehmen an sich von ihr kritisch auf ihren gesellschaftlichen Nutzen hin überprüft. Will eine Unternehmung auch in Zukunft mit der Akzeptanz durch die Öffentlichkeit rechnen, muß sie nach innen wie auch nach außen „glaubwürdig“ erscheinen[8]. Denn „es wurde in den letzten Jahren sehr deutlich, daß sich bei immer mehr Produktgebieten Technik ohne gesellschaftlichen Konsens immer schwerer verkaufen läßt ... Das heißt: ein Kunde kauft ein Produkt nicht mehr nur unter dem Gesichtspunkt des unmittelbaren Nutzens, sondern er hinterfragt oft auch gleichzeitig dessen Auswirkungen auf Arbeit, Umwelt, Datenschutz oder anderes.“[9] Das qualitative Element gewinnt gegenüber dem quantitativen als Wettbewerbsfaktor zunehmend an Bedeutung für eine erfolgreiche Unternehmensführung[10].

In Zukunft wird neben einem vertieften Verständnis kultureller Zusammenhänge von einer Unternehmensführung im Besonderen auch ein bewußtes Gestalten gesellschaftspolitischer Prozesse erwartet[11]. „Es geht also um die Akzeptanz unseres Tuns durch die Gesellschaft“[12], wobei es sich ein Unternehmen in Zukunft immer weniger wird leisten können, ethische Überlegungen auszublenden[13].

---

6 Kürn (1989), 75.

7 Kobi/Wüthrich (1988), 74; vgl. auch Leitherer (1986).

8 vgl. Thommen (1988), 46ff: zum Verhältnis von Akzeptanz, Glaubwürdigkeit und Ethik; vgl. Plesser (1988), 31–38: „Glaubwürdigkeit als wesentliches Element von Ethos und Verantwortung“.

9 Kürn (1989), 75.

10 vgl. Wever (1987), 9.

11 Halfpap (1989), 9.

12 Hübner (1990), 5.

13 vgl. Kürn (1989), 78.

Da der wirtschaftende Mensch an der Wertfrage nicht vorbei kommt, stellt sich die „Frage nach der Objektivierung von Maßstäben für die Wahl der wirtschaftenden Subjekte bei deren Entscheidungen zwischen Alternativen wirtschaftlichen Handelns“[14]. Wie ist eine dem Menschen würdige Ordnung der Gesellschaft als sittliches Kriterium mit der Ordnung des Marktes und seiner sachgemäßen Funktion in der Wirtschaft zu verbinden? Wie läßt sich der Wert der Wirtschaft in die Dimension der Menschenwürde stellen?[15]

Wenngleich die christliche Botschaft keine konkreten Handlungsanweisungen für die Gestaltung der Wirtschaft gibt, so lassen sich aus ihr aber Leitlinien für deren Ausgestaltung aufzeigen.

Ausgegangen vom Beispiel der Unternehmenskultur der Siemens AG soll im Folgenden untersucht werden, inwieweit die in Unternehmenskulturen zum Ausdruck gebrachten sittlichen Grundwerte und die Prinzipien wirtschaftlichen Handelns mit denen der in der katholischen Soziallehre vertretenen Wirtschaftsethik übereinstimmen.

---

14 Weiler (1989), 101.
15 vgl. a.a.O., 107.

1. Teil:

Zum Verhältnis von Ethik und Ökonomie – der Begriff der Unternehmenskultur in der öffentlichen Meinung[1]

1. Der Kulturbegriff

1.1. Zur geschichtlichen Entwicklung

Etymologisch läßt sich der Begriff „Kultur“ aus dem lateinischen Verb „colere“ und dem Substantiv „cultus“ herleiten[2], wobei in seiner ursprünglichen Bedeutung sich „Cultura“ nur auf agrarische Tätigkeiten bezog.

Dieses Begriffsverständnis wird in frühchristlich-mittelalterlicher Zeit um ein metaphorisches Verständnis erweitert. Gott als Schöpfer aller Dinge wird im Bild des Sämannes gesehen, der das Innere des Menschen gleichsam als Ackerfläche zu bestellen hat[3].

Mit dem Verständnis von Kultur als „cultura ingenii“ stehen die Humanisten Erasmus (1466–1535) und Thomas Morus

---

1 zum Begriff „öffentliche Meinung“ vgl. E. Baumgartner (1960), Staatslexikon, 5. Bd. Sp 1184, 6. Aufl.: das „Insgesamt der in einer Gesellschaft sich über längere oder kürzere Zeit tatsächlich im Umlauf befindlichen Stereotypen über bestimmte Sachverhalte, Gruppen, Personenkreise“.

2 vgl. Perpeet (1984), 21; „colere“ bedeutet: hegen, pflegen, bebauen bzw. schmücken, veredeln, ausbilden im übertragenen Sinn. Die Wortfamilie von „colere“ ist umfassend: excolere = veredelen, verfeinern; percolere = ausarbeiten; praecolere = vorarbeiten; recolere = wiederherstellen. „Cultus“ hat auch als Adjektiv eigenständige Bedeutung im Sinne von „angebaut“; culta bzw agriculti = bestellte Äcker; vgl. auch Zürn (1986), 15.

3 vgl. Niedermann (1941), 20ff.

(1478–1535) in der Tradition der Cicero zugeschriebenen Interpretation des Begriffs als „cultura animi“[4]. Im Verständnis einer Pflege des Geistes wird „Kultur“ zunehmend zu einem Synonym für Zivilisation und Bildung.

Mit der Zeit der Aufklärung löst man den Begriff von seinem Genitivattribut („animi“, „ingenii“) und verwendet den Begriff „Kultur“ zur Unterscheidung von Mensch und Tier, wobei der barbarische Naturzustand dem der Kultur im Sinne der Zivilisation gegenübergestellt wird.

Herder (1744–1803) erweitert den Begriff um einen geschichtlich-soziologischen Aspekt. Er versteht „Kultur“ als eine sich wandelnde, regende, ausformende und sich vollendende Lebendgestalt von Gesellschaften, Gemeinschaften, Völkern und Nationen[5]. Auch weist er daraufhin, daß die Kulturfähigkeit des Menschen sein natürliches Potential ist, welches ihn von einem instinktgeleiteten Naturwesen unterscheidet[6].

„Cultur – die Veredelung oder Verfeinerung des gesamten Geistes und der Leibeskräfte eines Menschen oder eines Volkes, so daß dieses Wort sowohl die Aufklärung des Verstandes durch Befreyung von Vorurteilen, aber auch die Politur, die Veredelung und Verfeinerung der Sitten unter sich begreift.“[7]

Später erhält der Begriff seine kulturanthropologisch-soziologische Bedeutung, als deren Begründer vielfach Tylor angesehen wird[8]. „Kultur oder Zivilisation im weitesten ethnographischen Sinn ist jener Inbegriff von Wissen, Glauben, Kunst, Moral, Ge-

---

4 vgl. a.a.O., 22: Kultur als Synonym für gute, moralische Sitten; eine lasterhafte Kultur erscheint nicht vorstellbar. Weisheitliche Bildung...ist nicht Selbstzweck, sondern ein Weg zur Verfeinerung des Menschenlebens und zur Gewinnung der Menschenwürde.

5 vgl. Kopp (1974), 21.

6 vgl. Greverus (1978), 59.

7 Adelung (1793), zitiert nach Kroeber/Kluckhohn (1952), 21.

8 vgl. Stagl (1974), 12ff.

setz, Sitte und allen übrigen Fähigkeiten und Gewohnheiten, welche der Mensch als Glied der Gesellschaft sich angeeignet hat."[9]

Auch in der nachfolgenden Zeit ist der Kulturbegriff erheblichen Wandlungen unterworfen, wird umgedeutet und in unterschiedlichster Weise mit verschiedenen Schwerpunkten neu interpretiert. Kulturanthropologie, -soziologie, -ethnologie und nicht zuletzt die kulturvergleichende Psychologie liefern ein breites Angebot sich teilweise ergänzender aber auch sich widersprechender Versuche einer Begriffsbestimmung[10], deren unterschiedliche Akzente die wissenschaftsdisziplinäre Herkunft und Grundorientierung des jeweiligen Forschers sowie seine theoretischen Vorerfahrungen und die Ziele seiner Forschungsvorhaben widerspiegeln[11].

Dem bisher Gesagten zur Folge meint Kultur ein Zweifaches:

- Kultur entsteht aus dem Leben einer Gemeinschaft von Menschen.

Als eine Schöpfung von Menschen erweist sie sich als anpassungsfähig, erlernbar und vermittelbar; als Teil des gesellschaftlichen Lebens[12] wirkt sie verhaltenssteuernd und strebt damit nach innerer Konsistenz[13].

- Kultur ist das Leben einer Gemeinschaft von Menschen.

---

9 Tylor (1958), 1; vgl. auch Keller (1982), 113.

10 vgl. hierzu die umfassenden Darstellungen unterschiedlicher Definitionsversuche im Sinne einer Systematisierung des Kulturbegriffes bei Kroeber/Kluckhohn (1952), 43ff., die nahezu 170 Definitionen des Wortes „Kultur" zusammengetragen haben, wobei sich die Autoren vornehmlich auf Konzepte der anglo-amerikanischen Kulturanthropologie stützen, und Bidney (1968), 23ff.; vgl. auch Dill (1986), 28ff.

11 vgl. Keller (1982), 114.

12 vgl. Müri (1985), 205.

13 Hartfelder (1985), 459.

1.2. Zur inhaltlichen Entfaltung

Der Mensch ist ein Kulturwesen. Von seiner frühesten Kindheit an erlebt der Mensch Kultur. Ihrem Wesen nach ist sie „gesellschaftlicher Natur“[14], „Inbegriff von Überzeugungen und Haltungen“[15] der Lebensweise eines Volkes, ihrer gesellschaftlichen Verhältnisse und den entsprechenden Lebensordnungen[16].

In diesem überindividuellen Bereich finden sich die Voraussetzungen für die Lebensentfaltung und -erfüllung der Gesellschaft an sich wie der einzelnen Glieder einer „Kulturgemeinschaft“[17]. Die bestmögliche Ausgestaltung dieser Vorgaben ist „allumfassender gesellschaftlicher Lebenszweck“[18] und Kulturziel des einzelnen. Der Anstoß zum Kulturstreben entspringt dem Drang des Menschen nach Befriedigung seiner körperlichen und geistigen Triebe und Bedürfnisse[19].

Daß letztendlich aber der Mensch zur vollen Verwirklichung des wahrhaft Menschlichen gelangt, dazu bedarf es der grundlegenden Ausrichtung durch das Sittliche: Der Mensch als Kulturwesen ist ein sittliches Wesen.

Sittlichkeit meint „Naturrichtigkeit“[20], die durch die Vernunft geleitete Übereinstimmung des menschlichen Verhaltens mit den in seiner Natur vorgezeichneten existentiellen Zwecken[21]. Da der Mensch die sittlichen Wahrheiten und Prinzipien[22] aber nicht fer-

---

14 vgl. a.a.O., 342.
15 Messner (1954), 331.
16 Kosloswki (1987), 8ff.
17 a.a.O., 343.
18 a.a.O., 336.
19 ebd.
20 Messner (1984), 42.
21 vgl. a.a.O., 41f.: Selbsterhaltung, -vervollkommnung, Ausweitung der Erfahrung und des Wissensschatzes, Fortpflanzung und Erziehung, gesellschaftliche Verbundenheit u.a.
22 vgl. a.a.O., 36: Mäßigung, Gerechtigkeit, Dankbarkeit, Treue, Handeln gemäß dem Grundsatz der „Goldenen Regel“ u.a.

tig in sich vorfindet, ist er auf deren „Vermittlung"[23] durch die Erfahrung gesellschaftlich gelebter Natur verwiesen.

Sittlichkeit als die in der Natur des Menschen liegende Ordnung ist zugleich immer auch kulturell gelebte „Ordnung menschlicher Selbstverwirklichung"[24]. Diese vollzieht sich durch sein Mitwirken in den einzelnen Kultursachbereichen. Sie stehen in einem inneren Zusammenhang mit der sittlichen Ordnung[25], weil Kultur samt ihrer einzelnen Sachbereiche der Raum ist, „worin der Mensch die Vollentfaltung des wahrhaft Menschlichen findet"[26]. Wenn Kultur zwar auch „ganz und gar in das Reich der Werte"[27] gehört, ihre Wertprinzipien aber sind nie von der historisch-sozialen Einbindung der Kultur losgelöst zu verstehen[28]. Sie werden dem Menschen durch sein Sein in Kultur „vermittelt". Bedingt durch seine „geistig-schöpferische Veranlagung zu Werterkenntnis und Wertverwirklichung"[29] ist es dem Menschen möglich, die ihm zunächst vorgegebene Kultur zu gestalten[30].

„Das Leben mit Kultur" ist für den Menschen seine „natürliche Existenz"[31]. Nur ein universaler Kulturbegriff kann der Wirklichkeit der Kultur genügen, einer der alle Lebensbereiche umfaßt.

Messner wendet sich in seinen Ausführungen in der „Kulturethik" eben gegen die Verengung des Kulturbegriffs, nach der Kultur mehr als nur das geistige Element (Wissenschaft, Kunst,

---

23 vgl. Messner (1954), 331.

24 ebd.

25 vgl. Weiler (1991), 3.

26 Messner (1954), 336.

27 a.a.O., 333.

28 vgl. Messner (1969), 725: „Jeder Mensch steht in einer bestimmten Kultur einer bestimmten Umwelt zu einer bestimmten Zeit...".

29 Messner (1954), 342.

30 vgl. dazu auch Portmann (1974): „Jede Generation fängt damit an, die gerade in diesem Zeitpunkt gegebene Lebensform zu übernehmen und zugleich auch umzugestalten. Das ist es, was wir ‚geschichtlich' nennen", 103.

31 vgl. Portmann, in: Messner (1954), 340f.

Literatur, Philosophie)[32] meint, aber auch „keineswegs nur ... als Bestand von geschaffenen Gütern zu denken“[33] ist. Gerade „wegen der Einheit der gesellschaftlichen, körperlich-geistigen Natur des Menschen umfaßt sie in untrennbarer Weise gesellschaftliche, materielle und geistige Kultur“[34] und zerfällt nicht in voneinander getrennte Bereiche der Geisteskultur und der materiellen Kultur[35]. „In der Tat, das Zündholz, der Kochtopf, der Schuh, der Pflug, kurz die Wirtschaft, ihre Arbeitsmittel und vor allem die Volkswirtschaft gehören nicht weniger zur Kultur als die Konzertsäle, Kunstausstellungen und Universitäten.“[36]

Weil dieses Kulturverständis ebenso den „beruflichen und wirtschaftlichen Alltag des Menschen“[37] umschließt, ist auch die Wirtschaft einer der Kultursachbereiche[38]. Jedes Unternehmen ist ein Kulturbereich des Menschen, denn neben seiner Funktion als Produktionsstätte ist es auch Ort schöpferischer Persönlichkeitsentfaltung aller in einem Unternehmen Tätigen. Der Begriff „Unternehmens-Kultur“ ist Ausdruck dieses Denkens.

Bei aller Einräumung einer zweifelsohne notwendigen gewissen Autonomie der Kultursachbereiche[39] weist Messner hin auf die Gefahr, diese Eigengesetzlichkeit der einzelnen Sachbereiche als die einzige Kulturnorm anzusehen[40]. Auf Grund der aufge-

---

32 vgl. Messner (1954), 336, auch: 339.

33 a.a.O., 343.

34 ebd.; vgl. auch Mühlmann (1966), 18: „Für den Kulturanthropologen sind sie (die Kulturprodukte, eig. Anm.) nicht bloß Werke (erga), sondern auch Wirken (en-ergeia).“

35 vgl. Geiger (1949), 14, der in diesem Zusammenhang von dem „hoffnungslos veralteten Dualismus der ‚geistigen‘ und ‚materiellen‘ Kultur“ spricht.

36 Messner (1954), 340f, hier: 341; vgl. auch Kluckhohn (1949), 31: „Ein bescheidener Kochtopf ist ebenso ein Kulturprodukt wie eine Beethovensonate.“

37 a.a.O., 343.

38 vgl. Koslowski (1987), 98: „...in systemtheoretischer Terminologie gesellschaftliches Subsystem“.

39 a.a.O., 99: Die Wirtschaft scheint „von allen Kultursachbereichen...der autonomste und eigengesetzlichste zu sein...Totzdem ist die Wirtschaft Teil der Kultur“; vgl. dazu auch a.a.O., 102.

40 Messner (1969), 728.

zeigten Bestimmung des Menschen als sittliches Wesen ist die Sittlichkeit als die „Ordnung der Selbstverwirklichung des Menschen“[41] „die ausschlaggebende Kulturnorm auch für die Kultursachbereiche“[42].

Vor diesem Anspruch hat sich jede Kultur, auch die eines Unternehmens zu verantworten.

2. Der Begriff der Unternehmenskultur

2.1. Zum Verständnis des Begriffs

Als eine Gemeinschaft von Menschen ist eine Unternehmung als Ganzes ein kulturproduzierendes System[43], eine Art „Miniaturgesellschaft“[44].

Demnach hat „jedes Unternehmen, ob bewußt oder unbewußt, eine Unternehmenskultur, die mehr oder weniger stark ausgeprägt und vielschichtig ist“[45]; bemüht sich das Unternehmen nicht aktiv um deren Prägung, entwickelt sich diese „aufgrund äußerer Einflüsse und durch ungesteuerte sozialpsychologische Prozesse des Unternehmens“[46].

Hinterhube merkt dazu an, daß ein Unternehmen nicht eine Kultur hat, sondern eine verkörpert[47] bzw. Unternehmen Kulturen sind[48], weil überall, wo Menschen zusammenleben oder -arbeiten, Kulturen entstehen.

---

41 Messner (1954), 331.
42 Messner (1969), 728.
43 vgl. Short/Ferrat (1984), 15; auch Schein (1984), 3.
44 Dill (1986), 58.
45 Kobi/Wüthrich (1986), 31; vgl. auch Grimm (1986), 295ff. und Hoffmann (1989), 169f.
46 Scheuten (1985), 60; vgl. auch Scheuplein (1987), 301 und Heinen (1987), 2.
47 vgl. Hinterhube (1986).
48 vgl. Pümpin (1988), 21.

Neuberger/Kompa vereinen gleichsam mit ihrer Behauptung beide Ansätze, nach der das Unternehmen sowohl eine Kultur ist wie auch eine Kultur hat[49].

Diese Ansicht gilt aber nicht als allgemein anerkannt. So behauptet Schuhmacher, eine Unternehmenskultur liege erst dann vor, wenn es standardisierte Verhaltens- und Verfahrensweisen gäbe[50]; Duch geht davon aus, daß jedes Unternehmen erst drei bis fünf Jahre nach seiner Gründung über eine eigene Kultur verfügt[51].

2.2. Zur Geschichte des Begriffs

Der Begriff Unternehmenskultur ist nicht eine Neuschöpfung unserer Zeit. Duch hält es sogar für falsch, Unternehmenskultur als „Mode“ zu bezeichnen, ist doch jede dieser Bewegungen als Antwort auf bestimmte Fragen einer bestimmten Zeit entstanden, die nachhaltigen Einfluß auf Unternehmensführung und -erfolg hatte[52].

Bereits Barnard und Selznick erkannten und erörterten die Bedeutung von Werten und Normen für betriebswirtschaftliche Organisationen[53].

Nur kurz seien an dieser Stelle die diesem Begriff zugrunde liegenden historischen Wurzeln genannt. Die Human-Relations-Bewegung der frühen dreißiger Jahre war die Reaktion auf das von Taylor propagierte Scientific Management mit seinen auf strengen analytischen Untersuchungen aufbauenden Arbeitsoptimierungen. Das Hawthorne-Experiment machte zum ersten Mal deutlich, daß neben der tayloristischen quantitativen Dimension

49 vgl. Neuberger/Kompa (1987), 21ff u. 199ff.
50 vgl. Schuhmacher (1986b).
51 vgl. Duch (1985), 434.
52 Duch (1985), 427.
53 vgl. Barnard (1938) und Selznick (1957).

auch qualitative Elemente[54] die Leistung zu beeinflussen vermögen. Dieser Ansatz tritt allerdings in den 50er und 60er Jahren wieder zugunsten einer reinen betriebswirtschaftlichen Ausrichtung der Unternehmensführung in den Hintergrund. In der zweiten Hälfte der sechziger Jahre weisen amerikanische Organisationspsychologen erneut auf die Bedeutung der menschlichen Komponente im Rahmen der Leistungserstellung und -steigerung hin. Neben der Beziehung Chef – Mitarbeiter und dem gruppendynamischen und der sozialsystematischen Aspekt kommt es in der Folge zu einer den Menschen ganzheitlich umfassenden Einbindung in die Unternehmenskultur.

2.3. Zur Bestimmung des Begriffs

Die erste allgemein bekannte Begriffsbestimmung geht auf das Jahr 1951 zurück. In seinem Werk über den Kulturwandel in den Fabriken definiert Jacques Unternehmenskultur in folgender Weise: „The culture of the factory is its customary and traditional way of thinking and of doing things, which is shared to a greater or lesser degree by all its members, and which new members must learn, and at least partially accept, in order to be accepted into service in the firm. Culture in this sense covers a wide range of behaviour: the methods of production; job skills and technical knowledge; attitudes toward discipline and punishment; the customs and habits of managerial behaviour; the objectives of the concern; its way of doing business; the methods of payment; the values placed on different types of work; belief in democratic living and joint consultation; and the less conscious conventions and taboos. Culture is part of second nature to those who have been with the firm for some time.“[55]

Zahlreiche der in der Defintion von Jacques angesprochenen Elemente finden sich in neueren Arbeiten wieder. Unter Berück-

---

54 Ulrich (1970) plädiert für einen dualen Ansatz, eine Synthese aus quantitativer und qualitativer Dimension.

55 Jacques (1951), 251.

sichtigung verschiedener neuerer Ansätze läßt sich der Begriff wie folgt umschreiben:

Unternehmenskultur meint die Gesamtheit gemeinsamer Werte, Normen und Einstellungen, die die Entscheidungen, die Handlungen und das Verhalten der Organisationsmitglieder „und somit das Erscheinungsbild des Unternehmens“[56] prägen[57].

Die gemeinsamen Werte, Normen und Einstellungen, so Heinen/Dill, stellen „die unternehmenskulturellen Basiselemente“[58] dar. Zur konkreten Bestimmung dieser Basiselemente gibt es vielfältige Meinungen. Zürn spricht von den sieben „K's“ konsensorientierter Unternehmenskultur – Konzeption, Kommunikation, Koordination, Kooperation, Kontrolle, Konzentration, Konstitution –[59]; Pümpin weist auf, daß in den Unternehmenskulturen erfolgreicher Firmen vier Elemente immer wieder auftreten: Kundenorientierung, Innovationsorientierung, Mitarbeiterorientierung, Resultats- und Leistungsorientierung[60].

Gemeinsam ist den neueren Beiträgen zur Bestimmung des Begriffs Unternehmenskultur, daß ihr im Blick auf das gesamte Unternehmen auch eine organisatorische Aufgabe zukommt; die

---

56 Kobi/Wüthrich (1986), 34.

57 vgl. Pramann (1985), 4, wissend darum, daß mit der Bestimmung des Begriffs aber noch keine umfassende, ausreichende Begriffsdefinition gegeben ist.

58 vgl. Heinen/Dill (1986), 10; vgl. Hoffmann (1989): Werte als Kern einer Unternehmenskultur, die grundsätzlich Wünschenswertes bezeichnen, Normen als Ableitung aus Werten, die bestimmte Verhaltenserwartungen in definierten, typischen Situationen des Unternehmensalltages formulieren und Erwartungen als Ableitung aus Normen im Sinne gedanklicher Vorwegnahmen künftiger Ereignisse, 170; zum Unterschied von Wert und Ziel, Staffelbach (1988), 27.
Der Aspekt gemeinsam geteilter („shared“) Werte wird in vielen Definitionsansätzen betont: „...culture, that is some interrelated set of beliefs, shared by most of their members...“, Baker (1980), 8; Louis (1981): „Culture is typically used to refer to a shared systems of values, norms and symbols.“ „Culture is the set of important understandings that members of a community share in common“, Sathe (1983), 6.

59 vgl. Zürn (1986), 103–140.

60 vgl. Pümpin u.a. (1988), 20.

Kultur einer Unternehmung wird verstanden als „the social glue holding the company together“[61], als das „Geistige“, das „Unsichtbare“[62] des Unternehmens, das die gemeinsamen Vorstellungen und Überzeugungen aller Mitglieder bewahrt und entwikkelt[63].

2.4. Die Bedeutung der Tradition

Scheuten bezeichnet Tradition als „ein wertvolles Stück Unternehmenskultur“, die sich im Hinblick auf die Identifikation mit dem Unternehmen und seinen Produkten als unverzichtbar erweist, wobei es jedoch „tödlich“ sein kann, „wenn man eine Unternehmenskultur aus früheren Zeiten mitschleppt, die auf gegebene Probleme und Mitarbeitermentalitäten nicht mehr paßt“[64].

Wie jede Kultur verändert sich auch Unternehmenskultur in einem intergenerativen Prozeß, wodurch sie ihre eigene Prägung erhält. Gegenüber einer schnellen Veränderung und Tradierung erweist sie sich als außerordentlich resistent, kann sie ihre Gestalt doch praktisch nur in einer evolutionären Einflußnahme über Jahre hinweg wandeln[65].

Hinsichtlich der Art und Weise ihrer Ausgestaltung weist Seidel[66] hin auf eine dreifache Gefahr:

○ vor „zu viel Machen – zu wenig Wachsen“

durch den Versuch, Kultur zu managen oder sie zu optimieren, werde sie eher deformiert oder gestört als in einem qualifizierten Rahmen entwickelt

61 Baker (1980), 8.
62 Müri (1985), 205.
63 vgl. Leder (1987), 3.
64 Scheuten (1985), 609.
65 Müri (1985), 206.
66 Seidel (1987), 295ff.

O vor „zu viel Innovation – zu wenig Tradition"

bei aller Hochschätzung der Innovationen muß die Kultur ihr Standbein immer auf der Tradition haben und kann nur ihr Spielbein auf Innovation setzen

O vor „zu wenig Eigenem – zu viel Fremdem"

der Versuch von fremdsprachiger Einkleidung und Darbietung des Themas

„Die Kultur eines Unternehmens gewinnt den Grundstock ihrer Individualität und Identität durch ihre (uno- oder multi-) nationalen Prägungen. Die (unternehmensgeschichtliche) Vorwelt und die (unternehmenssituative) Umwelt treten als bestimmende Prägekräfte hinzu."[67]

2.5. Die Unternehmenskultur als Erfolgsfaktor

Nach Scheuten ist ein Unternehmen eine „Leistungsorganisation"[68].

Demnach ist der Grund für die Beschäftigung mit der Unternehmenskultur die Erarbeitung derjenigen Kultur, „die das Erreichen der Unternehmensziele am besten fördert"[69], das Ziel die Erlangung von Wettbewerbsvorteilen durch kulturelle Profilierung. „Unternehmenskultur bedeutet keinen Luxus", sondern ist zu einem Wettbewerbsfaktor erster Ordnung geworden. „Wer die Zeichen der Zeit zu deuten weiß, wird hier rechtzeitig investieren und sich damit den Wettbewerbsvorteil sichern, der nicht vom Markt eingekauft und kaum kopiert werden kann..."[70]. Das ist

67 a.a.O., 297.

68 Scheuten (1985), 609.

69 Scheuplein (1987), 301; dazu Hübner (1990), 5: „... die Kultur eines Unternehmens ... hat maßgeblichen Einfluß darauf, ob es gelingt eine Unternehmensstrategie erfolgreich umzusetzen".

70 Wever (1987), 20.

auch die Auffassung Duch's, denn, „wenn bedeutende Unternehmen ... so intensiv Kulturbesinnung betreiben, dann muß es einen Nutzen haben"[71].

Aus dieser Ausrichtung gilt es, die eigene Besonderheit der Leistungserbringung intern wie extern verständlich zu kommunizieren und im Denkgefüge der Gesellschaft zu verankern. Auf Grund ihrer, auf allen Gebieten die Leistung des Unternehmens unterstützenden Funktion, wird die Unternehmenskultur als „ein bedeutsamer Erfolgsfaktor"[72], als „die eigentliche Quelle strategischer Stoßkraft"[73], als die „Energie" jeder Organisation[74] bezeichnet. Denn, so Kürn/Wüthrich, „nur wenn es gelingt, die Ausprägungen der Unternehmenskultur mit den Erfordernissen der Strategie in Einklang zu bringen, kann die Kraft erzeugt werden, die nötig ist, um die mit jeder strategischen Neuorientierung verbundenen Veränderungen zu realisieren"[75]. „Fehlen diese Leitprinzipien, so kann es auch keine gemeinsame Zielrichtung der Entscheidungsträger und des Personals im Unternehmen geben. ... Wo es keine Unternehmensphilosophie gibt, hängt jede Strategie – so überzeugend und opportun sie für sich betrachtet auch erscheinen mag – in der Luft."[76]

Nach Hoffmann trägt die Unternehmenskultur dann zum Unternehmenserfolg bei, „wenn sie den Anforderungen an die Unter-

---

71 Duch (1985), 24; Müller (1988) bezeichnet es gar als das schlimmste Mißverständnis der Firmenkultur, „die Kultur vom unternehmerischen Kern zu trennen", 24.

72 Seidel (1987), 299; vgl. Grimm (1986), die Bezeichnung Unternehmenskultur als Erfolgsfaktor stellt die Behauptung auf, „daß es sinnvoll ist, Erfolg und Kultur aufeinander zu beziehen und deren wechselseitige Dynamik unternehmerischen Denkens und Handelns zu nutzen", 295.

73 Kobi/Wüthrich (1986), 57; vgl. Pümpin u.a. (1988), der die Unternehmenskultur im Untertitel als „Basis strategischer Profilierung erfolgreicher Unternehmen" bezeichnet.

74 Scheuplein (1987), 301.

75 Kürn/Wüthrich (1986), 57; zum Zusammenhang von Unternehmenskultur und Strategie vgl. Dill (1986), 228ff.

76 Rückle (1987),4.

nehmung als Ganzes entspricht und gleichzeitig den einzelnen Mitarbeitern ermöglicht, ihre persönlichen Ziele zu verfolgen. ... Sie bewirkt im Idealfall, daß Mitarbeiter während der Verfolgung einzelner Zielvorstellungen – bewußt oder unbewußt – im Sinne gesamtunternehmungsbezogener Zielvorgaben denken und handeln."[77]

2.6. Die Funktionen der Unternehmenskultur

Bei inhaltlicher Übereinstimmung besteht eine unterschiedliche Auffassung bzgl. der Zahl der Funktionen.

So nennt Dill drei Funktionen der Unternehmenskultur (Koordinations-, Integrations- und Motivationsfunktion), Duch neun verschiedene, wenn auch nicht voneinander unabhängige[78]:

- Lenkungsfunktion – „Zu wissen, wem und welchen Werten fühlt sich das Unternehmen verpflichtet, verpflichtet selbst."
- Integrationsfunktion – „Unternehmenskultur macht Zugehörigkeit spürbar und lebt zugleich von ihr, weil sie Teilhabe ermöglicht."
- Identifikationsfunktion – „... Unternehmensphilosophien wollen und sollen einen Grund zum Arbeiten aufzeigen."
- Koordinationsfunktion – als Kombination der Lenkungs- und Integrationsfunktion
- Erziehungsfunktion – sich ableitend aus der Integrationsfunktion
- Motivationsfunktion
- Orientierungsfunktion – sich ableitend aus der Lenkungsfunktion
- Kommunikationsfunktion
- Entlastungsfunktion.

---

77 Hoffmann (1989), 168; vgl. dazu Scheuten (1985), 609.
78 Duch (1985), 427ff.

2.7. Die Stellung des Menschen in der Unternehmenskultur

Wenn der unternehmerische Erfolg in wesentlichem Maß bedingt ist durch die erfolgreiche Zusammenarbeit von Menschen, dann muß die „richtige“ Unternehmenskultur die Zufriedenheit und die persönliche Entwicklung der beteiligten Menschen unterstützen[79]. Die Betrachtung des Menschen als Mittelpunkt des Unternehmens hat „in den letzten Jahren deutlich Konturen gewonnen“[80]. „Von allen Partnern wie Mitarbeitern, Führungskräften, Geschäftsführung, Betriebsrat sowie den Tarifpartnern und gesellschaftlichen Gruppen“ wird die Tatsache, „daß der Faktor ‚Mensch‘ eine immer bedeutsamere Rolle im betrieblichen Geschehen spielt“[81] anerkannt, denn „der Mensch und ganz allein der Mensch, ist der wichtigste Faktor für unseren Erfolg“[82], so der Opel-Vorstandsvorsitzende Louis R. Hughes.

Zur Stellung des Menschen im Wirtschaftsprozeß bemerkt Neuberger[83] in einer Überschrift thesenartig: „Der Mensch ist Mittelpunkt. Der Mensch ist Mittel. Punkt.“

Im folgenden eine zusammenfassende Darstellung seiner Thesen:

○ Personal: Das sind die Menschen ohne Ansehen der Person.

Personal, ein Kollektivsingular, ein Neutrum, meint nicht die vielen einzelnen Personen, sondern die als Einheit und Ganzheit gedachte Summe der Arbeitskräfte. Das Gemeinte lasse sich

---

79 vgl. Scheuten (1985), 609; Wittkowski (1987): „Reibungslose soziale Beziehungen in der Werkstatt und im Büro sind Faktoren von überragender Bedeutung für die Erzielung einer hohen Produktivität“.

80 Pramann (1985), 4.

81 Schuhmacher (1986a); vgl. Wever (1987), 11ff: „Nicht Systeme, sondern Menschen prägen die Unternehmenskultur“.

82 Die Welt, Nr. 281, 1.12.90, 9.

83 Neuberger (1990), 3–10, hier: 3.

eher mit den Begriffen human resources[84] oder Humankapital[85] umschreiben. Der Beitrag des Personalwesens im betrieblichen Ganzen ist nicht die Bereitstellung von Personal, nicht von Persönlichkeit. Dabei geht es nicht um die Neuschaffung von Menschen, sondern um die Umformung bestehender (Handlungs- oder Entscheidungs-) Bereitschaften. Persönlichkeit meint somit nicht den einzelnen konkreten Menschen, die Person, sondern das zugrunde liegende idealisierende Begriffsverständnis: „Jemand gilt als Persönlichkeit, wenn er oder sie Charakter, Autonomie, Einmaligkeit, Besonderheit, Selbstverwirklichung zeigt. Wo solche Persönlichkeit nicht vorhanden ist, kann sie auch nicht gemacht werden..."[86]. Demzufolge ist die Aufgabe des Personalwesens auch nicht die Sorge um den einzelnen Menschen.

- Nicht der Mensch steht im Mittelpunkt (des Unternehmens wie des Personalwesens), sondern das Geld[87].

„In keiner Bilanz wird darüber Rechenschaft abgelegt, wieviel Menschen glücklich oder unglücklich gemacht wurden; allenfalls ist von Personalkosten oder Leistungen für das Personal die Rede."[88] Als „ein dummer Spruch"[89] bezeichnet Neuberger die Feststellung, der Mensch stehe im Mittelpunkt. Im Unternehmen

---

84 Itin (1989), 43, weist darauf hin, daß bei den Angelsachsen der Begriff ‚Human Resources' als Ausdruck dafür steht, daß der Mitarbeiter mehr zählt, als die Einnahmen und Ausgaben des Unternehmens belegen; aus dieser Überzeugung lautet der erste Grundsatz der IBM: „Achtung vor dem Individuum, seinen Rechten und seiner Würde".vgl. auch Bourjau (1987): „Dauerhafte, verteidigungsfähige Wettbewerbsvorteile sind...nur in Verbindung...mit einer systematischen Einbeziehung der ‚Human-resources' in die Gesamtstrategie" zu erzielen, 77; dazu Dill (1986), 306ff.

85 Schmidt (1986) bezeichnet den Menschen als „Erfolgsfaktor Humankapital", das „noch nicht optimal verwertet und somit auch ausgenützt wird. Das Humankapital birgt noch unschätzbare Reserven in sich, die nur entsprechend aufgedeckt werden müssen..."; vgl. auch Duch (1985), 433.

86 Neuberger (1990), 4/2.

87 vgl. Dröge (1987), „Krisen- und Erfolgsfaktor Nummer 1 ist mehr denn je der Mensch im Unternehmen...".

88 Neuberger (1990), 4/2.

89 ebd.

steht das Geld im Mittelpunkt, der Mensch allem im Weg. Der Operationsmodus der Wirtschaft ist nicht Treue, Liebe, Vertrauen. Als „Luxus" oder „Extra-Vaganz"[90] bezeichnet er das Eingehen auf die Menschen. Der Grund für ein solches Handeln liegt darin, daß „gezeigt werden kann, daß es sich auszahlt, also wieder in die Sprache des Geldes zurückübersetzt werden kann"[91]. Leistung und Zufriedenheit sind somit in seinen Augen nicht gleichrangige Zielgrößen, sondern stehen in einem klaren Unterstellungsverhältnis zueinander: „Soviel Zufriedenheit wie nötig und möglich, damit das eigentliche Ziel ‚Leistung' optimiert werden kann. Zufriedenheit ist Mittel, Leistung ist Ziel und hat sich vor der Geldbewertung zu verantworten."[92]

Da Sinn eine persönliche Leistung ist, kann es nicht Aufgabe des Unternehmens sein, in den Aufgaben Sinn zu bieten. „Es gilt allenfalls: Wer leisten will, muß Sinn sehen."[93]

Zusammenfassend gilt: „Personal kostet Geld. Es muß sich rechnen."[94]

O Menschen sollen „fungibel" und „elastisch" sein

„Fungibel" meint für Neuberger die Verwert- und Verfügbarkeit von Menschen, „Elastizität" die Bewahrung der Anpassungsfähigkeit und Lenkbarkeit.

O Personal wird wie eine Ware oder ein Objekt behandelt[95]

Wird Personal durch Material oder Kapital ersetzt, ist es ein gewöhnlicher Produktionsfaktor, ein dispositives Element.

---

90 vgl. a.a.O., 4/3.

91 ebd.

92 ebd.

93 a.a.O., 6/1.

94 ebd.

95 vgl. auch Küffner (1985), der im Hinblick auf die Fabrik der Zukunft den Menschen entweder ganz aus dem Fertigungsprozeß verschwinden oder aber ihn im Dienst der Betreuung des Fertigungsprozesses sieht, um die Flexibilität des Systems voll zu nutzen.

○ Es gibt wegen der „Steuerungs-Lücke“ ein Transformationsproblem.

Jeder Mensch weist ein bestimmtes Maß an tendenzieller oder potentieller Unberechenbarkeit auf: „Personen sind ein eigenartiges oder besser: eigensinniges Gut.“[96] Eben gerade darum, weil sie im Besitz von Eigenwert oder -sinn sind, entziehen sie sich dem kontrollierenden/steuernden Zugriff. Das Unternehmen sieht sich einem Paradoxon gegenüber, denn je straffer die Steuerung , desto weniger wert ist der „Faktor Personal“, weil der Mensch an der Enfaltung seiner spezifischen Fähigkeiten gehindert wird. Somit gilt für das Unternehmen: „Freiheit so zu kontrollieren, daß sie als Freiheit erhalten und durch Steuerung beherrschbar bleibt.“[97]

○ Die Person kann nicht der Organisation gegenübergestellt werden.

Die Organisationen oder die Unternehmen setzen sich nicht aus Menschen zusammen, sondern als soziale Systeme bestehen sie aus Handlungen, Kommunikationen, Erwartungen und Entscheidungen, aber nicht aus Menschen. Eben weil sie nicht aus Menschen bestehen, können sie auch nicht „menschlich“[98] werden, kann der Mensch auch nicht im Mittelpunkt der Organisation, sprich des Unternehmens stehen.

Doch der Mensch ist und bleibt der Handelnde, aber nicht aus freien Stücken, sondern nach vorangegangener Absprache. „Die Organisation schafft den Menschen nach seinem Bild: als Personal.“[99]

○ Dem Personalwesen geht es nicht um den Menschen, es geht ums Ganze.

---

96 Neuberger (1990), 7/2.
97 a.a.O., 8/1.
98 vgl. a.a.O., 8/3.
99 a.a.O., 8/1.

Um der Organisation dienlich zu sein, muß der einzelne vereinfacht werden. Die Folge ist die mögliche Ersetzbarkeit des einzelnen, gefährdet doch jeder Unersetzliche die Organisation[100].

O Wer sich einem solchen Personalwesen verpflichtet fühlt, ist deswegen kein Un-Mensch.

Da es die freientfaltete Persönlichkeit nur als Utopie gibt, „halte ich es für ehrlicher, wenn die Zwänge deutlich genannt werden, denen man unterworfen ist, anstatt sich selbst und andere mit Liebes- und Harmonieformeln zu betrügen ... Das Personalwesen kann sich als einzelne Funktion nicht vom allgemeinen Zwang zur Geldschöpfung emanzipieren und plötzliche Persönlichkeitsschöpfung betreiben."[101]

In Anlehung an Neuberger wird nur darum im Unternehmen auf den Menschen eingegangen, weil der Aufweis geführt werden kann, daß es sich auszahlt und sich rechnet, auf ihn einzugehen.

„Auf den ersten Blick", so Rieckmann, „wird man den Thesen kaum ernsthaft Kontroverses entgegenhalten können"[102]. So betitelt er seine erste These in einer Antwort auf den Beitrag Neubergers mit den Worten „Sie haben völlig recht!"[103] und verweist auf übereinstimmende Erfahrungen, die auch ihm gezeigt haben, „daß nicht der sozialromantische Mensch im Mittelpunkt des Unternehmen steht ..., sondern die ‚Erhaltung des Systems'"[104].

Kritisch merkt er die in Neubergers Darstellung fehlende Transformation und Transzendenz des Personalwesens, das Fehlen der praktischen Dimension an.

Bedingt durch die Vielzahl von heute unplanbaren, überraschenden und unvorhersehbaren Aspekten bei der Problemlösung hat

---

100 vgl. a.a.O., 10/1.
101 ebd.
102 Rieckmann (1990), 12.
103 ebd.
104 ebd.

das „Personal" erfinderisch, eigeninitiativ zu reagieren (lernen), was ein Handeln „aus dem ganzen Menschen" voraussetzt und „eben nicht aus dem Rollenträger, dem Funktionär oder der Humanresource ‚Personal'"[105] erwächst. „Diese Entrepreneur-Qualität bekomme ich nicht mehr ... ohne den extravaganten Menschen, ohne halbwegs reife, ausbalancierte, erprobte, kommunikative und verantwortungsfühlende Persönlichkeiten."[106]

Wächter macht Rieckmann wiederum den Vorwurf, den „trostvollen Ausweg aus der öden Praxis" in einer gleichsam persönlichen Bekehrung zu sehen[107]. Das scheinbar Widersprüchliche und vielleicht Zerstörerische der wirtschaftlichen Praxis kann aber seines Erachtens nicht durch eine Beschwörung des entfaltenden Ichs gefaßt noch verändert werden. „Ein solches individuelles Absetzen, eine Verabschiedung aus den Verhältnissen, ist schlechterdings undenkbar."[108]

Das Kernproblem liegt für Wächter darin, daß der Mensch Komplize des Systems ist. Es ist paradox, leiden wir doch einerseits unter den Verhältnissen, profitieren aber andererseits auch von ihnen, sind Opfer und Täter zugleich[109]. Der Grund der Unternehmen, den Mitarbeitern mehr Freiraum für die Entfaltung von Selbstbestimmung und Eigeninitiative zu gewähren, liegt seines Erachtens aber sicher nicht darin, daß sie sich als „humaner" in der Gesellschaft darstellen wollen.

In den Überlegungen zur Stellung des Menschen im Wirtschaftsprozeß gehen Dill/Hügler sowie Dormayer/Kettern von einem so-

---

105 a.a.O., 14/3; diesen Vorwurf macht auch Wächter (1990) Neuberger, wenn er von dem Menschen als dispositivem, von dem in die Gestaltung der Organisation einbezogenen Faktor spricht. Dabei hat die Entmachtung des Management schon längst begonnen wie er sagt. „Selbstorganisation, Vorausschauen, Eigenverantwortung und Spontaneität – das sind doch Fähigkeiten, die heute die ‚objektbezogene Arbeit' erfordert und die ‚das Personal' praktisch umsetzt", 22/2.

106 a.a.O., 16/1f.

107 Wächter (1990), 20/1.

108 ebd.

109 vgl. a.a.O., 20/2.

zial-wissenschaftlichen Menschenbild[110] aus, „daß die Kulturbedingtheit menschlicher Lebensäußerungen zu berücksichtigen vermag ... Statt eines komplexen Verhaltenssystems rückt nun der Mensch als nicht zuletzt von persönlichen und fremdgesetzten Werten und Normen geleitetes Individuum in den Mittelpunkt der betriebswirtschaftlichen Erkenntnissuche.

Dabei ist „der bislang kaum berücksichtigte Faktor der Sinnsuche des Menschen in seinem alltäglichen und damit auch in seinem beruflichen Tätigsein zu beachten“[111]. „Kulturbewußte Unternehmensführung begreift den Mitarbeiter als sinnsuchendes Wesen“[112] und „vermittelt Sinn“[113].

Zusammenfassung

- Ein Unternehmen ist eine Kultur.
- Unternehmenskultur ist die Gesamtheit gemeinsamer Werte, Normen und Einstellungen, die die Entscheidungen, die Handlungen und das Verhalten der Mitarbeiter sowie das Erscheinungsbild des Unternehmens prägen.
- Ein Unternehmen hat eine Kultur.
- Unternehmenskultur wird sowohl unbewußt, unreflektiert gelebt als auch ganz bewußt gestaltet.
- Ziel jeder bewußten Gestaltung der Unternehmenskultur ist die Erlangung von Wettbewerbsvorteilen durch kulturelle Profilierung.

---

110 vgl. Dill/Hügler (1987), 163 und Dormeyer/Kettner (1987), 50.
111 Heinen (1987), 38.
112 Gussmann/Breit (1987), 107ff.
113 vgl. Wever (1987), 13.

- Die Stellung des Menschen im Wirtschaftsprozeß nach Neuberger

  Im Mittelpukt steht der Wettbewerb.

  Der Mensch ist Mittel im Wettbewerb.

  Unternehmen bestehen aus sozialen Systemen, nicht aus Menschen.

  Die freientfaltete Persönlichkeit ist eine Utopie.

  Personal ist die Gesamtheit der Mitarbeiter ohne Ansehen der Person.

  Personal ist wie Material oder Kapital ein Produktionsfaktor.

  Der Mensch muß vereinfacht werden.

  Weil im Besitz von Eigenwert entzieht sich der Mensch im letzten dem steuernden Zugriff.

  Personalpolitik – ausrichtende Freiheit

Exkurs: Zum Verhältnis von Unternehmenskultur und Unternehmensidentität

Die Beschäftigung mit der eigenen Kultur ist auch der Versuch, aus der Besonderheit des Unternehmens Identität zu stiften, die das Erscheinungsbild eines Unternehmens prägt. Demzufolge meint Unternehmensidentität (Corporate Identity) die nach Möglichkeit geschlossene und einheitlich gestaltete Selbstdarstellung eines Unternehmens gegenüber Mitarbeitern und der Öffentlichkeit[114]. In der Literatur spricht man auch von dem besonderen „Profil“, dem „Geist des Hauses“ oder „von dem unverwechselbaren Charakter“, den Corporate Identity vermitteln soll. „Nach außen wird eine ganzheitliche Position des Unternehmens

---

114 vgl. Neuberger/Kompa (1987), 274.

und nach innen die Entwicklung eines Wir-Bewußtseins angestrebt. So verstanden betrifft Corporate Identitiy das ganze Unternehmen."[115]

Es geht also um die Erstellung oder das Zum-Ausdruck-bringen des eigenen „Profils" oder des unverwechselbaren „Charakters" des Unternehmens.

Bei der Bestimmung der Zielrichtung ist eine unterschiedliche Akzentsetzung zu bemerken. Neben der doppelten Zielrichtung der Corporate Identity, gerichtet in das Unternehmen sowie aus dem Unternehmen heraus, betonen die einen die Ausrichtung nach innen, z.B. mit dem Hauptziel der „Schaffung eines Wir-Gefühles zur Steigerung der Motivation der Belegschaft"[116], während andere Corporate Identity eher als Präsentation des Unternehmens nach außen verstehen[117].

Dennoch besteht ein Zusammenhang zwischen diesen beiden Begriffen, orientiert sich die Corporate Identity neben dem definierten (Soll-) Image und dem Unternehmensziel auch an einer festgelegten Unternehmenskultur[118]. Gerade an der Übereinstimmung mit dieser hängt die Glaubwürdigkeit einer Corporate Identitiy[119].

---

115 Kobi/Wüthrich (1986), 35; vgl. Wever (1987), 6.

116 vgl. Die Welt, Nr. 267, 14.11.90, 14.

117 Kobi/Wüthrich (1986), 36.

118 Schuhmacher (1986b) hingegen sieht diese der Corporate Identity übergeordnete Stellung der Corporate Culture nicht, können seines Erachtens Unternehmen eine Unternehmensidentität (Corporate Identity) haben, die aber dennoch über keine Unternehmenskultur (Corporate Culture) verfügen.

119 vgl. Deting (1989), 8; in der Siemens AG besteht die Corporate Identity aus drei Elementen: Corporate Attitude (Verhalten), der Corporate Communications (Kommunikation) und der Corporate Design (Erscheinungsbild).

2. Teil:

Grundlagen der katholischen Soziallehre und der Wirtschaftsethik

1. Kapitel:

Der theoretische Ort der katholischen Soziallehre

Als ein von Menschen geschaffenes Gefüge von Institutionen und als Kooperation einer Vielheit von Wirtschaftssubjekten kommt der Betrachtung der Stellung des Menschen im wirtschaftlichen Prozeß als integrierter Bestandteil der Gesellschaft eine grundlegende Bedeutung zu[1].

Entscheidend für jede denkbare Ordnung der Gesellschaft ist das Verhältnis zwischen Einzelmensch und Gesellschaft, zwischen Individualität und Sozialität.

Drei Ansätze im Hinblick auf eine mögliche Ordnung der Gesellschaft bieten sich an, basierend auf dem ihnen jeweils zu Grunde liegenden Verständnis vom Menschen.

1. Der Mensch

1.1. Das individualistische Menschenbild

Dieser Ansatz setzt bei der Priorität des Individuums „als einem in sich selbst fertigen Wesen und mit ganz in sich selbst beru-

---

1 vgl. Weiler (1985), 6: Wirtschaft als „soziales Urphänomen“.

hendem Werte"[2] gegenüber der Gemeinschaft an. Wert und Würde der Person sind vollkommen auf das in sich selbst ruhende Individuum begründet[3].

Alle Formen der Gemeinschaftsbildung und die Tatsache der Vergesellschaftung erwachsen „aus bewußten Handlungen der vereinigten Einzelnen"[4], deren Beziehungen der Mensch in dem Maß pflegen wird, soweit es seinen Zwecken und Zielen förderlich ist oder ihm zumindestens erscheint. Die Gesellschaft[5], in der das Individumm „im Grunde genommen einsam und allein"[6] bleibt, ist dem Menschen ein Mittel zum Zweck, ein Dienst-Wert im Hinblick auf seine Selbstverwirklichung: Erhebung des Individuums zum absoluten Endzweck des menschlichen Daseins, ausgestattet mit absoluter Autonomie und Selbstbestimmung[7].

Pflichten gegenüber der Gesellschaft erkennt er nur in dem Maß an, als er Leistungen der Gesellschaft in Anspruch nimmt, deren Kosten er ihr ersetzt, damit sie weiter leistungsfähig bleibt[8].

Daraus folgt ein Dreifaches:

1. – die Absage überindividueller Wesenstrukturen, der Entwurf einer von metaphysischen und theologischen Lehren[9] unabhängigen, einer auf der Autonomie der Vernunft beruhenden gesellschaftlichen Ordnung

---

2 Messner (1984), 24.

3 vgl. a.a.O., 76.

4 Leser (1984), 196.

5 vgl. Messner (1984), wo er auf die im Grunde genommen negative Grundfunktion der Gesellschaft, die Verhinderung von möglichen Übergriffen der Individuen in den Bereich anderer Individuen, hinweist, 217.

6 a.a.O., 20.

7 a.a.O., 833.

8 vgl. Nell-Breuning (1985), 32.

9 vgl. Messner (1984), die Ausführungen über den Nominalismus: „Ein Sein jenseits der Sinneserfahrung wird bestritten, also jede metaphysische Wirklichkeit. ... Das mußte im gesellschaftlichen Bereich bedeuten, daß im Grunde nur den Individuen Wirklichkeit zuerkannt, in der Gesellschaft nur eine ganz und gar vom Willen der Individuen abhängige Ordnungseinheit gesehen, ihr also die in der Seinsordnung selbst begründete Ordnung abgesprochen wurde", 166.

Aus diesem Verständnis ist z.B. die Religion für Hobbes nur eine psychologische Illusion, nimmt sie doch bloß eine mechanische Stellung im menschlichen Motivationsprozeß ein, die auf Grund ihrer Ordnungsfunktion, nicht aber hinsichtlich ihres Wahrheitsgehaltes bejaht wird[10].

2. – Konsequenz: In der individuellen Lebensführung werden überindividuelle Bindungen und Sinnorientierungen auf die Selbstbestimmung des Subjekts zurückgeführt: das Individuum wird zum Subjekt seiner Welt.

Mill drückt das Verhältnis zwischen dem Individuum und der Gesellschaft wie folgt aus: „Der einzige Zweck, der die Menschen, individuell und kollektiv, berechtigt, in die Handlungsfreiheit eines der ihren einzugreifen, ist Selbstschutz. Die einzige Absicht, um derentwillen Macht rechtmäßig über ein Mitglied der zivilisierten Gesellschaft gegen seinen Willen ausgeübt werden kann, ist die, eine Schädigung anderer zu verhindern. Sein eigenes physisches oder moralisches Wohl ist kein ausreichender Grund."[11] Damit verneint er zum einen das Recht der Gemeinschaft auf eine absolute Festlegung dessen, was Glück ist, zum anderen den Einzelnen zu seinem Glück zu zwingen. Das Motto „suum cuique" ist die Konsequenz aus dem durch das Prinzip der Wertneutralität erwachsenden geistigen Vakuum[12].

3. – Der soziale Hintergrund ist das Interesse des Bürgertums an der Legitimierung des ungebundenen Erwerbsstrebens und der freien Konkurrenz wider jeden Handelsprotektionismus.

1.2. Das kollektivistische Menschenbild

Gleichsam als Gegenüberstellung zum individualistischen Menschenbild gehen alle Erscheinungsweisen des Kollektivismus

10 vgl. Leser (1984), 202.
11 Mill (1969), 16.
12 vgl. Messner (1984), 833.

„vom Sein der Gesellschaft als des unbedingten Erstwertes"[13] aus. Der Einzelne erscheint als auswechselbar, als ersetzbar, „als Exemplar und Exponent einer bestimmten historischen Formation"[14]. Der Eigenwert des einzelnen als Person und die ihm kraft seiner Personhaftigkeit zukommende Menschenwürde sind der Gefahr ausgesetzt, den Interessen der Gemeinschaft untergeordnet zu werden.

Das gesellschaftliche Ganze, im Kommunismus die egalitäre Gemeinschaft, im Faschismus der Staat und im Nationalsozialismus eine Synthese aus Rasse und Nation[15] wird zum beherrschenden Endzweck, zum Träger der absoluten Autonomie, wird „hypostasiert, das heißt, als ein in sich selbst stehendes oder ruhendes Wesen vorgestellt, das in diesem vermeintlichen Eigenstand den Einzelmenschen gegenübersteht und dem Größe, Macht, Ruhm und Ehre und anderes mehr zuerkannt werden, die es in Wahrheit doch alle nur der Zahl und der Tüchtigkeit der ihm angehörenden, in ihm zur Einheit gefaßten Einzelmenschen verdankt"[16].

Auf Grund der bestehenden Unklarheit der Gesellschaft in Bezug auf seine wirklichen Bedürfnisse erfolgt die Planung der Gesellschaft durch Fachleute.

Der Gesellschaftszweck, das kollektivistische Postulat, besteht „nach den Worten von Engels in der ‚Möglichkeit, vermittels der gesellschaftlichen Produktion allen Gesellschaftsmitgliedern eine Existenz zu sichern, die nicht nur materiell vollkommen ausrei-

---

13 a.a.O., 24.

14 Leser (1984), 20.

15 vgl. Messner (1984), 833.

16 Nell-Breuning (1985), 33; ausgehend von dem Begriff der „Einheit", gebildet aus der Gesamtzahl der Mitglieder, fragt er nach der Art der Beschaffenheit dieser Einheit; wenn sie „nicht eingebildet, sondern etwas Wirkliches ist, dann muß auch etwas Wirkliches da sein, das diese Einheit stiftet, indem es die vielen einzelnen zu dieser Einheit zusammenbindet; es muß ein wirklich einheitsstiftendes Band sein; ... die Frage kann nur sein, was denn dieses einheitsstiftende Band ist", 34.

chend ist und von Tag zu Tag reicher wird, sondern die ihnen auch die vollständige freie Ausbildung und Betätigung ihrer körperlichen und geistigen Anlagen garantiert'"[17].

1.3. Das personalistische Menschenbild

Bedingt durch die Neigung der beiden vorangestellten Menschenbilder zu einseitigen Betrachtungweisen des Menschen – sieht das individualistische Menschenbild den einzelnen als absoluten Bezugspunkt, den sozialen Zug des menschlichen Bewußtseins vernachlässigend, so stellt das kollektivistsche die Gesellschaft als die eine mögliche Orientierung an sich dar, dabei aber verkennend, daß der primäre Sitz und das primäre Objekt der Erkenntnis das menschliche Individualbewußtsein ist – kommt Utz zu dem Schluß, „daß wir eine gesellschaftliche Norm brauchen, in der alle Gesellschaftsmitglieder integriert sind, in der aber auch gleichzeitig die vorstaatliche Freiheit respektiert wird"[18]. Der personalistische Ansatz scheint diese Norm zu sein, die „am ehesten eine adäquate Begründung der individuellen Freiheitsrechte, aber auch der Gemeinschaftsrechte gewährleistet"[19].

1.3.1. Die philosophische Legitimation des personalistischen Menschenbildes

Bei der Darstellung des personalistischen Ansatzes ist ein möglicher Zugang die aristotelische Unterscheidung von Substanz und Akzidenz, nach der der Mensch in sich Substanz ist und nicht erst von irgendeiner anderen vorgeordneten Substanz sei-

17 Messner (1984), 192f.

18 Utz (1983), 408.

19 Leser (1984), 244; schon Aristoteles gab mit seiner Bezeichnung vom Menschen als ‚Zoon Politikon' (Nik. Ethik I 5, 1097b) zum Ausdruck, daß dieser ein Wesen sei, das „seine Erfüllung in der Gemeinschaft mit anderen findet und nicht in sich selbst ruht, daß (er) aber andererseits als Individuum eine Welt für sich bildet und daher im Grunde genommen zur Einsamkeit berufen und verurteilt ist", a.a.O., 17f.

ne Legitimation empfängt. Somit wird die Bestimmung des Menschen als „vernünftiges oder sprachliches Lebewesen" oder als „leibhaftes und willensbegabtes Vernunftwesen"[20] dem eigentlichen Wesen des Menschen nicht im Vollsinn gerecht.

Die Bestimmung des Menschen hingegen als ‚Freiheitswesen' weist hin auf den Beginn nicht aus sich selbst, sondern erweckt durch einen schöpferischen Anruf[21], gibt es Freiheit doch nur als in Relation stehend zu: Freiheit in Bezug auf...

Freiheit vollzieht sich zu sich selbst und zu anderer Freiheit in bestimmten Einzelvollzügen. Diese Selbstbestimmung der Freiheit in Freiheit aber gibt es nur als Selbstbewußtsein, d.h. das Selbst muß als solches sich auf sich selbst beziehen können und beziehen. Denn wie sollte das Selbst auf sich selbst reflektieren, wenn es das, worauf diese Reflexion zurückweist, nicht als das Selbst erkennen würde. Diesen Anstoß zur Reflexion erfährt das Ich aber nicht am Ich – wie sollte es dann auf sich zurückweisen –, sondern am Nicht-Ich: „Nur am Du wird das Ich zum Ich"[22]. Konkrete Freiheit ist also nur möglich und wirklich als Gemeinsamkeit, Person nur als Interpersonalität, denn „Freiheit bedarf der Gestalt, Gestalt der Kontur, Kontur besagt Grenze, Grenze besagt das Aneinandergrenzen von mindestens zweien"[23].

Auch wenn der Mensch seine Essentialität zwar nicht von der Gemeinschaft erhält, so ist er doch auf die Gemeinschaft hingeordnet, außerhalb derer er nicht zur Vollendung seiner Selbst gelangen kann[24]. Der Mensch als individualitas ist nicht nur nebenher oder bis zu einem gewissen Grade, sondern wesenhaft Freiheit, Person in Gesellschaft (socialitas)[25].

---

20 vgl. Nell-Breuning (1985), womit nicht dem widersprochen werden soll, daß der Mensch Vernunft und Selbstbestimmung als Anlage besitzt, 36f.

21 vgl. Splett (1981), der Mensch als gerufene Freiheit, 44.

22 a.a.O., 71; vgl. auch Splett (1976): „...daß tatsächlich und prinzipiell Freiheit nur im Mit- und Zueinander von Freiheitswesen existiert", 26.

23 ebd.

24 vgl. Leser (1984), 245.

25 vgl. von Nell-Breuning (1985), 37ff.

In Bezug auf die Art der Qualität der Beziehung des Einzelnen zur Gemeinschaft ist nun noch eine Differenzierung vorzunehmen, kann es dem einzelnen ja nicht nur um ein „interesseloses Wohlgefallen" gehen; der Mensch will vielmehr angenommen und gebraucht werden. „Das heißt, es geht ihm keineswegs einfachhin bloß um sich: um sich geht es ihm, weil es ihm um sein Gehen-um geht. ... Freiheit ist konkret Freiheit nicht einfach zu sich, sondern zu anderem und für den Anderen."[26]

Wenn der Mensch weder bloß Zufallsprodukt noch ein Produkt der Gesellschaft ist, dann verlangt die Hinordnung des Menschen auf ein Du eine weitere Bestimmung, gleichsam als Antwort auf die Frage, woher der Mensch sein Sein empfängt[27].

Die Veränderlichkeit der Welt, das Sein in Zeit und Raum weist hin auf die Kontingenz von Welt, auf ein einerseits -negativ formuliert- Nicht-sein-müssen dessen, was so ist wie es ist, andererseits -positiv gewendet- auf das Glücklicherweise-doch-Sein des Gegebenen[28]. Ein Ganzes aber, das Sein des Seienden im Seienden, das durch Veränderlichkeit bestimmt ist, kann nicht selbst unveränderlich sein. Die Existenz von Bedingtem setzt Unbedingtes voraus, weil der Versuch, die Existenz von Bedingtem mittels Bedingtem zu erklären, die Suche nach dem Absoluten, von dem das Seiende sein Bedingt-sein erhält, nur zu einer Bedingungskette verlängert. Denn, wenn Einzelnes kontingent ist, kann die Summation von noch so vielem Kontingentem den ontologischen Status nicht ändern. Alles kontingent Seiende bedarf also einer zureichenden, nicht ihrerseits kontingenten Ursache; diese muß vielmehr absolut-unbedingt sein[29].

---

26 Splett (1976), 37

27 Aristoteles spricht in Bezug auf die Hinordnung auf ein bestimmtes Ziel von der ‚Entelechie'.

28 vgl. Splett (1978), 96.

29 vgl. a.a.O., 103ff; Augustinus umschreibt das Absolute als „höher als mein Höchstes und zugleich mir innerlicher als mein Innerstes" (Conf. III 6,11), Nikolaus von Kues als „Non-aliud", das Nicht-andere.

So verstanden weist dann Schöpfung auf das Wirken des Absoluten in doppelter Weise: negativ als „creatio ex nihilo" – Schöpfung aus nichts, was die äußere Abhängigkeit eines Baumeisters oder Künstlers von seinem Material abweist wie die innere Bedingtheit von Weltseele oder Weltgeist durch den Urstoff, den sie durchformen; positv als „creatio entis qua entis" – Schöpfung des Seienden als solchen, was jede Konkurrenz mit anderen Ursachen ausschließt und den Schöpfer nicht als die erste in einer Reihe weiterer Ursachen, sondern als die wesenhaft einzige darstellt[30]. Insofern zeigt sich Gott als freier Geber; Schöpfung ist seine Erscheinung als „Deus datus" – als gegebener Gott, so wie der Cusaner sagt. Die Erscheinung, die Schöpfung, ist nicht Gott, aber in diesem Gegebenen gibt er sein Geben und so sich selbst.

Solches Sichgeben kann aber nur auf Grund seines relationalen Bestimmtseins an Freiheit ergehen, der Aufruf der absoluten Freiheit an die bedingte; Aufruf in dem Sinn, daß die gerufene Freiheit die rufende nicht als nachträglich, sondern als sie konstituierend erfährt, sich ihm verdankt[31]. In diesem Ereignis des Anrufs zeigt sich erst Personalität, insofern das Bedingte erst in der Offenheit zu dem Unbedingten Person ist. Da erst mit diesem Anruf die Würde der Person gegeben ist, „scheint Person eine ursprünglich religionsphänomenologische Kategorie zu sein, charakterisiert durch Unverfügbarkeit im konkreten Anspruch"[32].

1.3.2. Das personalistische Menschenbild im Verständnis der katholischen Soziallehre

Der Mensch mit seiner gesellschaftlichen Anlage gilt als von Gott geschaffen[33]. Dabei soll sich der Mensch „die Erde untertan machen, soll sie beherrschen, da er als ‚Abbild Gottes' eine Person ist, das heißt ein subjekthaftes Wesen, das imstande ist, auf geordnete und überlegte Weise zu handeln, fähig, über sich zu

30 vgl. a.a.O., 115f.
31 vgl. a.a.O., 154f.
32 a.a.O., 155.
33 vgl. QA, 118.

entscheiden und auf Selbstverwirklichung ausgerichtet"[34]. „...im Rahmen seiner menschlichen Möglichkeiten"[35] nimmt er am Werk des Schöpfers teil, führt es weiter und vollendet dieses.

Den Zustand der immerdar bestehenden Ungleichheiten unter den Menschen betrachtet die Soziallehre der Kirche aber als einen sehr zweckmäßigen, da das gesellschaftliche Leben eine Verschiedenheit von Kräften und eine gewisse Mannigfaltigkeit von Leistungen erfordert[36].

Für die katholische Soziallehre ist der Mensch weder ausschließlich ein Individual- noch ein Sozialwesen. Auch sieht sie die Individual- und die Sozialnatur des Menschen nicht als unvereinbare Gegensätze, sondern geht vielmehr von dem Zusammenwirken dieser beiden Phänomene[37] aus, die in Verbindung mit der Transzendenz[38] die Ganzheit des Menschen und seine unantastbare Würde als Person ausmacht.

Der Wahrung der unantastbaren Würde der menschlichen Person wird mit dem obersten Grundsatz der kirchlichen Soziallehre entsprochen[39]: „Der Mensch muß Träger, Schöpfer und das Ziel aller gesellschaftlichen Einrichtungen sein"[40]. Entsprechend die-

---

34 LE, 6,2.

35 LE, 25,2.

36 vgl. RN, 14.

37 vgl. Plesser (1985), nach dem der Eigennutz als das bestimmende Element des individualistischen Menschenbildes in der gleichzeitig und verhältnismäßig zu beachtenden Gemeinnützigkeit ein regulierendes Gleichgewicht erfährt, 38.

38 vgl. Nell-Breuning (1987), von einer transzendenten Dimension, von der Ebenbildlichkeit Gottes des Menschen, in der die Würde des Menschen begründet ist, ist im Grundgesetz (Art. 1, Abs. 1 und 2) nicht die Rede, 61.

39 vgl. MM, 218ff.

40 MM, 219; Nell-Breuning (1978), 95f, weist hin auf die Fehlerhaftigkeit in den Übersetzungen dieses obersten Grundsatzes.
Zunächst geht es um die Betonung jedes einzelnen Menschen, was die dt. Übersetzung zum Ausdruck bringt, wenn sie sagt: der Mensch muß Träger, Schöpfer und Ziel sein.
In der lat. Fassung folgt nun der Begriff „necessarie". In der dt. Übersetzung ist dieser ersetzt worden durch den des Müssens, was im Sinne eines Sollens

sem Grundsatz muß dem Menschen die Ordnung der Dinge dienstbar sein[41]. Maßstab der Ordnung ist die Wahrung der Würde und Freiheit der menschlichen Person.

Als oberste Pflicht des Menschen wird die Entfaltung seiner Persönlichkeit gesehen[42], die als Voraussetzung der Freiheit bedarf.

2. Das Solidaritätsprinzip

Für Nell-Breuning ist das Solidaritätsprinzip sowohl Baugesetz als auch Entwicklungsgesetz der Gesellschaft.

Als Baugesetz, als Strukturprinzip wie auch als Seinsprinzip, sagt das Solidaritätsprinzip etwas aus, das bedingt durch das Verständnis vom Menschen als Person unabänderlich so ist wie es ist.

2.1. Das Solidaritätsprinzip als Strukturprinzip

Der Begriff „Solidarität" stammt ursprünglich aus dem Rechtswesen[43] und bezeichnet ein schon im 16.Jh. bekanntes Rechtsverhältnis, bei dem jeder Schuldner „in solidum" für die Gesamtsumme haftet.

---

zu verstehen ist: der Mensch muß sein... „Darum geht es aber nicht, denn das, was der Mensch immer und ausnahmmslos mit unabänderlicher Notwendigkeit ist, braucht nicht erst noch geboten und gefordert werden; sittlich und rechtlich zu gebieten oder zu fordern ist nur, daß man ihn als das, was er ist, auch anerkennt und behandelt." (hier: 95f.)
Richtig müßte die Übersetzung lauten: Jeder Mensch ist Träger, Schöpfer und das Ziel aller gesellschaftlichen Einrichtungen. (was mit Notwendigkeit so ist und auch so sein soll.)

41 vgl. GS, 26.

42 vgl. PP, 16.

43 vgl. Nell-Breuning (1987), 35f; Oeing-Hanhoff (1981): „‚Ich habe als erster von den Legisten den Terminus Solidarität übernommen, um ihn in die Philosophie einzuführen, d.h. nach mir in die Religion', so der von Marx ‚genial' genannte Schellingschüler, der Sozialist P. Leroux", 9.

Von Solidarverpflichtung und Solidarhaft ist die Rede, „wenn mehrere zusammen eine Verpflichtung zu erfüllen haben, und zwar so, daß jeder einzelne von ihnen für die ganze Verpflichtung in Anspruch genommen werden kann“[44]. Auf welche Art und von wem diese Verpflichtung erfüllt wird, ist Sache der Beteiligten, nicht des Schuldners.

Demzufolge sind in der Gemeinschaft alle und jeder einzelne für das den einzelnen übersteigende Gesamtwohl der Gemeinschaft verantwortlich, haftet doch jedes Glied für die Gemeinschaft als Gesamtschuldner. Folglich kann sich keiner auf das Versagen des anderen berufen, denn bedingt durch die Gemeinhaftung ist es Aufgabe dessen, der ein Versagen seitens der Gesellschaft feststellt hat, unterstützend einzugreifen.

Diese weitgehenden Verpflichtungen des einzelnen als Glied gegenüber der Gemeinschaft und umgekehrt der Gemeinschaft gegenüber dem einzelnen haben ihren Grund in dem „wechselseitigen Aufeinander-angewiesen-Sein“[45]. Nell-Breuning bezeichnet dieses wechselseitige Bezogensein als „Gemeinverstrickung“[46].

Spricht man auf der einen Seite von Gemeinverstrickung, dann besteht auf der anderen Seite eine ebenso umfassende Gemeinhaftung. Die Möglichkeit eines gegenseitigen Aufeinandereinwirkens zeigt die beidseitige Verantwortung: der Glieder für das Ganze und das Ganze für die Glieder[47].

Solidarität im Vollsinn meint diese wechselseitige Bezogenheit und Haftung.

---

44 Nell-Breuning (1990), 16.
45 a.a.O., 17.
46 ebd.
47 a.a.O., 20f.

2.2. Das Solidaritätsprinzip als Seinsprinzip

Die sittlich-rechtliche Gemeinhaftung gründet auf dem Umstand der Gemeinverstrickung. Diese Tatsache aber ist nicht ein Zufall, sondern hat ihren Grund im Sein und Wesen des Menschen selbst: das Solidaritätsprinzip als Seinsprinzip.

Zum Ausdruck bringt es das Faktum menschlicher Vergesellschaftung: „der wesenhaften Gesellschaftlichkeit des Menschen und der wesenhaften Personenbezogenheit der Gesellschaft“[48]. „Seiner ganzen Natur nach, d.i. seiner Leibnatur nach und seiner Geistnatur nach“[49] ist der Mensch auf die Gemeinschaft ausgerichtet.

Seiner Leibnatur nach ist der Mensch ein Glied in der Geschlechterfolge. Aber nicht nur in Bezug auf die Fortpflanzung ist er zweigeschlechtlich angelegt, sondern das Geschlecht prägt den ganzen Menschen. „Wenn Gott es nicht für gut fand, daß der Mensch (Mann) allein sei, sondern beschloß ihm eine Gefährtin beizustellen, die seinesgleichen sei (Gen 2.18), so deswegen, weil er von Anfang an den Menschen so geschaffen hatte, daß er zum Allein- und Für-sich-Sein nicht taugte, sondern dazu bestimmt war, Hilfe zu empfangen und Hilfe zu gewähren.“[50]

Auch gemäß seiner Geistnatur ist der Mensch auf Grund seiner geschöpflichen Begrenztheit auf die Gemeinschaft hingeordnet, setzt doch geistiges Leben Belehrung, Anregung und Anleitung voraus. Aber neben seiner Unvollkommenheit ist es der Reichtum seiner Begabungen und Fähigkeiten, Werte zu verwirklichen, die den Menschen auf die Gemeinschaft hin ausrichtet, wo die Anlagen ihre Erfüllung finden.

48 Kondziela (1980), 2578.
49 ebd.
50 vgl. Nell-Breuning (1990), 23.

2.3. Das Solidaritätsprinzip als Sollensprinzip

Aus der Bestimmung des Solidaritätsprinzips als Seinsprinzip ergeben sich Richtlinien für das Handeln[51], für die seinem Wesen entsprechende Aus-Gestaltung der Gesellschaft: das Solidaritätsprinzip als Sollensprinzip, als „Entwicklungsgesetz“[52].

2.4. Das Solidaritätsprinzip als ethisches Prinzip

Ist der Mensch als dialogisches Wesen geschaffen – der einzelne hingeordnet auf die Gemeinschaft, die Gliedgemeinschaft auf die sie umgreifende Gesamtgemeinschaft, aber ebenso umgekehrt –, dann hat sich der Mensch wie auch die Gemeinschaft diesem Sein entsprechend zu verhalten.

Dieses vom Schöpfer dem Geschöpf übertragene Gebot ist ein sittliches, ein ethisches Prinzip[53].

Der einzelne als Glied der Gemeinschaft hat entsprechend seiner Bezogenheit auf die Gemeinschaft zu handeln. Für die Gemeinschaft gilt dasselbe in analoger Form. Der einzelne ist nicht nur bedingt seiner Bindung an die Gemeinschaft in Anspruch zu nehmen; die Rückbindung der Gemeinschaft an den einzelnen steckt dem gesellschaftlichen Handeln den Rahmen für ein ihm gegenüber verantwortliches Handeln ab.

---

51 vgl. Nell-Breuning (1987): Solidarität meint nicht nur die Tatsache, die unabhängig von unserem Wissen oder Einverständnis besteht, sondern zugleich die sittlich-rechtliche Forderung oder Verpflichtung, der im Verhalten die Entsprechung – gleich auf welche Art – folgen muß, 36f.

52 vgl. Nell-Breuning (1990), 46ff.

53 a.a.O., 47.

2.5. Das Solidaritätsprinzip als Rechtsprinzip

Nach Nell-Breuning ist „nur ein Teil der gesamten sittlichen Ordnung zugleich Rechtsordnung“[54]. Demzufolge zählen auch nur die ethischen Prinzipien zu den Rechtsprinzipien, die unmittelbar den sog. Rechtsbereich ordnen.

Gemeint ist damit der Bereich der menschlichen Gemeinschaft, der die Beziehungen der Menschen untereinander umgreift, insofern sie sich als Glieder der Gemeinschaft gegenüberstehen. Insbesondere umfaßt dieser die Ansprüche des einzelnen an die Gemeinschaft und der Gemeinschaft an ihn.

Als ethisches Prinzip gehört das Solidaritätsprinzip zu den Rechtsprinzipien; „es ist, wenn nicht schon das oberste, so jedenfalls ein oberstes Prinzip der Rechtsordnung überhaupt“[55].

Alles vom Menschen gesetzte Recht zur Ordnung der Gemeinschaft kann sich mit dem Anspruch der Rechtmäßigkeit nur in dem durch das Solidaritätsprinzip abgesteckten Rahmen bewegen. Die Rechtsordnung ist demnach nicht gesellschaftskonstitutiv, sondern gesellschaftskonsekutiv[56].

Für Kondziela ergeben sich aus der Bestimmung des Solidaritätsprinzips drei Schlußfolgerungen:

1. die Gesellschaftlichkeit ist nichts an den Menschen durch physischen Zwang oder durch zweckhafte Organisation von außen Herangetragenes
2. die Gesellschaft ist keine substantielle Einheit, kein Über-Ich, sondern eine Ordnungseinheit

---

54 a.a.O., 48.

55 a.a.O., 49; vgl. Kondziela (1980), 2580f, der das Solidaritätsprinzip als das „grundlegende Rechtsprinzip“ bezeichnet, gewährleistet es die unverzichtbare Subjekteinstellung des Menschen im gesellschaftlichen und darum auch im wirtschaftlichen Leben, ohne den Eigenwert oder die Eigenständigkeit der gesellschaftlichen Ganzheiten anzutasten oder zu verkürzen.

56 vgl. a.a.O., 2581f.

3. die Gesellschaft ist ihrem Wesen gemäß in allen ihren Ausprägungen für den Menschen zwar ein hoher, aber doch nur ein Dienst- (Mittel) Wert. „Als personenbezogener Dienstwert steht die Gesellschaft im Dienste des Menschen, und der Mensch als gesellschaftliches Wesen steht – damit und insoweit die Gesellschaft ihre Dienstfunktion erfüllen kann – im Dienste der Gesellschaft – nicht um der Gesellschaft willen als einem Über-Ich, sondern um der Mitmenschen in ihrer Gemeinschaftsverbundenheit willen."[57]

2.6. Der Begriff der Solidarität in der katholischen Soziallehre

Wenngleich in den kirchenlehramtlichen Dokumenten der Begriff „Solidarität" nicht förmlich als Prinzip genannt wird, durchzieht er dennoch die kirchliche Sozialverkündigung[58].

Zum 40. Jahrestag der Veröffentlichung der Enzyklika „Rerum novarum", als sich die Arbeiterfrage zu einer allgemeinen Frage der Gesellschaft ausgeweitet hatte, veröffentlichte Papst Pius XI. die Enzyklika „Quadragesimo anno". In dem Abschnitt über die Frage der Lohngerechtigkeit steht der Begriff der „christlichen Solidarität" im Zusammenhang mit den sich aus einer möglichen Stillegung eines Unternehmens ergebenden Konsequenzen. „Gerade bei dieser schwersten Entscheidung", so die Enzyklika, „muß sich die innere Verbundenheit und christliche Solidarität von Werksleitung und Belegschaft zeigen und praktisch bewähren."[59]

Zu Verbundenheit und Solidarität von Arbeitgebern und Arbeitnehmern ruft Papst Pius XII. auch in einer Ansprache am 11. März 1945 an die Delegierten der italienischen christlichen Arbeitervereine auf, um zusammen auf dauerhafte Weise für das

---

57 Kondziela (1980), 2578f.

58 Als Sozialprinzip wurde „Solidarität" innerhalb jener Richtung in der katholischen Soziallehre formuliert, die sich als Vertreter des „Solidarismus" bezeichnen. Als eigentlicher Begründer gilt Hermann Pesch.

59 QA, 73.

Gemeinwohl und die Bedürfnisse der Allgemeinheit zu sorgen. „Diese Solidarität soll sich auf alle Zweige der Produktion erstrecken und sie soll die Grundlage einer besseren Wirtschaftsordnung werden, einer gesunden und gerechten Selbstverwaltung. Sie soll den arbeitenden Klassen den Weg öffnen, ihren Teil an der Verantwortung für die Leitung der nationalen Wirtschaft ehrlich zu erwerben."[60]

Die erstmals „an alle Menschen guten Willens" gerichtete Enzyklika „Pacem in terris" hat als Leitgedanken die gemeinsame Verantwortung für die Wahrung des Friedens. In diesem Sinn müssen auch die Beziehungen zwischen den Staaten „durch tatkräftige Solidarität"[61] gefördert werden. Die Gewalt des Staates sei dabei einzuschränken, da sie „ihrer Natur nicht dazu eingesetzt ist, die Menschen in die Grenzen der jeweiligen politischen Gemeinschaft einzuzwängen, sondern vor allem für das Gemeinwohl des Staates zu sorgen"[62].

Papst Paul VI. hält es lt. seiner Enzyklika „Populorum progressio" für möglich, daß die weltweit gewordene soziale Frage durch einen von sozialer Gerechtigkeit und solidarischer Liebe getragenen Fortschritt zu einer guten Lösung zu führen sei. Gerichtet ist dieses Schreiben vornehmlich an die Begüterten[63], die in dreifacher Hinsicht in der Pflicht ständen: „Zuerst in der Pflicht zur Solidarität, der Hilfe, die die reichen Länder den Entwicklungsländern leisten müssen; sodann in der Pflicht zur sozialen Gerechtigkeit, das, was an den Wirtschaftsbeziehungen zwischen den mächtigen und schwachen Völkern ungesund ist, abzustellen; endlich in der Pflicht zur Liebe ..."[64]. Der Aufruf richtet sich aber nicht nur an die Begüterten, sondern auch an die Rassen und

60 ACLI, 4.

61 PT, 98.

62 ebd.

63 vgl SRS, 39: „Diejenigen, die am meisten Einfluß haben, weil sie über eine größere Anzahl von Gütern und Dienstleistungen verfügen, sollen sich verantwortlich für die Schwächsten fühlen und bereit sein, Anteil an ihrem Besitz zu geben."

64 PP, 44; vgl. 48; vgl. OA, 23.

Stämme, den Egoismus zugunsten der Solidarität abzubauen und einheitliche Wirtschaftsräume mit gemeinsamen Strukturprogrammen zu schaffen[65].

Diese Thematik spricht der Papst auch in seiner Ansprache vor den Internationalen Arbeitsorganisationen am 10. Juni 1969 in Genf an, wenn er die Mitglieder aufruft, die rechtlichen Voraussetzungen für eine umfassende Solidarität zu schaffen, um allen Völkern die Beteiligung am Aufbau der Welt zu gewährleisten[66].

Einen eindringlichen Appell zu einem verstärkten Einsatz für die solidarische Entwicklung der Völkergemeinschaft[67] richtet Papst Paul VI. mit seinem apostolischen Schreiben „Octogesima adveniens" an die Christen.

Im Kapitel „Die Solidarität der arbeitenden Menschen" der Enzyklika „Laborem exercens" blickt Papst Johannes Paul II. zurück auf die sogenannte Arbeiterfrage im vergangenen Jahrhundert und bewertet den Aufruf zur Solidarität und zum gemeinsamen Handeln „als für die Sache der Sozialethik im hohen Grade wirksam und zugkräftig"[68], führte er doch in der Folge zu einer tiefgreifenden Änderung der Rechte der Arbeiter.

Den bisherigen Schlußpunkt in dieser Reihe setzt die 1987 erschienene Enzyklika „Sollicitudo rei socialis". Anlaß ist eine umfassende und differenzierte Betrachtung des Begriffs „Entwicklung"; Ausgangspunkt ist bei aller Hervorhebung positiver Aspekte „das Bild der heutigen Welt", das auf das Ganze gesehen doch „eher einen negativen Eindruck"[69] bietet. Zur Überwindung des Denkens in Blöcken, hinter denen „historisch" die

---

65 PP, 64f; vgl. SRS, 45: „Aber auch die Entwicklungsländer haben die Pflicht, Solidarität unter sich selbst und mit den am meisten betroffenen Ländern zu üben. Wünschenswert ist zum Beispiel, daß Nationen derselben geographischen Zone Formen der Zusammenarbeit vereinbaren...".

66 IAO, 22.

67 OA, 18.

68 LE, 8,2 u. 8,4.

69 SRS, 13.

Ideologien des „liberalistischen Kapitalismus“ und des „marxistischen Kollektivismus“ stehen, entwirft der Papst das Leitbild einer solidarischen Gesellschaft. „Die Tugend der Solidarität setzt bei der faktischen Ungleichheit der Menschen hinsichtlich ihrer Lebensumstände, ihrer Fähigkeiten, ihrer ‚Verhältnisse‘ an und geht gleichzeitig davon aus, daß trotz all dieser Verschiedenheiten allen Menschen die gleiche Würde zukommt. Daraus folgt ein Handeln, bei dem der Stärkere für den Schwächeren wenigstens insoweit sorgt, daß dieser ein Leben in Würde zu führen vermag.“[70]

2.6.1. Konsequenzen aus dem Solidaritätsprinzip

Der Begriff der „Solidarität“ erfährt seine sozialethische Legitimation aus der Hinordnung auf den Menschen als Person[71]; erst unter dieser Voraussetzung kann er universelle Geltung beanspruchen. Wenn die Würde des Menschen in seinem Person-Sein begründet ist und die Beziehung auf das Du zum Wesen der Person unabdingbar dazugehört, folgt daraus notwendig die Solidarität mit allen Menschen. Alle Solidargemeinschaften, aus welcher Intention und mit welcher Absicht sie auch eingegangen sein mögen und werden, haben sich in der Ausrichtung auf die universelle Solidarität zu legitimieren.

Das schließt ein Mehrfaches ein[72]:

1. Jede Form von Solidarisierung, die sich auf gleichzeitiger Miß-

---

70 Roos (1988), 5.

71 vgl. Baumgartner, Korff (1990), 237–250; ausgehend von der Frage, ob der Begriff der Solidarität nicht einer Neubestimmung – Solidarität nicht nur als Begriff der Mitmenschlichkeit, sondern als Mitgeschöpflichkeit – bedarf, folgt die ablehnende Antwort mit dem Hinweis, daß keiner der außermenschlichen Erscheinungsformen der Natur die Eigenschaft eines personalen, der vernünftigen Selbstbestimmung fähigen Freiheitswesens zukommt. Mit dem Versuch der Übertragung der das Wesen der Person bestimmenden Unverfügbarkeit auf die außermenschliche Natur fällt das ethisch Unterscheidende dahin. Die Folge wäre die Einebnung des personalen Anspruchs des Menschen, hier: 244f.

72 Korff (1989), 45ff.

achtung des Allgemeingültigkeitsanspruchs der Menschenwürde gründet, ist ethisch verwerflich[73].

2. Jede Form von Solidarisierung, die dem Anspruch der Menschenwürde faktisch nur im Blick auf die eigene Gruppe und deren Zielsetzungen Rechnung trägt, bleibt ethisch defizitär.
3. Jede Form von Solidarisierung, die den universellen Anspruch der Menschenwürde als Forderung zur Gleichschaltung versteht, muß zur Unterdrückung des personalen Selbstandes führen und erweist sich darin als ethisch abwegig.
4. Jede Form von Solidarisierung, die auf Schwächung oder Aufhebung der Eigenfunktion kleinerer, ihr zuzuordnender Sozialstrukturen zielt, lähmt und zerstört ihre eigenen Entfaltungskräfte[74].
5. Jede Form von Solidarisierung bleibt in Einlösung und Erfüllung der aus ihr erwachsenen wechselseitigen Ansprüche der umfassenden Forderung der Gerechtigkeit unterworfen.

2.6.2. Forderungen des Solidaritätsprinzips an die Wirtschaft

Die Bindung und Rückbindung zwischen den einzelnen und der Gemeinschaft bedeutet bezogen auf die Ausgestaltung der Wirtschaft folgendes[75]:

- die Einordnung des Einzelnen in den Arbeitsprozeß mit dem Ziel der Gewährleistung einer für alle genügenden Bedarfsdeckung
- die Schaffung einer rechtlichen Ordnung seitens der Institution zur Sicherung des Wohlbefindens der einzelnen wirtschaf-

---

73 ebd.: Auch Räuberbanden und Verbrechersyndikate entwickeln ihre Solidarität, bleiben aber gerade dadurch ihrem Wesen nach korrumpiert, daß sie ihre Ziele ohne Rücksicht auf die Unantastbarkeit menschlicher Würde verfolgen.

74 a.a.O.: „Der föderative, vom Prinzip der Subsidiarität bestimmte Aufbau der Gesellschaft ist der umfassenden, am Anspruch menschlichen Personseins orientierten Idee der Solidarität immanent." (45); vgl. auch die Ausführungen zum Subsidiaritätsprinzip.

75 vgl. Nell-Breuning (1990), 73f.

tenden Menschen und -gruppen; vorausgesetzt ist ein Verständnis von Wirtschaft, nach dem zum einen alle am Ertrag der Wirtschaft einen gerechten Anteil erhalten, zum anderen im Vollzug der Wirtschaft nicht allein die Menschenwürde gewahrt, sondern Gelegenheit zur Entfaltung der einzelnen Persönlichkeit geboten wird.

3. Das Subsidiaritätsprinzip

3.1. Begriff und Begründung

Der Name „Subsidaritätsprinzip", abgeleitet vom lateinischen „subsiduum" = Hilfe, Hilfestellung, deutet das Wesentliche des gemeinten Sachverhaltes an. Es handelt von der Hilfe, die das Gemeinwesen seinen Gliedern schuldet (subsidiarium officium = Pflicht zur Hilfeleistung)[76]: „Die Gemeinschaft ist dazu da, um ihren Gliedern hilfreich zu sein, ihnen Vorteile zu bieten oder Nutzen zu bringen. Also soll sie tun, was den Gliedern in Wahrheit und Wirklichkeit förderlich, vorteilhaft, nützlich ist, aber auch nur solches."[77]

Seine Begründung erhält das Subsidaritätsprinzip wie auch das Solidaritätsprinzip aus der Bestimmung des Menschen als Person und aus seiner wesensmäßigen Hinordnung auf die Gemeinschaft. Nell-Breuning geht davon aus, daß der Mensch seine Persönlichkeit entfalten kann, soll und will, denn erst darin besteht, wächst, reift und vollendet sich sein Person-Sein[78].

Auch wenn der Mensch zu seiner Selbstverwirklichung nur durch möglichst weitgehende Aktivierung der ihm eigenen Wesensanlagen gelangen kann, bedarf er doch der Mithilfe anderer, um zur

76 vgl. Nell-Breuning (1978), 53.
77 Nell-Breuning (1990), 79.
78 vgl. Nell-Breuning (1979), 178.

vollen Entfaltung seiner selbst zu gelangen, da der Rückgriff auf seine Fähigkeiten und Möglichkeiten ihm allein nur bedingt möglich ist.

Aber nicht nur aus diesem Grund ist er auf die Gemeinschaft angewiesen, sondern ebenso, um von seinem Reichtum wieder anderen mitteilen zu können, sich als Glied der Gemeinschaft zu erweisen, was Nell-Breuning als „Bindung und Rückbindung" bezeichnet.

Hinsichtlich der Beantwortung der Frage, ob das von der Gemeinschaft zu Leistende in der jeweiligen Lage für den einzelnen oder die der Gemeinschaft untergeordnete Kleingruppe hilfreich oder eher hinderlich ist, weist Nell-Breuning auf die Weisheit „omne agens agendo percifitur"[79] hin, wonach gilt, daß „die Gemeinschaft ihrem Gliede hilfreichen Beistand in dem leisten soll, was der einzelne, der Glied der Gemeinschaft ist, auf sich allein gestellt und aus eigenen Kräften nicht vermag; was dagegen der Einzelmensch selbst leisten kann, darf die Gemeinschaft ihm nicht abnehmen; dadurch entzöge sie ihm ja die Gelegenheit, durch die eigene Tätigkeit tüchtiger, vollkommener zu werden, als er bereits ist; das aber wäre kein hilfreicher Beistand, sondern wäre eine Schädigung"[80].

Die Entscheidung, was der Einzelmensch oder die Gliedgemeinschaft zu leisten in der Lage ist bzw. was er/sie nicht mehr zu leisten vermag, obliegt dem vernünftig denkenden Menschen[81].

---

79 vgl. Nell-Breuning (1990), 82.

80 a.a.O., 83.

81 Das Gemeinte formuliert zur Verdeutlichung in einem Bedingungsatz: „Wenn der Einzelmensch (die Gliedgemeinschaft) sich selbst helfen kann, darf die Gemeinschaft ihn (sie) nicht der Selbsthilfe entbinden, indem sie ihre (Fremd-) Hilfe aufdrängt, denn in diesem Fall wäre das kein wirklich hilfreicher Beistand, sondern im Gegenteil eine Beeinträchtigung der Selbsttätigkeit; wenn dagegen der Einzelmensch (die Gliedgemeinschaft), auf sich allein gestellt, nicht imstande ist, sich selbst zu helfen, vielmehr damit überfordert wäre und daher auf die Hilfe der (übergeordneten) Gemeinschaft angewiesen ist, dann hat diese hilfreich einzuspringen, denn in diesem Falle ist dieses ihr Einspringen wirklich hilfreicher Beistand", a.a.O., 86.

3.2. Zur geschichtlichen Entwicklung des Subsidaritätsprinzips

Das im Subsidaritätsprinzip ausgedrückte Anliegen ist älter als der Name und die genaue Formulierung in der Enzyklika „Quadragesimo anno“ aus dem Jahr 1931 und bedurfte auch nicht „des Anstoßes aus dem Liberalismus“[82] wie Utz betont.

Die klassiche Stelle in der Hl.Schrift findet sich im Buch Exodus (Ex 18, 18–22), wo Mose Jetro, weil er sieht, daß Jetros Mühen seine Kräfte überfordern, den Rat gibt: „ ... Du aber suche dir aus allen Leuten tüchtige, gottesfürchtige und zuverlässige Männer aus, die der Bestechung nicht zugänglich sind, setze sie über jene als Vorsteher über je eintausend, über je einhundert, über je fünfzig, über je zehn! ... Nur alle wichtigen Sachen sollen sie vor dich bringen, alles Geringfügige aber sollen sie selbst entscheiden! Wenn du es so machst und es auch Gott dir so befiehlt, dann kannst du bestehen und auch dieses Volk wird befriedigt heimgehen.“

Bei Thomas von Aquin (Pol. II,5) findet sich die Bemerkung, daß ein Übermaß an Vereinheitlichung und Gleichschaltung den Bestand des aus verschiedenen Gebilden zusammengesetzten Gemeinwesens bedrohe. Dante mahnt in seiner „Monarchie“ (I,14), daß keineswegs jede kleinere Angelegenheit einer jeden Stadt durch den Kaiser entschieden zu werden habe, hätten doch „Nationen, Königreiche und Städte je ihre unterschiedlichen Eigentümlichkeiten, die man in besonderen Gesetzen berücksichtigen müsse“. Tocqueville sieht in seinem Werk „Das Zeitalter der Gleichheit“ die demokratische Gesellschaft als ein von unten nach oben föderalistisch aufgebautes Gebilde, um so kraft des Selbstandes und des Eigenlebens dieser Gemeinschaften sie vor der Vernichtung durch einen bürokratischen Zentralismus zu schützen.

Von dem Präsidenten der Vereinigten Staaten, Abraham Lincoln, stammt folgender Ausspruch, ebenfalls die Intention des Subsi-

---

82 vgl. Höffner (1975), 53.

diaritätsprinzipes beinhaltend: „Die Regierung hat für die Bevölkerung zu sorgen, wonach die Menschen ein Bedürfnis haben, was sie aber selbst überhaupt nicht tun können oder doch, auf sich selbst gestellt, nicht ebensogut tun können. In all das, was die Menschen ebensogut selber tun können, hat die Regierung sich nicht einzumischen."[83]

In Bezug auf Familie und Jugend klingt im Godesberger Grundsatzprogramm die „horizontale" Gewaltenteilung an, wenn es fordert, daß die Jugend befähigt werden muß, ihr Leben selbst zu meistern und in die künftige Verantwortung gegenüber der Gemeinschaft hineinzuwachsen. „Staat und Gesellschaft haben deshalb die Aufgabe, die Erziehungskraft der Familie zu stärken, sie in den Bereichen, die sie nicht ausfüllen kann, zu ergänzen und notfalls zu ersetzen."[84]

Auch Bischof Ketteler spricht ganz im Sinne des Subsidiaritätsprinzips, wenn er erklärt, daß dem Volk das Recht bleiben müsse, „das, was es selbst tun kann, in seinem Haus, in seiner Gemeinde, in seiner Heimat, auch selbst zu besorgen und zu vollbringen"[85].

---

83 Nell-Breuning (1990), 88; vgl. ders. (1976), 66.

84 a.a.O., 88f.

85 a.a.O., 89; vgl. auch Roos (1977): „Demgegenüber entwickelt nun Ketteler eine Gesellschaft, die nach dem Subsidiaritätsprinzip strukturiert ist...: ‚Meine Ansicht geht dagegen von dem einfachen Satze aus, daß jedes Individuum seine Rechte, die es ausüben kann, selbst ausüben darf... Erst wo das niedere Glied dieses Organismus nicht mehr imstande ist, seine Zwecke selbst zu erreichen, oder die seiner Entwicklung drohende Gefahr selbst abzuwenden, tritt das höhere Glied für es in Wirksamkeit, dem es dann von seiner Freiheit und Selbstbestimmung das abgeben muß, was dieses, das höhere Glied, zur Erreichung seines Zwekkes bedarf...'."
Was hier der Sache nach ausgebreitet ist, das Subsidiaritätsprinzip als gesellschaftliches Ordnungsprinzip, das hat Ketteler an anderer Stelle – wie Höffner (1978) bemerkt – „wohl als erster" ausdrücklich als „subsidiäres Recht" bezeichnet, 48f; vgl. Höffner (1978), 54.

3.3. Das Subsidiaritätsprinzip in der katholischen Soziallehre

Der Name und die heute gebräuchlichste Formulierung stammen von Gustav Gundlach[86] und finden sich wieder in der von Papst Pius XI. 1931 erlassenen Enzyklika „Quadragesimo anno". Dort wird dieses Prinzip als ‚gravissimum principium', als höchst gewichtiger Grundsatz, nach der deutschen Übersetzung sogar als ein „oberster sozial-philosophischer Grundsatz" verkündet.

Es lautet: „Wie dasjenige, was der Einzelmensch aus eigener Initative und mit seinen eigenen Kräften zu leisten vermag, ihm nicht entzogen und der Gesellschaftstätigkeit zugewiesen werden darf, so verstößt es gegen die Gerechtigkeit, das, was die kleineren untergeordneten Gemeinwesen leisten und zum guten Ende führen können, für die weitere und übergeordnete Gemeinschaft in Anspruch zu nehmen; zugleich ist es überaus nachteilig und verwirrt die ganze Gesellschaftsordnung. Jedwede Gesellschaftstätigkeit ist ja ihrem Wesen und Begriff nach subsidiär; sie soll die Glieder des Sozialkörpers unterstützen, darf sie aber niemals zerschlagen oder aufsaugen."[87]

Die Erklärung des Begriffes „subsidiär" erfolgt gleich im Anschluß an dessen Nennung. Den Gliedern des Sozialköpers wird eine Unterstützung zuteil, oder um mit Nell-Breuning zu sprechen, „die Tätigkeit der Gemeinschaft soll hilfreicher Beistand sein"[88].

In den nachfolgenden Sozialenzykliken wird das Prinzip unter verschiedenen Bezugspunkten entfaltet.

Bei aller Übertragung der Zuständigkeit des Staates hinsichtlich der Ausgestaltung der Wirtschaft schränkt die Enzyklika „Mater et magistra" in den Ziffern 54–58 deren Aufgabenbereich dahin-

---

86 vgl. Nell-Breuning (1985), 57.

87 QA, 79; auch QA, 46; vgl. CA, 48 (4).

88 Nell-Breuning (1990), 90; der lat. Urtext faßt den Gedanken noch knapper, wenn er sagt: die Tätigkeit der Gemeinschaft hat ihrem Wesen und ihrem Begriff nach den Gliedern des Sozialkörpers Hilfe zu bringen, ebd.

gehend ein, daß der Umfang ihres Eigentums nur dann auszuweiten sei, wenn das im richtigen Sinn verstandene Gemeinwohl dies offensichtlich verlange[89].

In Bezug auf die Landwirtschaft weist die Enzyklika die öffentliche Hand darauf hin, die Privatinitative in der Weise zu fördern und zu unterstützen, „daß sie die von ihr selbst in die Wege geleiteten Unternehmungen sobald als möglich privaten Händen zur Weiterführung überläßt"[90].

Unter dem Aspekt des Aufbaus einer internationalen Gemeinschaft wird in der Pastoralkonstitution „Gaudium et spes" der Versuch einer Umsetzung des Subsidiaritätsprinzips unternommen, wobei hochentwickelte Länder der schweren Verpflichtung unterliegen, „den aufstrebenden Völkern bei der Erfüllung der ... Aufgaben zu helfen"[91].

In Zusammenhang mit der Betonung der bleibenden Aktualität der kirchlichen Soziallehre weist der Papst noch einmal auf den obersten Grundsatz auch dieser Lehre hin, nach der „der Mensch der Träger, Schöpfer und das Ziel aller gesellschaftlichen Einrichtungen sein" muß[92]. Aus dieser Hinordnung kommt dem Subsidiaritätsprinzip der Rang eines obersten sozialphilosophischen Prinzips zu[93].

Auch in der neuesten Sozialenzyklika „Centesimus annus" verweist der Papst in Bezug auf die Aufgaben, die dem Staat in

---

89 MM, 117; vgl. MM, 53.

90 MM, 152.

91 GS, 86 (2) u. (3).

92 MM, 218; vgl. GS, 25.

93 Nell-Breuning (1990), 92; in einer Anmerkung zu der deutschen Übersetzung von „Quadragesimo anno" weist Nell-Breuning, Texte zur katholischen Soziallehre (1985), 151, hin auf die Differenz in der Übersetzung des lateinischen Wortes „gravissimum"; die Übersetzung dieses Terminus mit „höchst gewichtige" und nicht mit „oberste" schließt das Mißverständnis aus, als solle das Subsidiaritätsprinzip als „der" oberste sozialphilosophische Grundsatz bezeichnet werden; es gehört zu den sozialphilosophischen Grundsätzen, aber nur als einer von meheren.

Bezug auf die Ausgestaltung der Wirtschaft obliegen, ausdrücklich auf das Prinzip der Subsidiarität. „Der Wohlfahrtsstaat, der direkt eingreift und die Gesellschaft ihrer Verantwortung beraubt, löst den Verlust an menschlicher Energie und das Aufblähen der Staatsapparate aus ..."[94].

3.4. Die zwei Seiten des Subsidiaritätsprinzipes

3.4.1. Die positive Seite

Die Gemeinschaft soll ihren Gliedern, den einzelnen wie den untergeordneten Gemeinwesen, hilfreichen Beistand leisten[95]. Dieser kann zum einen darin bestehen, das zu tun, was der einzelne oder die untergeordnete Gemeinschaft für sich selbst schlechterdings nicht tun kann, zum anderen in der Unterstützung dessen, wozu er/sie nicht allein, sondern nur mit Hilfe anderer in der Lage ist[96].

Schneider spricht an dieser Stelle von der „Mündigkeitsfreigabe" bzw. der „subsidiären Reduktion"[97].

„Was der Einzelmensch (bzw. die kleineren oder untergeordneten Gemeinwesen) einst nicht aus eigener Initiative und mit eigenen Kräften leisten und zum guten Ende führen konnte (konnten) und deshalb von der weiteren und übergeordneten Gemeinschaft als Hilfe zur Selbsthilfe angedient werden mußte, inzwischen aber – auf Grund erfolgreich verwirklichter Hilfe zur

---

94 CA, 48 (5).

95 Andere Bezeichnungen als „hilfreicher Beistand" sind: „ergänzender Beistand" oder „ergänzende Hilfe"; doch kann das Wort „ergänzend" dahingehend mißverstanden werden, daß man es nur im Sinne von „Ersatz", „Notbehelf", „Lückenbüßer" oder „Flickwerk" auslegt; vgl. auch Nell-Breuning (1978), 22f und 53.

96 vgl. Nell-Breuning (1990), 94; Schneider (1985) bezeichnet die in dieser Form erfolgte Unterstützung als „subsidiäre Assistenz", ausgedrückt in der Relation „P kleiner G": was P nicht zu leisten in der Lage ist, soll G als Hilfe zur Selbsthilfe andienen, 27.

97 vgl. Schneider (1985), 35.

Selbsthilfe – nun selber leisten kann (können), das darf nicht länger von der weiteren und übergeordneten Gemeinschaft in Anspruch genommen werden...“[98]. Das Subsidiaritätsprinzip verlangt, so Nell-Breuning, „etwas vom Schwersten, was es überhaupt gibt: sich selbst und seine Hilfe überflüssig zu machen“[99] Denn „jedwede Gesellschaftstätigkeit ist ja ihrem Wesen und Begriff nach subsidiär; sie soll die Glieder des Sozialkörpers unterstützen, darf sie aber niemals zerschlagen oder aufsaugen“[100]. Anstelle eines hilfreichen Beistandes könnte man dann von einem „hemmenden Beistand“ im Sinne einer Übervormundung oder Anti-Subsidiarität[101] reden.

3.4.2. Die negative Seite

Analog zur positiven Seite des Subsidiaritätsprinzipes gilt, daß die Gesellschaft sich auf jene Aufgaben zu beschränken hat, die die Möglichkeiten des einzelnen wie der untergeordneten Gemeinwesen übersteigen[102].

---

98 ebd.

99 Nell-Breuning (1990), 120.

100 QA, 79.

101 vgl. Schneider (1985), 36f.

102 vgl. Zsifkovits (1980), 2995f: analog zu der „horizontalen“ Gewaltenteilung Montesquieus zur Verhinderung des Gewaltmißbrauches im Interesse der Freiheitssicherung der Bürger, spricht er in Bezug auf das Subsidiaritätsprinzip von einer „vertikalen“ Gewaltenteilung; „vertikal deshalb, weil in dieser Verantwortungs- und Zuständigkeitsverteilung die einzelnen und untergeordneten Gemeinwesen Vorrang vor den übergeordneten Gemeinwesen besitzen“, 2996.
Schneider (1985) spricht in diesem Fall von der „P-Prävalenz“, ausgedrückt in der Relation „P größer G“: was P kann, darf ihm von G nicht entzogen werden; die Voraussetzungen für dieses „Entzugsverbot“ sind aber dann nicht gegeben, wenn sich deutlich bestätigt, daß unter den veränderten Verhältnissen manche Aufgaben, die früher leicht von kleineren Gemeinschaften geleistet wurden, nur mehr von großen bewältigt werden können, 27f.

3.5. Zum Verhältnis von Solidaritätsprinzip und Subsidiaritätsprinzip

Beide Prinzipien bilden eine Einheit, fordern einander wechselseitig als Ergänzung. Beide sind Seinsprinzipien, lassen sie sich doch nur aus der Wesensbestimmung des Menschen herleiten.

Aus der Würde der Person und seiner Zuordnung auf die Gesellschaft erwächst die Gemeinverstrickung als auch die Gemeinhaftung, in der der einzelne und die Gemeinschaft zueinanderstehen, weswegen das Solidaritätsprinzip auch als Zuordnungsprinzip zu bezeichnen ist.

Aus der Zuordnung von Person und Gemeinschaft erwächst der Anspruch auf die Übertragung von Zuständigkeit, was seinen Ausdruck im Begriff „Subsidiarität" findet: das Subsidiaritätsprinzip als Zuständigkeitsprinzip.

Hierbei handelt es sich aber nicht um eine scheinbar einseitige Ableitung des Subsidiaritätsprinzipes aus dem Solidaritätsprinzip, woraus sich dann eine Rangordnung ableiten ließe. Vielmehr ist die Zuordnung auch aus der Zuständigkeit erkennbar, weshalb nicht nur hinsichtlich des Solidaritätsprinzips, sondern ebenso vom Subsidiaritätsprinzip als Ordnungsprinzip zu sprechen ist[103].

Der Denkweg läßt sich also in beiden Richtungen durchlaufen: vom Subsidiaritätsprinzip zum Solidaritätsprinzip und vom Solidaritätsprinzip zum Subsidiaritätsprinzip.

Geht man aber in der Betrachtung vom sachlichen („ursächlichen") Zusammenhang aus, „so verläuft dieser nur in einer Richtung: von der Zuordnung (Solidaritätsprinzip) zur Zuständigkeit (Subsidiaritätsprinzip)"[104].

---

103 vgl. Messner (1984), 217.
104 Nell-Breuning (1990), 115f.

Der Unterschied zwischen diesen beiden Prinzipien besteht darin, daß das Solidaritätsprinzip ein aktives, dynamisches Entwicklungsgesetz der Gemeinschaft ist, das Subsidiaritätsprinzip dagegen der Entwicklung folgt[105]. Während sich ändernde Verhältnisse in der Gesellschaft ihren Grund in einer sich wandelnden Zuordnung von Mensch und Gesellschaft haben, – dieser Sachverhalt kommt auch in den einleitenden Worten zur eigentlichen Bestimmung des Subsidiaritätsprinzipes in der Enzyklika „Quadragesimo anno" zum Ausdruck: „Wenn es nämlich zutrifft, ..., daß unter den veränderten Verhältnissen manche Aufgaben, die früher leicht von kleineren Gemeinwesen geleistet wurden, nur mehr von großen bewältigt werden können..."[106] – kann das Subsidiaritätsprinzip auf diesen Wandel nur reagieren, z.B. mittels einer möglichen Neu- oder Umverteilung der Zuständigkeiten, aber nicht selbständig agieren, wie es das Verständis vom Solidaritätsprinzip impliziert.

4. Das Gemeinwohlprinzip

Das bei Personalität und Sozialität zugleich ansetzende Solidaritätsprinzip gibt eine Antwort auf die Frage, in welchem Verhältnis sich diese beiden Pole gegenüberstehen: Gleichrangigkeit oder Vorzug eines Poles gegenüber dem anderen.

4.1. Zum Begriff „Gemeinwohl"

Worauf der Begriff „Gemeinwohl" abzielt, wird in einer ersten groben Skizzierung aus der Betrachtung der den Begriff konstituierenden Einzelworte sichtbar: um das Wohl eines das einzelne/den einzelnen übergreifenden und umfassenden Gemeinwesens[107].

---

105 vgl. a.a.O., 117.

106 QA, 79.

107 vgl. Endres (1989): die heute übliche Verwendung des Begriffs „Gemeinwohl" dient sowohl zur Bezeichnung des Wohles einer Gemeinschaft als

Definiert werden kann es als „Zweck der Gesellschaft, insofern diese die Hilfe darstellt, die die einzelnen für die Erfüllung ihrer existentiellen Zwecke benötigen und die durch ihre gesellschaftliche Kooperation geschaffen wird“[108], ein Zustand, „der es allen ermöglicht, ihre Persönlichkeit menschenwürdig zu entfalten“[109]. Im Anschluß an Kant läßt sich gemeinwohlkonformes Verhalten negativ dahingehend umschreiben, daß „vor jeder Entscheidung man sich fragen sollte, zu welchem Ergebnis es führen würde, wenn alle der Handlungsmaxime folgen würden, die anzuwenden man im Begriff steht. Erscheint dieses Ergebnis als unannehmbar, verstößt die Handlung gegen das Gemeinwohl“[110].

Auf diese organisatorische Komponente zielt auch die Bestimmung der Pastoralkonstitution „Gaudium et spes“ ab, die das Gemeinwohl als „die Gesamtheit jener Bedingungen des gesellschaftlichen Lebens, die sowohl den Gruppen als auch den einzelnen Gliedern ein volleres und leichteres Erreichen der eigenen Vollendung ermöglichen“[111].

Der Verweis auf die personale Entfaltung („Erfüllung der existentiellen Zwecke“, Entfaltung der Persönlichkeit, „leichteres Erreichen der eigenen Vollendung“) bringt auch die inhaltliche Füllung, weshalb Nell-Breuning neben dem Gemeinwohl auch von dem Gemeingut spricht.

---

auch einer Gesellschaft, 26ff; zur Bestimmung dieser beiden Begriffe vgl. Leser (1984) im Rückgriff auf Tönnies, der Gemeinschaften als mehr oder weniger spontan entstandene und Gesellschaften als bewußt und künstlich geschaffene menschliche Assoziationen bezeichnet, 17.

108 Weiler (1990), 238.

109 Kerber (1990), 242.

110 ebd.

111 GS, 26; vgl. GS, 74 und MM, 65.
Zu der im Text angesprochenen „Gesamtheit“ vgl. dazu die Ausführungen in Endres (1989), 52ff: die einen bezeichnen als Gemeinwohl die geeinte Vielheit sowohl der Vollkommenheiten als auch der Mittel, durch die der Mensch die Selbstwerte gewinnt und erhöht, die anderen nur die Mittel; nach der Auffassung Endres' umfaßt der Begriff sowohl alle Miglieder einer Sozialeinheit wie auch alle Güter, die eine Gemeinschaft beinhalten soll.

4.2. Zur Abgrenzung von Gemeinwohl und Gemeingut

Obgleich im Deutschen die beiden Begriffe „Gemeinwohl“ und „Gemeingut“ vielfach synonym verwendet werden, weist Nell-Breuning in Anlehnung an Eberhard Welty auf die unterschiedliche Ausrichtung dieser beiden Begriffe hin, nach der Gemeingut dasjenige bezeichnet, was für die Gemeinschaft einen Wert hat, der um seiner selbst willen geschätzt und erstrebt wird[112].

Gemeinwohl – gleichsam als Entsprechung zum Gemeingut – meint das, was geschafft, verwirklicht, erreicht werden muß, damit die Gemeinschaft ihres Gemeingutes teilhaftig werden kann, also die Vorbedingungen oder Voraussetzungen, an die das Gemeingut geknüpft ist; das Gemeinwohl ist somit ein Dienstwert[113].

Auf einen kurzen Nenner gebracht meint das Verhältnis folgendes: „Das ganze Leben der Gemeinschaft kreist um ihr Gemeingut und zielt auf ihr Gemeinwohl.“[114]

Was für das Verhältnis von Gemeingut und Gemeinwohl ausgesagt wurde, gilt analog für die Beziehung von Einzelgut und Einzelwohl.

4.3. Zum Verhältnis von Gemeinwohl und Einzelwohl

4.3.1. Die Betonung der Priorität des Gemeinwohls

Auch mittels der Organismus-Analogie[115] hat die Sozialphilosophie versucht, das Verhältnis des Einzelmenschen zur Gesellschaft zu deuten.

---

112 vgl. Nell-Breuning (1990), 30ff.

113 Nell-Breuning (1985): „...das Gemeinwohl ein Dienstwert, das heißt, wertvoll nicht um seiner selbst willen, sondern um des Dienstes willen, den es leistet“, 42.

114 ebd.

115 vgl. Höffner (1975), 44ff.

Eine dreifache Analogie läßt sich aufzeigen:

- Wie Organismen bestehen bleiben, während einzelne Zellen vergehen und immer wieder neu aufgebaut werden, so überdauert die Gesellschaft das Kommen und Gehen der einzelnen Menschen[116].
- Wie ein Organismus keine Summe unbezogener Einzeldinge bildet, sondern diese von der das ganze umfasssenden Kraft, Aristoteles bezeichnet diese als „Entelechie", in den Dienst gestellt werden, so bildet die Gemeinschaft eine geistig-sittliche Ordnungeinheit[117] im Dienst des Ganzen.

Das Gemeinwohl als die „oberste Rechtsnorm der Gemeinschaft"[118] ist also ein artmäßig vom Einzelwohl und von der Summe der Einzelwohle verschiedener neuer Wert, es ist „Ziel und zugleich Norm aller sozialen Handlungen"[119], eine „neue Wirklichkeit"[120], insofern es als ein überindividuelles und überdauerndes Sein erst das Eigenwohl der Gesellschaftsglieder ermöglicht. In der Gewährung eines Spielraumes innerhalb vorgebener Grenzen[121], letztlich die Aufgabe des Staates[122], liegt sein funktionaler Wert[123].

---

116 Nell-Breuning (1985), damit wäre auch der Aufweis geführt, daß auch der Gesellschaft ein eigener Wert zukommt, der genau in den Werten besteht, „die nicht in den Einzelmenschen als solchen, sondern nur zwischen ihnen in ihrer jeweiligen gesellschaftlichen Verbundenheit denk- und seinsmöglich sind", 40; vgl. Messner (1984): Neben dem bislang entfalteten statischen Begriff des Gemeinwohles, weist der dynamische Begriff des Gemeinwohles auf den immer neu zu verwirklichenden Gemeinnutzen entgegen der „Wahrung eines Status quo" hin (vgl. Nell-Breuning (1978), 149); demzufolge ist das Gemeinwohl nicht eine ein für allemal fixierte Konstante, sondern dem Wandel unterworfen, 204.

117 vgl. Messner (1984), das Gemeinwohl als Ordnungseinheit, 195ff.

118 Utz (1958), Bd. I, 178.

119 a.a.O., Bd. I, 177.

120 vgl. Messner (1984), 193.

121 vgl. QA, 25.

122 vgl. MM, 20 u. 25; vgl. PT, 98; vgl. auch Nell-Breuning (1978), 78.

123 vgl. Kerber (1970), 34: Im Anschluß an Kant's Formulierung des Kategorischen Imperativs – „Handle nur nach derjenigen Maxime, durch die du zugleich wollen kannst, daß sie ein allgemeines Gesetz werde" (Grundlegung

- Wie die Organismen Sorge für ihre Glieder tragen, so darf auch die Gesellschaft die Glieder nicht überfordern, sondern nur das einfordern, was um des Gemeinwohls willen erforderlich ist[124]. Das aber hat sie auch einzufordern, verfügt doch die Gemeinschaft über „keine anderen Hände und keine andere Intelligenz außer der der Glieder selbst"[125].

Neben dem Leistungsprinzip hat die Beteiligung am Gemeinwohl aber auch nach dem Bedürfnisprinzip zu erfolgen, hat doch der einzelne auf Grund seines Person-Seins Anspruch auf ein menschenwürdiges Leben in der Gesellschaft. „Beitrag zum und Teilnahme am Gemeinwohl läßt sich daher immer nur in Verhältnismäßigkeit zur Leistung auf den verschiedenen Ebenen der Gemeinwohlwerte und zur Bedürftigkeit der solidarisch verbundenen Glieder aussagen."[126]

4.3.2. Die Bedeutung des Einzelwohles: Die Wahrung der Würde der Person

Aus der Bestimmung des Gemeinwohls als Ergebnis gesellschaftlicher Kooperation folgt nicht die Beseitigung personaler Würde, Eigenständigkeit und -berechtigung der Person, denn Gemeinwohl ist „zugleich ein Kennzeichen der freien personalen Entfaltung der Gesellschaftsglieder"[127].

---

zur Metaphysik der Sitten, B 52) – verstößt eine Handlung dann gegen das Gemeinwohl, wenn die Antwort auf die vor der Ausführung der Handlung gestellte Frage, zu welchem Ergebnis es führen würde, wenn alle dieser Handlungsmaxime folgen würden, hinsichtlich der Wahrung des Gemeinwohles als unannehmbar erscheint.

124 vgl. Nell-Breuning (1990), 42.

125 Messner (1984), 199, in Anlehnung an L. Taparelli: „Das Gemeinwohl hat nicht mehr Hände, als die in der Gemeinschaft verbundenen Glieder haben".

126 Weiler (1990), 242.

127 vgl. Weiler (1990), 237.

Zu ihrem Schutz drei Grundsätze[128]:

- Nur der Einzelne ist Substanz, Person, die Gesellschaft eine Beziehungs- und Ordnungseinheit. Die Existenz der Gesellschaft ist unabdingbar an die Person gebunden.
- Gemäß der Selbstzwecklichkeit der Person, ist sie zugleich metaphysischer Grund der Individualität und Sozialität. Der Vorrang des Gemeinwohles vor dem Einzelwohl gilt nur im gleichen Güterbereich (ceteris paribus) und unter Verfügbarkeit der Personwürde. Insofern kommt der Vorrangregel des Gemeinwohles nur ein relativer und kein absoluter Wert zu, womit die Gemeinschaft nur das einfordern kann, was um des Gemeinwohls willen erforderlich ist[129].
- Letzter Sinn aller Sozialität ist die Vollendung der Personalität: die Gesellschaft steht im Dienst der Person, was bedeutet, „daß die menschliche Person nie zum bloßen Mittel des Gemeinwohls werden kann, ohne daß diese selbst seine wesentliche Seinsgrundlage einbüßt"[130].

Die Frage nach der Rangordnung von Gemeinwohl und Einzelwohl[131] läßt sich dahingehend beantworten, daß von einem wechselseitgen Bezogen- und Verwiesensein, von einem einander Bedingtsein auszugehen ist, das ein Rangverhältnis letztlich nicht aufkommen läßt. „Das wahre Gemeinwohl und das wahre Einzelwohl ... widerstreiten einander nie oder können einander gar nicht widerstreiten; das widerspräche der wesenhaften Solidarität von Gemeinschaft und Einzelmensch."[132]

---

128 vgl. Höffner (1975), 47ff.

129 vgl. Zsifkovits (1980), 859.

130 Messner (1984), 212f; vgl. Nell-Breuning (1978), 121.

131 vgl. a.a.O., zum Unterschied zwischen Gemeinwohl und Einzelwohl, 214f.

132 Nell-Breuning (1990), 40.

2. Kapitel: Der theoretische Ort der Wirtschaftsethik

1. Zur Bestimmung sittlicher Rationalität

Wenn Grundbegriffe wie Wirtschaft, Technik und Gesellschaft mit dem Begriff der Ethik in Beziehung gebracht werden, geht es – wie Korff es nennt – um die „Vernunft des Ganzen", „um die Gesamtvernunft unserer Kultur"[1].

Die Ethik als Begründung und Lehre von der Sittlichkeit[2] des einzelmenschlichen wie des gesellschaftlichen Lebens fragt nach dieser Vernünftigkeit des Ganzen, geht es ihr „bei allem Handeln um das Glücken des Menschseins"[3].

Das Sittliche ist nicht etwas zum Menschen Hinzukommendes, sondern ist das einmal aus der Erfahrung sittlichen Verhaltens als menschenwürdig Erkannte: das sittlich Richtige ist das menschlich Richtige[4]. Seine Begründung findet das sittliche Apriori im Sein des Menschen[5].

Als „Spezialfall vom Seins-Guten" (Weiler) gehört zum Sittlichen wesentlich das Moment des Guten im unbedingten Sinn, nach Aristoteles „das Ziel, zu dem alles strebt" (Nik.Ethik I,1). Seine Rechtfertigung erhält es aus sich selbst: „Das Gute soll sein, weil es gut ist"[6], und nicht, „weil es eben so ist wie es ist, auch

---

1 vgl. Auer (1988), 1.

2 Böckle (1978), 37: Sittlichkeit vollzieht sich vornehmlich durch Angleichung an die Sitte; Sitte (Ethos), verstanden als Inbegriff von Einstellungen, bezeichnet ein kollektives Überzeugtsein, das auf überlieferter Erfahrung und tradierten Wertmaßstäben beruht, womit sie ihre Legitimation gleichsam aus sich selbst erhält.

3 Auer (1988), 5.

4 vgl. Auer (1987), 46.

5 vgl. Weiler (1980), 2.

6 Splett (1981), 26.

nicht, weil es so sein muß, (sondern), weil es so sein soll, und zwar nicht von anderswo her, vielmehr aus dem Rang und Wesen dieses Sollens selbst"[7].

2. Zur Bestimmung ökonomischer Rationalität[8]

Wirtschaft meint die Gesamtheit der Einrichtungen und Maßnahmen zur planvollen Deckung der menschlichen Bedürfnisse mit Gütern und Dienstleistungen. Bedingt durch die relative Knappheit der Güter gegenüber dem praktisch unbegrenzten Bedarf liegt das Wesen der Wirtschaft in der Auswahl und Begrenzung, in der Disposition über die knappen Güter. Unter den wirtschaftlichen Zielen besteht eine Rangordnung, wobei insgesamt so viele Ziele als möglich verwirklicht werden sollen. Gemäß des wirtschaftlichen Prinzips der Effektivität heißen die Zielmargen der Unternehmen Rationalität, Produktivität und Rentabilität, mit der Einbindung in die Volkswirtschaft Vollbeschäftigung, Geldwertstabilität, Wirtschaftswachstum und außenwirtschaftliches Gleichgewicht[9].

3. Zum Verhältnis von sittlicher und ökonomischer Rationalität

Trüge wirtschaftliche Rationalität ihr ethisches Gesetz in sich selbst, bräuchte sie nicht mehr ausdrücklich zu einer außerhalb ihrer selbst verankerten Wert- und Sinnfrage in Beziehung gesetzt zu werden[10].

---

7 ebd.; vgl. Splett (1978), 50–56: „Das Gute ist ... Soll-Sein und Sein-Sollen zugleich", hier: 55.

8 vgl. Auer (1988), 1: Rationalität: das Gesamt der Sachgesetze und Sinngestalten, die in der Wirklichkeit angelegt sind und die eine sinnvolle menschlich-geschichtliche Existenz ermöglichen.

9 vgl. auch Korff (1990), 30.

10 vgl. Roos (1989), 1.

Da sie aber „ein von Menschen geschaffenes Gefüge von Institutionen"[11] ist, besteht in der Wirtschaftsordnung ein Defizit, das die ökonomische Sachrichtigkeit auf funktionale Gesetzmäßigkeit ohne inneren Ordnungsbezug reduziert. Der Wirtschaft kommt somit nur eine „relative Autonomie" zu[12].

Im sozialethischen Verständnis meint Wirtschaft demzufolge „die Verwendung der knappen Mittel im Dienste der mit den existentiellen Zwecken dem Menschen gestellten Aufgaben nach dem Vernunftprinzip"[13]. „Der politischen Ökonomie (ist) eine sozialethisch fundierte Lebens- und Gesellschaftsordnung mit all ihrer Auswirkung auf die Volkswirtschaft zugrunde zu legen."[14]

Eine rein funktionale Marktordnung, d.h. der Versuch, den Markt allein vom Eigennutzen her sittlich zu legitimieren, wobei Profitmaximierung die letzte Sinnvorgabe wäre, genügt demnach allein nicht.

„Als ein Dienstwert in Menschenhand"[15] ist der Markt somit weder wertneutrale Wirklichkeit[16] noch Selbstzweck; vielmehr kommt dem technisch-ökonomischen Handeln eine Sozialpflicht zu, „indem er die am Markt operierenden Menschen in die Lage versetzt, das Gemeinwohl zu sichern"[17]. Mit der Umsetzung des Sachzieles der Wirtschaft, die dauernde und gesicherte Schaffung jener materiellen Voraussetzungen, die dem einzelnen und

---

11 Rich (1987), 77.

12 vgl. Korff (1988), 1.

13 Weiler (1985), 14.

14 vgl. Weiler (1987), 38; damit widerspricht Weiler (1982) auch der heute verbreiteten Haltung, daß sich Sittlichkeit allein von der Gesellschaft her ergebe. Denn gesetzt den Fall, die objektiv sittliche Idee wäre mit der gesellschaftlichen Sittlichkeit identisch, wäre eine Abweichung zwischen sittlich Gesolltem und gesellschaftlich Wirklichem unmöglich, 73.

15 a.a.O., 40; demzufolge definiert Nell-Breuning (1979), das Unternehmen als „Wertschöpfungsanstalt", in dem es bereit stellt, „was von Wert ist", 130.

16 vgl. dazu Nawroth (1989), nach dem eine ethisch wertfreie Wirtschaft eine gedankliche Abstraktion ist, die mit der wirklichen Wirtschaft nicht identisch ist, 64ff; vgl. Kerber (1990), 255.

17 a.a.O., 40.

den Sozialgebilden die menschenwürdige Entfaltung ermöglichen[18], erweist sich das wirtschaftliche Prinzip zugleich auch ein als sittliches; Solidarität und Subsidiarität sind dabei die grundlegenden Prinzipien[19].

Bedingt durch die konstitutive Eingebundenheit des Menschen in seine Umwelt erfährt der Mensch den unbestreitbaren Eigenwert der Natur samt Möglichkeit als auch Notwendigkeit ihrer verantworteten Nutzung[20]. „Die Zukunft kann nur gelingen, wenn die technisch- ökonomische Rationalität sich an die ökologische Rationalität rückbinden läßt und beide sich in soziale Rationalität und damit in einen ethischen Gesamthorizont menschlichen Handelns integrieren lassen."[21]

Wirtschaftsethik, unter dem Aspekt der Sozialethik, als „die Wissenschaft von der sittlichen Ordnung der gesellschaftlichen Kooperation der Menschen bei der Deckung ihres Lebens- und Kulturbedarfes"[22] hat somit die Aufgabe, das Leitbild einer unter dem Anspruch der Sittlichkeit stehenden Wirtschaftsordnung zu entwerfen. Als normative Wissenschaft betrachtet sie das ökonomische Prinzip als ein Sachprinzip der Wirtschaft, denn menschengerecht kann nicht sein, was nicht sachgemäß ist, und nicht wirklich sachgemäß, was dem Menschengerechten widerstreitet[23].

---

18 Höffner (1985), 24.

19 vgl. Nell-Breuning (1990), der diese in Anlehnung an Gundlach als „Baugesetze der Gesellschaft" bezeichnet.

20 In gleicher Intention trägt ein Beitrag folgende Überschrift: „Umwelt zu nutzen muß nicht immer Sünde sein", in: Die Welt, Nr. 279, 29.11.1990, 23.

21 Auer (1988), 1.

22 Weiler (1985), 13.

23 vgl. Rich (1987), 81; wirtschaftlich „richtiges" Handeln meint nach Nawroth (1989) sowohl die Umsetzung sachbezogener Normen (wirtschafte sachgemäß) wie auch die der sittliche Normen (wirtschafte gewissenhaft), 63; vgl. Streithofen in: Nahrendorf (1989), 1: wirtschaftsgemäß und wirtschaftsgewissenhaft.

4. Zur Kompetenz der Kirche in Wirtschaftsfragen

4.1. Zur Legitimation kirchlicher Stellungnahmen

Die katholische Kirche betont in den Dokumenten ihrer Sozialverkündigung immer wieder, daß sie eine religiöse und keine politische Sendung hat. Sie darf deshalb weder „hinsichtlich ihrer Aufgaben und Zuständigkeiten mit einer politischen Gemeinschaft verwechselt werden", noch ist sie „an irgendein politisches System gebunden"[24]. Ihre grundlegende Aufgabe sieht sie darin, „zugleich Zeichen und Schutz der Transzendenz der menschlichen Person"[25] zu sein.

Dies bedeutet für die Kirche aber nicht, in Fragen der Wirtschaft zu schweigen, würde sie dann „die Menschen und Völker verraten, denen sie dienen soll"[26], sondern die Kirche soll der Menschheit „die Liebe Gottes und das ihr durch Christus geschenkte Heil verkünden" und eben durch diese Heilsverkündigung „das Licht des Evangeliums auch in Handel und Wandel der Menschen hineinstrahlen"[27] lassen.

Der Grund der Kirche für diesen Zusammenhang von Heilsverkündigung und sozialethischer Weisung liegt in zwei Motiven.

4.1.1. Das schöpfungstheologische Motiv

Als Geschöpf Gottes kommt jedem Menschen eine unverzichtbare Würde zu. Daher hat er aus sich heraus „Rechte und Pflichten, die unmittelbar und gleichzeitig aus seiner Natur hervorgehen"[28]. Zu diesen Rechten und Pflichten gehört auch der vor

24 GS, 76.

25 GS, 76; Transzendenz meint im wirtschaftlichen Kontext die „Unterordnung des Besitzes, der Herrschaft und des Gebrauches unter die göttliche Ebenbildlichkeit des Menschen", SRS, 29.

26 SRS, 41.

27 OA, 1.

28 PT, 9.

Gott zu verantwortende Umgang mit den Gütern der Schöpfung. „... das persönliche und gemeinsame Schaffen, dieses gewaltige Bemühen der Menschen im Lauf der Jahrhunderte, ihre Lebensbedingungen stets zu verbessern, entspricht als solches der Absicht Gottes.“[29]

4.1.2. Das heilsgeschichtliche Motiv

Da „die Menschen aus den gesellschaftlichen Verhältnissen heraus, in denen sie leben und in die sie von Kindheit eingefangen sind, oft vom Tun des Guten abgelenkt und zum Bösen angetrieben werden“[30], es also gesellschaftliche Umstände geben kann, die den Menschen daran hindern, das sittlich Gute zu erkennen oder die als sittlich richtig erkannten Konsequenzen auch in die Praxis umzusetzen, deshalb ist die Kirche um eine jeweils sittlich zu verantwortende Ordnung der menschlichen Gemeinschaft bemüht.

4.2. Art und Weise der Stellungnahmen zu wirtschaftlichen Fragen seitens der Kirche

Grundlage jeglicher Konkretisierung der katholischen Soziallehre muß die Wahrung der „rechtmäßigen Eigengesetzlichkeit der Kultur und vor allem der Wissenschaften in Anerkennung einer berechtigten Freiheit“[31] sein. Damit betont die Kirche ausdrücklich den berechtigten Anspruch wissenschaftlicher und damit auch wirtschaftlicher Gesetzmäßigkeiten auf Anerkennung, „freilich unter Wahrung der Rechte der Person und der Gemeinschaft ... und innerhalb der Grenzen des Gemeinwohls“[32]. Zur Wahrung

---

29 GS, 34.
30 GS, 25.
31 GS, 59.
32 GS, 59.
Die Verwendung der Ausdrücke „Sachbereich“ und „Sachgesetzlichkeit“ ist für Rauscher (1971), 47ff, Grund für die Ursachenforschung hinsichtlich der Bedrängnis der Sozialethik in heutiger Zeit. Die häufige Verwendung dieser

der ökonomischen Sachgesetze gehört demzufolge immer und untrennbar auch die sittliche Dimension[33] oder um mit Johannes Messner zu sprechen: „Das Sittliche im Bereich der Wirtschaft ... ist das sozialwirtschaftlich Richtige“[34], das der Natur der Sache entsprechend als vernünftig zu Bezeichnende[35]. Der Maßstab des Richtigen liegt demnach in der Wirklichkeit selbst[36].

Aus diesem Verständnis ergeben sich drei Aussageebenen von unterschiedlicher Verbindlichkeit.

4.2.1. Die sozialtheologische Kritik an bestehenden Mentalitäten und Strukturen

Die erste Ebene bilden die der Offenbarung und der christlichen Philosophie entnommenen theologischen und anthropologischen Wahrheiten. Auf Grund ihrer zeitunabhängigen Gültigkeit sind sie in den kirchlichen Dokumenten, die das Fundament der katholischen Soziallehre bilden, nicht erstmalig formuliert, sondern nur anläßlich konkreter Fragestellungen in Erinnerung gerufen.

Bei der Beurteilung der gesellschaftlichen oder wirtschaftlichen Strukturen und Situationen sowie bei ihren Forderungen stützt sich die Kirche auf das ihr zugrunde liegende personalistische Menschenbild und die daraus sich ableitenden Prinzipien der Solidarität, der Subsidiarität und des Gemeinwohles.

Termini sei ein Indiz dafür, daß die Sozialethik das personal-subjektive Element gegenüber dem abstrakten Normenkomplex – Rauscher versteht darunter die Ermittlung und Begründung der Strukturen der wirtschaftlichen, gesellschaftlichen und staatlichen Ordnung – nicht genügend in Rechnung gestellt hat. Seines Erachtens bewegt sich bei aller Betonung der Wertschätzung der menschlichen Person die Erörterung wie der einzelne in der konkreten Situation zur Entscheidung gelangt und seine gesellschaftliche Verantwortung zu realisieren vermag meist auf einer allgemeinen Abstraktionsebene und verbleibt daher zu sehr im Grundsätzlichen.

33 vgl. Fetsch (1989), 28; vgl. auch Lehmann (1989), 86.

34 Messner (1984), 986.

35 vgl. Nawroth (1986), 22f.

36 Diesen Sachverhalt bezeichnet Auer (1984) als „Immanenz des Sittlichen“, 117.

Menschenbild und die daraus sich ableitenden Prinzipien der Solidarität, der Subsidiarität und des Gemeinwohles.

Die Kirche benennt, wo menschliches Verhalten oder eine von Menschen geschaffene Ordnung der Würde des Menschen widerspricht, die unrechtmäßigen Ordnungen oder das Fehlverhalten. So heißt es in der Enzyklika „Quadragesimo anno": „Zwei gefährliche Einseitigkeiten sind daher mit Bedacht zu meiden. Auf der einen Seite führt die Leugnung oder Abschwächung der Sozialfunktion des Eigentumrechtes zum Individualismus oder mindestens in seine Nähe; auf der anderen Seite treibt die Verkennung oder Aushöhlung seiner Individualfunktion zum Kollektivismus oder läßt wenigstens dessen Standpunkt bedenklich streifen."[37]

4.2.2. Grundsätzliche und allgemeingültige Werturteile

Auf dieser Ebene geht es nicht bloß um die Vermittlung allgemeiner moralischer Appelle. Die katholische Soziallehre nimmt Bezug auf konkrete Erscheinungsformen der gesellschaftlichen Wirklichkeit, in dem sie Richtlinien und Eckpfeiler für das konkrete Handeln nennt[38].

So hat sich gemäß dem naturrechtlichen Grundsatz, daß „die Güter dieser Welt ursprünglich für alle bestimmt sind"[39] und allen Menschen zur Verfügung stehen, die Privateigentumsordnung nach aller bisherigen Erfahrung als zielführender erwiesen als die Verwirklichung dieses Grundsatzes mittels einer kollektivistischen Ordnung.

---

37 QA, 46.

38 vgl. dazu Leser (1986), 106f, der, ausgehend von einer „doppelten Schichtung" der katholischen Soziallehre, dieser Ebene eine „Mittelstellung" zuweist, abgeleitet einerseits aus der Wesensanalyse des Menschen in christlicher Sicht (vgl. 1. Ebene), andererseits die konkreten Erscheinungsformen der gesellschaftlichen Wirklichkeit betreffend und beurteilend (vgl. 2. Ebene).

39 SRS, 42, Anmerkung 79.

Allerdings läßt die Präferenz der Gewährung des Rechtes auf freie wirtschaftliche Initiative und auf Privateigentum, auch an Produktionsmitteln, Ausnahmen zu. Dies ist dann der Fall, wenn der private konkrete Eigentumsgebrauch das primäre Prinzip der Widmung der Güter für alle Menschen grob verletzt oder aber, wenn der Einzelne um des Gemeinwohls willen auf sein Privateigentum verzichten muß[40].

4.2.3. Tagesbezogene, konkrete Ordnungshilfen

Hierzu gehören zeitgebundenere Aussagen über soziale Sachfragen und Zusammenhänge in der Form pragmatischer Denkanstöße und die Anregung von Handlungsmodellen. Ziel ist die Suche der jeweils besseren Maßnahme im Hinblick auf die Entwicklung der Menschheit. Gewonnen werden diese Postulate, so Klüber, „im Schema eines logischen Syllogismus: Der Obersatz wird dem Bereich der Sozialprinzipien entnommen, der Untersatz dem geschichtlichen Erfahrungsbefund, der konkreten Situation. Daraus ergibt sich als Schlußfolgerung eine bestimmte sozialpolitische Forderung“[41].

Weil es bei der Formulierung konkreter Maßnahmen, die geeignet sind, die sittlich gebotenen Ziele zu erreichen, oft eine Vielheit denkbarer Lösungen gibt, ist die Möglichkeit gegeben, daß die Entscheidungsträger bei gleicher Gewissenhaftigkeit zu unterschiedlichen Entscheidungen kommen können hinsichtlich dessen, was einer Entwicklung der Menschheit unter den gegebenen Umständen dienlicher ist[42].

---

40 vgl. Schmidt (1989), 3.

41 Klüber (1968), 33.

42 vgl. GS, 43; vgl. auch Höffner (1985), der darauf hinweist, daß es „keine abstrakte, vom Menschen und seinem Gewissen losgelöste Wirtschaft“ gäbe, 26; vgl. dazu auch Roos (1988), 10.

4.3. Zur unterschiedlichen Verbindlichkeit kirchlicher Stellungnahmen

Bei diesem Apekt ist folgende Differenzierung zu treffen: Legt eine „christliche Schau der Dinge“ eine bestimmte Lösung in einer konkreten Situation nahe oder besteht die Möglichkeit, daß Christen „bei gleicher Gewissenhaftigkeit in der gleichen Frage“ zu unterschiedlichen Urteilen kommen können[43]?

Die „christliche Schau der Dinge“ legt eindeutig bestimmte Lösungen für all jene Situationen fest, in denen ein intendierter Wert mit hoher Gewißheit nur durch die Wahl bestimmter Mittel verhindert oder erreicht werden kann. So verurteilt die Kirche auf Ideologien beruhende gesellschaftliche oder politische Fehlentwicklungen, die zu Diktaturen oder totalitären Systemen führen und befürwortet auf der anderen Seite eine wirtschaftliche Ordnung, die auf den Grundwerten von Freiheit und sozialer Gerechtigkeit aufgebaut ist, wie es in der Sozialen Marktwirtschaft der Fall ist.

Auf der Ebene aber, auf der bei „gleicher Gewissenhaftigkeit in der gleichen Frage“ Entscheidungsträger zu unterschiedlichen Ergebnissen kommen können, gibt es nicht die allgemein verbindliche Haltung der Kiche.

Die Aufgabe der katholischen Sozialverkündigung ist somit, bezogen auf den Bereich der Wirtschaft, die Bewahrung und Verkündigung der Sozialprinzipien, erwachsend aus der Würde der Person, und die darauf aufbauende Bestimmung von Richtlinien und Eckpfeilern für das konkrete Handeln. Zudem hat sich erwiesen, daß eine menschengerechte Gestaltung von Arbeit und Wirtschaft auf weite Sicht auch zum besten wirtschaftlichen Erfolg führt[44].

---

43 vgl. GS, 43.
44 vgl. Sozialhirtenbrief (1990), 22.

„Die Kirche hat keine eigenen Modelle vorzulegen."[45] Die Erarbeitung von Modellen hinsichtlich der Umsetzung wirtschaftlicher Fragestellungen und Anforderungen in die Praxis, das Vorstellen technischer Lösungen[46], ist hingegen die Aufgabe von in der Wirtschaft tätigen kompetenten Fachleuten[47]. Ganz abgesehen davon sei es unmöglich, „ein für allemal die Art des Wirtschaftens zu bestimmen, die am besten das Verantwortungsbewußtsein für seine Arbeit zu wecken vermag"[48]. Das wiederum ergibt sich vielmehr aus der konkreten Lage des einzelnen Unternehmens, die zum einen keineswegs überall gleich ist, die zum anderen sogar in demselben Unternehmen rasch und grundlegend wechseln kann[49].

Exkurs: Der Begriff des Gewissens

Splett bestimmt Gewissen als „Selbstkonfrontation", „Gewissenserfahrung ... (als) die Erfahrung von Selbsthaftigkeit und unvertretbarem, unabnehmbarem Personsein"[50]. Der jeweils Einzelne weiß sich gemeint, verstanden als Adressat eines Anrufs. Auf die Frage, wer der Ansprechende ist, antwortet er mit Kierkegaard: „Das Selbst ist ein Verhältnis, das sich zu sich selbst verhält – angesichts einer es aufrufenden Macht."[51]

Demnach scheiden die Theorien aus, die das Gewissen als Ausdruck unvertretbaren Personseins leugnen, sondern es „als

45 CA, 43 (1).
46 vgl. SRS, 41.
47 vgl. PP, 81; für Hengsbach (1989) liegt der Grund, daß die Kirche nicht zu technischen, wirtschaftlichen, finanziellen und organisatorischen Fragen Ratschläge erteilt, in der Anerkennung der relativen „Autonomie der Kultursachbereiche" (GS, 36).
48 MM, 84; vgl. auch MM, 91.
49 vgl. MM, 91; vgl. auch CA, 43 (1).
50 vgl. Splett (1978), 46.
51 ebd.

Spielball von vorgebenen Kräften betrachten“[52]; auf ein so verstandenes Gewissen kann aber kein Verlaß sein.

Angesichts der Möglichkeit eines irrenden Gewissens ist dieses nicht einfachhin als Stimme Gottes zu bezeichnen, wenngleich „das religiöse Sprechen unser Gewissen durchaus und ausdrücklich auf Gott“[53] bezieht.

Wenn nun das Selbst im Gewissen mit sich selbst konfrontiert wird, so geschieht dies „aber nicht einfachhin im “leeren Raum„, sondern im Horizont von Gut und Böse und bezüglich seiner Stellungnahme hierzu“[54]: „Das Gute ... nicht bloß oder auch nicht erstlich Gesolltes, sondern ‚Sonne‘ und ‚Licht‘: aus sich selbst einleuchtender Sinn.“[55] Ist nun Gott in uns die klare Erkenntnis oder das geistige Licht selber, in welchem erst alles andere klar wird, dann „erfährt, wer diesem Lichte dient, ... eben dieses Gute“[56]: Gewissen, verstanden als die Berufung zum Dienst am Guten.

So bestimmt die katholische Soziallehre auch das Gewissen als „die verborgenste Mitte und das Heiligtum im Menschen, wo er allein ist mit Gott, dessen Stimme in diesem seinem Innersten zu hören ist“[57]. Da dieses Gesetz dem Menschen von Gott in sei-

---

52 vgl. dazu Virt (o.J.), 11–14:
- O das biologische Gewissen, ausgehend von der Annahme eines physiologischen Kompasses im Riesenprotoplasma Mensch, welches bereits in der embryonalen Phase keimhaft vorhanden ist
- O das soziologische Gewissen, ausgehend von der Reglementierung menschlichen Verhaltens durch gesellschaftliche Prozesse
- O das psychologische Gewissen, das verinnerlichte Echo, das Über-Ich oder nach Freud, das verinnerlichte Vaterbild.

53 Splett (1978), 48.

54 a.a.O., 49.

55 a.a.O., 58.

56 a.a.O., 60.

57 GS, 16; vgl. PT, 5. Rauscher (1971) versucht diese verborgenste Mitte näher zu beschreiben, indem er unter Gewissen die „nicht mehr ableitbare Wertbezogenheit des Menschen versteht“, 52ff.

nem Herzen eingeschrieben ist[58], beinhaltet es „die Fähigkeit des Menschen zur Erkenntnis der sittlichen Wahrheit und die Anwendung derselben auf sein Handeln"[59]. In Bezug auf diese Fähigkeit umfaßt der Gewissensbegriff die Gewisseneinsicht, das -urteil, das -gesetz, den -antrieb und den -biß[60].

Weil sich das Gewissen nur auf die eigenen Handlungen beziehen und somit nur Urteile in der ersten Person fällen kann[61], ist der Mensch zu einer ständigen „Schärfung des Gewissens"[62] mit den heute ihm zur Verfügung stehenden Hilfen im Hinblick auf die Ausbildung „einer umfassenderen Kultur des inneren Menschen"[63] aufgefordert. Spaemann spricht in diesem Zusammenhang von einer zweifachen geistigen Bewegung, in die der Mensch eingebunden ist. Die eine führt ihn mit der Bereitschaft, sein Gewissen zu bilden, über sich hinaus, die zweite Bewegung wieder ganz auf sich zurück, weil er es ist, der den Gehorsam letztendlich verantworten muß[64].

Das Gewissen verliert aber auch dann seine Würde nicht, wenn es „aus unüberwindlicher Unkenntnis irrt"[65], d.h., wenn der Irrtum nicht durch mangelnde Sorgfalt bei der Urteilsbildung ver-

---

58 vgl. GS, 16; auch MM, 215.
59 Weiler (1968), 93.
60 vgl. Weiler (1968), 93.
Dazu Ricken (1983), 153ff: Nach Thomas von Aquin ist der Begriff des Gewissens ausgerichtet auf das Gewissensurteil, das Urteil der praktischen Vernunft, das angibt, was unter Berücksichtigung aller Umstände und Gesichtspunkte hier und jetzt zu tun moralisch richtig ist: „Das Gewissen (conscientia) im eigentlichen Sinn ist...der Akt, in dem wir unser Wissen (scientia) auf das, was wir tun, anwenden" (S.th. I 79,13). Auf den Akt, auf das Urteil bezieht sich auch Spaemann (1986), 77, wenn er das Gewissen als die Überzeugung bezeichnet, die uns aus dem Diskurs, aus der Unendlichkeit des Abwägens, heraustreten läßt.
61 vgl. Ricken (1983), 153.
62 vgl. OA, 41; auch GS, 87.
63 GS, 31.
64 vgl. Spaemann (1986), 75f; Gewissen verstanden als Anlage, das der Ausformung mittels anderer ständig bedarf, 79.
65 GS, 16.

schuldet ist[66]. Denn es ist moralisch notwendig, auch entsprechend dem irrenden Gewissen zu handeln, weil das Urteil die Entsprechung des für ihn als sittlich richtig Erkannten ist.

Durch die Treue zum Gewissen sind die Menschen verbunden im Suchen nach der Wahrheit und zur wahrheitsmäßigen Lösung der moralischen Probleme, die im Leben der Einzelnen wie im gesellschaftlichen Zusammenleben entstehen[67].

---

66 vgl. Nell-Breuning (1983a), 119.
67 vgl. GS, 16.

3. Kapitel: Der praktische Ort der katholischen Soziallehre

Wirtschaftsgestaltende Elemente der katholischen Soziallehre

Viele heute angebotene Konzepte der Unternehmenskultur verbleiben nach Ansicht Roos' „zu sehr im anthropologisch unverbindlichen Raum“[1].

Der katholischen Soziallehre liegt das personalistische Menschenbild zugrunde. Auch wenn sie weder ein geschlossenes Unternehmerleitbild[2] noch eine in sich geschlossene Entwicklung einer Wirtschaftsethik[3] bietet, so lassen sich aus den Texten dennoch Elemente für eine Rahmenordnung im Hinblick auf ein Erstellen einer Unternehmer- bzw. Unternehmensethik herauslesen[4].

○ Die Stellung der Person im Wirtschaftsprozeß

„Da er (der Mensch, eig. Anm.) als Abbild Gottes eine Person ist, das heißt ein subjekthaftes Wesen, das imstande ist, auf geord-

---

1 Roos (1989), 4.

2 Nell-Breuning (1967): „... befremdlicher ... wirkt es, daß die Schlüsselfigur dieser Wirtschaft, der Unternehmer weder hier (gemeint ist GS, 63; Anm.d.Autors) noch an anderer Stelle nur mit einem Wort erwähnt wird, nicht einmal dort, wo vom Unternehmen und dessen rechter Gestaltung die Rede ist (GS, 68)“, 4; vgl. Hengsbach (1989), 43; vgl. Lehmann (1988), 77ff; vgl. auch Spangenberger (1988), 46.

3 vgl. Spangenberger (1988), 46.

4 Auch wenn diese Elemente, so Nell-Breuning (1979), keine spezifisch katholischen Züge aufweisen, so sind sie doch wertgebunden, wurzeln sie „in der Wertewelt, die allem humanitären Denken mit dem christlichen gemeinsam ist“, 264.

nete und überlegte Weise zu handeln, fähig, über sich zu entscheiden, auf Selbstverwirklichung ausgerichtet", ist er „Subjekt der Arbeit"[5]: der Mensch – „Träger, Schöpfer und das Ziel aller gesellschaftlichen Einrichtungen"[6] bzw. analog der Mensch – „Urheber, Mittelpunkt und Ziel aller Wirtschaft"[7], „Hauptperson der Entwicklung"[8], „schlechthin verbindliche Anspruchswirklichkeit"[9].

Hinsichtlich der aktiven Einbeziehung aller an der Unternehmensgestaltung soll der Einzelne zur „Entfaltung seiner Persönlichkeit"[10] gelangen, „die Entfaltung seiner Personenwerte erleben"[11], sich „als verantwortlicher Schöpfer der erbrachten Leistungen fühlen"[12]. Letztendlich geht es um den „Primat der Person über die Dinge", fußend auf der Aussage aus der Enzyklika „Redemptor hominis", daß der Mensch seiner Aufgabe und Stellung, die ihm sein Schöpfer anvertraut hat, nur dann gerecht wird, wenn der Vorrang der Ethik vor der Technik, die Überord-

---

5 vgl. LE, 6(2); auch SRS, 29; vgl. auch LE, 22, die Ausführungen über den behinderten Menschen im Arbeitsprozeß.

6 MM, 219.

7 vgl. GS, 63; Reisinger (1989), bezeichnet diese Formulierung als nicht „problemfrei" (39), denn die Bezogenheit gilt doppelseitig: wie alles auf den Menschen bezogen sein soll, so ist auch der Mensch bezogen, relativ bzw. relational. Wird auf diese Relationalität in MM, 219 und GS, 25 hingewiesen, wenn es heißt „...und zwar der Mensch, sofern er von Natur aus auf Mit-Sein angelegt...ist...", so folgt in GS 63 dieser Zusatz nicht. Nach Reisinger (39f) soll und kann der Mensch Sinnmitte – Urheber, Mittelpunkt und Ziel – des Gesellschaftlichen und Wirtschaftlichen sein, aber er ist nicht einfach Ausgangs- und Endpunkt von allem, nicht nur Subjekt, sondern auch Objekt, also auch Mittel im Prozeß, Orientierungsinstanz, was aber keine Umkehrung von LE 6,6 bedeuten soll. Aus diesem Verständnis heraus muß die Wirtschaft dem Menschen im Sinne der Ermöglichung einer menschenwürdigen Enfaltung dienen (das Davoser Manifest verwendet diesen Begriff sieben Mal); allerdings leistet er wiederum durch diesen seinen Dienst seinen Beitrag zur Verwirklichung des Sachzieles der Wirtschaft: dauernde und gesicherte Schaffung jener materiellen Voraussetzungen (vgl. QA, 75).

8 LE, 4; vgl. PP, 15ff.

9 Auer (1985), 96.

10 MM, 82, auch 91f.

11 GS, 67.

12 PT, 64.

nung des Geistes über die Materie anerkannt wird[13], gemäß dem Grundsatz, daß „die Ordnung der Dinge der Ordnung der Personen dienstbar werden muß und nicht umgekehrt“[14].

○ Der Kulturauftrag des Menschen

Durch den Schöpfer hat der Mensch den Auftrag erhalten, sich die Erde untertan zu machen (Gen 1.28).

Kultur ist alles das, „wodurch der Mensch seine vielfältigen geistigen und körperlichen Anlagen ausbildet und entfaltet; wodurch er sich die ganze Welt in Erkenntnis und Arbeit zu unterwerfen sucht; wodurch er das gesellschaftliche Leben in der Familie und in der ganzen bürgerlichen Gesellschaft im moralischen und institutionellen Fortschritt menschlicher gestaltet; wodurch er endlich seine großen geistigen Erfahrungen und Strebungen im Lauf der Zeit in seinen Werken vergegenständlicht, mitteilt und ihnen Dauer verleiht – zum Segen vieler ja der ganzen Menschheit“[15].

Mit der Eröffnung immer neuer Wege zur Entwicklung und Ausbreitung der Kultur geht ein zunehmender Bewußtmachungsprozeß einher, daß der Mensch den Auftrag hat, „selbst Gestalter und Schöpfer der Kultur“[16] zu sein.

---

13 vgl. RH, 16; vgl. König (1982), 12ff. Damit wird der Haltung Sombarts entgegengetreten, wenn er schreibt, daß der „ökonomische Fortschritt den Vorrang vor dem Sittlichseinsollen“ habe. Alle sittlichen Regungen und Gerechtigkeitsgefühle „müßten sich mit dem Fortschritt der Ökonomie abfinden. Entscheidend sei die Leistungsfähigkeit der Wirtschaft; dann möge man sittlich, oder was sonst sein“, in: Höffner (1985), 26.

14 GS, 26.

15 GS, 53; vgl. Messner (1984): Kultur „als entfaltetes und sich weiter entfaltendes Menschentum“, 244; vgl. Klose (1982): Kultur – alles das, was der Mensch in gesellschaftlicher Verbundenheit in seinem vielseitigen Tätigsein an Werten hervorbringt, denen eine gewisse Beständigkeit zukommt, 119.

16 GS, 55; vgl. LE, 18 (4).

Daß dem einzelnen darüberhinaus an einem Beitrag hinsichtlich der Erfüllung dieses Kulturauftrages gelegen sein muß, ist der Anmerkung zu entnehmen, daß „nur durch Kultur“[17] der Mensch zur wahren und vollen Verwirklichung gelangt, weil diese „unmittelbar aus der ... Anlage des Menschen hervorgeht“[18].

Zur Entfaltung der jeweiligen Kultursachbereiche anerkennt die Soziallehre die Gewährung eines Freiheitsraumes im Sinne einer Autonomie zur Wahrung der Eigengesetzlichkeit, freilich unter der Wahrung der Rechte der Person und der Gemeinschaft und innerhalb der Grenzen des Gemeinwohles.

„Die Wirtschaft ist ja nur ein Aspekt und eine Dimension der Vielfalt des menschlichen Handelns. Wenn sie verabsolutiert wird, ..., wenn sie sich für autonom erklärt, daß heißt, wenn der Mensch mehr als Produzent bzw. Konsument von Gütern, nicht aber als ein Subjekt gesehen wird, das produziert und konsumiert, um zu leben, dann verliert sie ihre notwendige Beziehung zum Menschen, den sie schließlich entfremdet und unterdrückt.“[19]

○ Das Verständnis vom Fortschritt

Daß zum Fortschritt der Kultur auch der wirtschaftliche Fortschritt zu zählen ist, geht aus der Betrachtung der Textstellen über „Das Wirtschaftsleben“ der Pastoralkonstitution „Gaudium et spes“ eindeutig hervor, wird aber an keiner Stelle ausdrücklich gesagt.

Bereits im Jahr 1971 wies die Enzyklika „Octogesima adveniens“ auf die Gefahr der Ideologisierung des Fortschritts hin, wird der Wert menschlicher Freiheit allein an der Befreiung von naturgesetzlichen Schranken und sozialen Zwängen gemessen.

---

17 vgl. GS, 53.
18 GS, 59.
19 CA, 39 (3) u. (4).

Hinsichtlich der Bewertung eines gesellschaftlichen Prozesses als Fortschritt stellt sie drei Anfragen: Welchen Wert hat der Fortschritt an sich und worauf läuft er hinaus? „Was bedeutet letztendlich dieses unersättliche Streben nach einem Fortschritt, der jedesmal wieder entschlüpft, wenn man ihn erreicht zu haben glaubt?“[20]

Wenn „ein ungezügelter Fortschritt dem Menschen keine wahre Zufriedenheit“ schenkt, erhebt sich die Frage, worin dann der Fortschritt besteht, „der wirklich diesen Namen verdient“[21]?

Letztlich besteht er „in der Schärfung des Gewissens, derzufolge der Mensch Verantwortung für weitere gesellschaftliche Bereiche auf sich nimmt und aus freien Stücken sich für das zur Verfügung stellt, was Gott und die Menschen von ihm erwarten“.[22]

○ Sachzweck der Wirtschaft

Gemäß der Enzyklika „Mater et magistra“ hat die Wirtschaft mittels ihrer Eigengesetzlichkeit[23]den Zweck, dauerhaft „die materielle Grundlage zu schaffen, auf der sich das volle persönliche Leben der Staatsbürger verwirklichen kann“[24]. Hinsichtlich der „Entfaltung eines veredelten Kulturlebens“ müssen die materiellen Güter so reichlich bemessen sein, „vor allem jene, die die sogenannte Grundkultur ausmachen“[25], „daß sie nicht bloß zur lebensnotwenigen und sonstigen ehrbaren Bedarfsbefriedigung ausreichen“[26].

---

20 OA, 41.

21 OA, 41.

22 vgl. OA, 41; dazu LE, 18 (4): „Der Fortschritt...muß um des Menschen willen und durch den Menschen bewerkstelligt werden und im Menschen seine Früchte tragen“.

23 Zur Eigengesetzlichkeit der Wirtschaft vgl. bereits QA, 42.

24 MM, 74; vgl. Utz/Groner (1954–1961), 2528; noch prägnanter formuliert es Nell-Breuning (1985): „...allen Menschen in allen Ländern ein menschenwürdiges Dasein ermöglichen“, 301; vgl. QA, 42: als Wirtschaftsgesetze werden die aus dem Wesen der Sachgüter wie aus dem Geist-Leib-Wesen des Menschen sich ergebenden Zweck-Mittel-Zusammenhänge bezeichnet.

25 GS, 60.

26 QA, 75.

„Das Übel unserer Gesellschaft liegt nicht im Haben als solchem, sondern in der Art und Weise des Habens."[27]

Wird dieses Ziel auf dauerhafte Weise gewährleistet, „dann ist ein solches Volk in Wahrheit wirtschaftlich reich, eben weil die umfassende Wohlfahrt aller und somit das persönliche Nutzungsrecht aller an den irdischen Gütern nach dem vom Schöpfer gewollten Zweck verwirklicht ist"[28].

○ Zweckbestimmung der Wirtschaft

Da „die Wirtschaft weder das einzige noch das höchste Ziel des Menschen und der Gesellschaft" ist, sich die Wirtschaft vielmehr „in die rechte Stufenordnung der Ziele an der ihr zukommenden Stelle einzuordnen" hat[29], besteht „die fundamentale Zweckbestimmung dieses Produktionsprozesses ... weder in der vermehrten Produktion als solcher noch in der Erzielung von Gewinn oder Ausübung von Macht, sondern im Dienst am Menschen, und zwar am ganzen Menschen ..."[30] und in der „Verwirklichung als Gemeinschaft von Menschen"[31].

Daraus ist im Sinne der katholischen Soziallehre aber nicht die Folgerung zu ziehen, „daß die menschliche Arbeit objektiv verstanden nicht irgendwie bewertet und qualifiziert werden könne und dürfe"[32], haftet ihr doch vielmehr immer im Produktionspro-

---

27 SRS, 28.

28 MM, 74.

29 Höffner (1985), 26; in diesem Kontext auch Auer (1985): „Die grundlegenden Werte und Institutionen (Würde des Menschen, Freiheit, Gleichheit, Solidarität, Ehe und Familie, Religion, Sittlichkeit und Kultur) haben den schlechthinnigen Vorrang gegenüber den Gütern der Technik und der Wirtschaft", 124.

30 GS, 64; PP, 14: „Entwicklung ist nicht einfach gleichbedeutend mit wirtschaftlichem Wachstum. Wahre Entwicklung muß umfassend sein, sie muß jeden Menschen und den ganzen Menschen im Auge haben...".

31 CA, 35 (3).

32 LE, 6 (6).

zeß und auf dem seine Produkte bewertenden Markt etwas vom Charakter einer Ware, eines Produktionsmittels an[33]. Vielmehr geht es ihr nur darum zu betonen, daß der menschlichen Arbeit nicht ausschließlich ein wirtschaftlicher Wert[34] zukomme, weshalb sie nie ausschließlich „als bloßes Produktionsmittel"[35] betrachtet werden darf.

O Zum Verhältnis von Kapital und Arbeit

Der Grund für den Verlust des Primates der Person liegt zum einen in der Trennung von Kapital und Arbeit, zum anderen in der Gegenüberstellung dieser zwei Komponenten, „als ob es sich um zwei anonyme Kräfte handle, um zwei in ökonomistischer Betrachtungsweise auf die gleiche Ebene gestellte Produktionsfaktoren"[36]. Eine solche Sicht der Verhältnisse bezeichnet die Enzyklika „Laborem exercens" als „Irrtum des Ökonomismus" oder als „Irrtum des Materialismus", nach der die Arbeit ausschließlich unter der Rücksicht ihrer wirtschaftlichen Brauchbarkeit betrachtet, der Mensch demzufolge in erster Linie nicht als Subjekt der Arbeit und Wirkursache des Produktionsprozesses, sondern als in Abhängigkeit vom Materiellen gesehen wird[37].

Ein Anliegen der Enzyklika „Laborem exercens" ist es, „das Prinzip des Vorranges der Arbeit vor dem Kapital"[38] wieder in Erinnerung zu rufen, da die Arbeit Ausdruck der Persönlichkeit, ja des menschlichen Geistes ist, der entsprechend dem Auftrag Gottes beauftragt ist, über die Erde zu herrschen.

Wird das Kapital als die „Gesamtheit der sachlichen Produktionsmittel"[39] und als „Frucht der menschlichen Arbeit"[40] verstanden,

33 Roos (1990), 11; vgl. Fußnote 7.
34 vgl. LE, 15 (2).
35 LE, 15 (2).
36 LE, 13 (3).
37 vgl. LE, (3) u. (4).
38 LE 12, (1).
39 vgl. LE, 12 (1), auch 12 (5).
40 LE, 15 (5).

mittels derer sich der Mensch die Naturschätze zu eigen macht und seinen Bedürfnissen entsprechend gestaltet und dadurch „vermenschlicht“[41], so ist es doch „nur eine Summe von Dingen“[42], „bloß Instrument oder instrumentale Ursache“ im Produktionsprozeß, „Bedingung“ für die Arbeit des Menschen, nicht aber „ein anonymes Subjekt ..., das den Menschen und dessen Arbeit seiner Herrschaft unterwirft“[43].

Erwähnt sei an dieser Stelle die Betonung der Enzyklika, daß mit diesen beiden Komponenten aber nicht nur abstrakte Begriffe oder anonyme Kräfte gemeint sind, sondern daß hinter ihnen Menschen stehen, die man nicht in zwei Gruppen trennen könne[44], obschon an anderer Stelle der Versuch einer Klassifizierung unternommen wird: „... auf der einen Seite diejenigen, die die Arbeit tun, ohne Eigentümer der Produktionsmittel zu sein, auf der anderen Seite jene, die sich als Unternehmer betätigen und entweder selbst Eigentümer dieser Mittel sind oder in deren Vollmacht handeln“[45].

Aus dem bisher Gesagten kann aber auch nicht gefolgert werden, daß das Kapital von der Arbeit zu trennen ist, man die Arbeit gegen das Kapital oder umgekehrt das Kapital gegen die Arbeit stellen kann[46] oder sich ein „Gegensatz von Kapital und Arbeit“[47]

---

41 vgl. LE, 12 (4).

42 LE, 12 (6).

43 LE, 13 (2).

44 vgl. LE, 13 (1).

45 LE, 14 (1); zum Verhältnis von Arbeit und Eigentum vgl. LE, 14.

46 vgl. Nell-Breuning (1985), 244ff (vgl. auch Anm. 37), der diese Polarität in zwei Modelle faßt:
- O das kapitalistische Modell: das Kapital organisiert und nimmt die Arbeit in seinen Dienst
- O das laboristische Modell: die Arbeit organisiert und nimmt das Kapital in seinen Dienst

Für Klüber (1982) ist das Prinzip des Laborismus, die Absolutsetzung der Arbeit vor dem Kapital, die zwingende Folgerung an die Gestaltung der Wirtschaftsordnung auf Grund der Daseinsbestimmung des Menschen als Entfaltung der Persönlichkeit in der Fortsetzung des vom Schöpfer begonnenen Werkes, 46ff.

47 vgl. LE, 13 (1) und LE, 14 (1).

ergebe, zeigt sich doch, „daß die Arbeit und das, was wir gewöhnlich unter Kapital verstehen, einander wechselseitg durchdringen und unlöslich aufeinander angewiesen sind“[48]. Wo ein solcher Gegensatz besteht, da „sei er sachfremd und könne nur von außen hineingetragen worden sein“[49].

„Richtig, das heißt der Natur der Sache gemäß richtig“[50], „innerlich wahr und zugleich moralisch zulässig, kann nur eine Ordnung des Arbeitslebens sein, die den Gegensatz von Kapital und Arbeit schon in ihrer Grundlage überwindet und darauf angelegt ist, das oben dargestellte Prinzip zu verwirklichen“[51]: das Prinzip des Vorranges der Arbeit vor dem Kapital als „eine Forderung sozial-ethischer Natur“[52] auf Grund des Primates der Person.

Überwunden oder zumindestens gemildert wird der Gegensatz zwischen Kapital und Arbeit nach Auffassung der katholischen Soziallehre durch das Miteinander der Tarifpartner.

Da jedes Wirtschaftsunternehmen, unabhängig von seiner Mitarbeiterzahl, Glied der Gesellschaft ist, liegt die Entscheidung dar-

---

48 LE, 13 (2).
In diesem Sinn nennt Nell-Breuning (1985), 244, ein drittes Ordnungsmodell der Wirtschaft: das partnerschaftliche oder kooperative Modell, nach dem Arbeit und Kapital gemeinsam organisieren und folgerecht auch gemeinsam die Leitung ausüben bzw. eine ihnen gemeinsam verantwortliche Leitung im Unternehmen bestellen; zur Benennung dieses Modells: a.a.O., 248f.
Alle drei genannten Modelle sind aber als solche nicht zu verdammen, vgl. a.a.O., 250f unter Berufung auf QA, 101.
In der Aufhebung der bipolaren Vorstellung vom Unternehmen im Sinne der Dichotomie von Kapital und Arbeit zugunsten einer Partnerschaft dieser Faktoren sieht Nell-Breuning (1983b) die Aufgabe des Unternehmers; aus Anerkennung dieser unternehmerischen Leistung plädiert er für ein tripolares Verständnis des Unternehmens: Kapital, Arbeit, Unternehmer, 65–73.

49 Nell-Breuning (1983a), 248.

50 a.a.O., 247.

51 LE, 13 (1).

52 LE, 15 (1).

über, „was den allgemeinen Stand der Wirtschaft fördert" nicht bei den einzelnen Wirtschaftssubjekten, „sondern bei der staatlichen Führung und bei jenen nationalen und übernationalen Institutionen, die für bestimmte Wirtschaftsbereiche zuständig sind"[53]. Daher hält es die katholische Soziallehre für angemessen und notwendig, daß in diesen Organisationen außer den Unternehmern und deren Beauftragten auch die Werktätigen durch ihre Interessenvertreter präsent sind.

Aufgabe der Gewerkschaften und der anderen Organisationen, die die Interessen der Arbeiter vertreten, ist neben der Verteidigung ihrer Rechte und des Schutzes der Subjektivität, auch kultureller Natur, „indem sie dazu beitragen, daß die Arbeiter vollwertig und in Würde am Leben der Nation teilnehmen und auf dem Weg der Entwicklung fortschreiten"[54].

Dieser Einsatz für das Wohl der Mitarbeiter meint jedoch „kein Kampf gegen andere", kein „Gruppen- oder Klassenegoismus", sondern dieses Ringen müsse vielmehr „im Hinblick auf das Gut der sozialen Gerechtigkeit und nicht um des Kampfes willen oder um den Gegner auszuschalten" geschehen[55]. Eine Möglichkeit ist die Beteiligung der Arbeitnehmer an der volkswirtschaftlichen Kapitalbildung.

O **Recht auf Arbeit / Pflicht zur Arbeit**

Da die Arbeit „unmittelbarer Ausfluß der Person" ist[56], spricht die Enzyklika „Octogesima adveniens" jedem Menschen ein Recht auf Arbeit zu, um „die ihm eigenen Anlagen und seine Persönlichkeit in Ausübung seines Berufes zu entfalten..."[57]. Den gesellschaftlichen Kräften und dem Staat obliegt die Verpflich-

---

53 MM, 99.
54 CA, 35 (1).
55 vgl. LE, 20.
56 GS, 67.
57 OA, 14.

tung, wirtschaftliche Voraussetzungen zu schaffen, auf Grund derer der Mensch Arbeit finden kann[58].

Neben dem Recht auf Arbeit gibt es aber auch „die Pflicht zur Arbeit, welche in vielen Fällen Erwerbsarbeit sein wird, die in Gewissenhaftigkeit, Leistungsbewußtsein und Verantwortung zu verrichten ist“[59].

O **Mitbestimmung**

Den Arbeitsprozeß vom jeweiligen Arbeitsplatz als Mitverantwortlicher mitzugestalten[60], mittels der Tätigkeit zur Entfaltung seiner Persönlichkeit zu gelangen[61] und „sich vor allem durch eigene Leistung emporzuarbeiten“[62], dieses Bedürfnis ist in der menschlichen Natur grundgelegt.

In Bezug auf den Aspekt der Mitbestimmung ist das Wirtschaftsleben demnach derart zu gestalten, daß – unter Bedachtnahme auf die besonderen Funktionen der einzelnen, sei es der Eigentü-

---

58 Vgl. dazu Then (1988), der allein den Unternehmen und nicht den Politikern und Gewerkschaften die Fähigkeit zuspricht, Beschäftigung zu ermöglichen, denn „nur der Markt schafft Arbeitsplätze und nicht Beschäftigungsprogramme“, weshalb „das entscheidende schutzbedürftige Objekt deshalb auch nicht die Sicherung eines individuellen Arbeitsplatzes, sondern die Sicherung eines funktionsfähigen dynamischen Arbeitsmarktes“ ist – bei aller Wahrung der Stabilität des Systems, die aber nicht durch eine Globalsteuerung, sondern nur durch ständige Anpassung gewährleistet werden kann, 1f.

59 Sozialhirtenbrief (1990), 20; vgl. GS, 67; vgl. dazu auch Weise (1989): „Dabei müssen Geben und Nehmen auf allen Gebieten in einem angemessenen Verhältnis zueinander stehen. Aus der Sicht des Mitarbeiters: Wenn ich einen guten Arbeitsplatz von meinem Arbeitgeber erwarte, muß ich auch bereit sein, mein Bestes zu geben“, 3.

60 vgl. LE, 15 (1).

61 vgl. MM, 82; vgl. dazu Nell-Breuning (1983b), der in Sachen Mitbestimmung von einem Lernprozeß spricht, dem er sich zu unterziehen hatte. Ging er zunächst von der Vorstellung aus, Mitbestimmung lasse sich über den Weg der Vermögensbeteiligung am Unternehmen herbeiführen, sei ihm erst später die Erkenntnis aufgegangen, daß der arbeitende Mensch seinen Anspruch auf Mitbestimmung aus seiner Arbeit herleitet, 93.

62 MM, 151.

mer, der Arbeitgeber, der leitenden oder der ausführenden Kräfte und unbeschadet der erforderlichen einheitlichen Werkleitung[63] – „auf jeder Stufe möglichst viele Menschen“[64] an der Unternehmensgestaltung zu beteiligen seien[65], wobei „die geeignete Art und Weise der Verwirklichung näher zu bestimmen“[66] wäre.

Was die Pastoralkonstitution als „aktive Beteiligung aller an der Unternehmensgestaltung“ versteht, verdeutlicht ein Rückgriff auf die Enzyklika „Mater et magistra“[67]:

- die Arbeiter fordern die aktive Teilnahme am Leben des sie beschäftigenden Unternehmens (91)
- die grundlegende Aufforderung nach einem Verhältnis der Zusammenarbeit, der Achtung voreinander und des Wohlwollens (92)
- die von den Arbeitern gewünschte Übertragung weitergehender Verantwortung entspricht der Natur des Menschen (93 u. 96).

---

63 vgl. dazu Höffner (1985), 29, der diese Einschränkung der Pastoralkonstitution, die Wahrung einer funktionalen Autorität mit gestuften Lenkungsstellen und entsprechender Unterordnung aus innerem Sachzwang, für unentbehrlich hält.

64 GS, 65.

65 vgl. GS, 68; vgl. dazu auch die Ansprache des Papstes vor der Internationalen Arbeitsorganisation (ACLI), 4, in der er von einer erstrebenswerten Einheit von Arbeitgeber und -nehmer spricht, stehen sie doch **gemeinsam** „in der Pflicht, **zusammen** auf dauerhafte Weise für das Gemeinwohl und die Bedürfnisse der Allgemeinheit zu sorgen“ oder den Passus des Hirtenbriefes der kath. Bischofskonferenz der USA, in dem es dazu heißt: „Jedes Unternehmen...hängt in seinem wirtschaftlichen Erfolg von den verschiedenen Einzelpersonen und Gruppen ab...Alle diese Beteiligten leisten einen Beitrag zum Unternehmen und alle nehmen teil an seinem Risiko zu wachsen oder unterzugehen“, 298; vgl. zum „kooperativen Führungsstil“ auch Fetsch (1989), 33f und Wehrhahn (1990), 74; Roos (1990) spricht von einer „partnerschaftlichen Partizipation aller im Unternehmen“, 19.

66 GS, 68.

67 vgl. Roos (1971), 149ff.

Die Forderung nach Mitbestimmung im Unternehmen läßt sich nach Ansicht von O.v.Nell-Breuning nicht damit begründen, daß das Unternehmen eine Gemeinschaft von Menschen sei; „nicht, als ob diese Begründung abzulehnen wäre", so bemerkt er weiter, „aber ... es besteht die Gefahr, die Durchschlagskraft, die sie für den Betrieb und die Mitbestimmung auf Betriebsebene eindeutig hat, zu schwächen, wenn man sie auf Unternehmensebene erstreckt ... Die Wahrung der Menschenwürde hat ihren Platz wesentlich im Betriebsleben; im Unternehmen geht es vor allem um die Wahrung von Interessen"[68].

Demzufolge hat die Forderung und die Ausgestaltung nach aktiver Beteiligung aller an der Unternehmensgestaltung folgende Aspekte zu berücksichtigen[69]:

- die Beteiligung soll sich „unter Bedachtnahme auf die besonderen Funktionen der einzelnen" vollziehen
- das zugesprochene Recht auf aktive Beteiligung wird auf Grund „der erforderlichen einheitlichen Werkleitung" eingeschränkt
- „die geeignete Art und Weise der Verwirklichung" ist näher zu bestimmen; es wird also kein konkretes Modell empfohlen, andererseits aber die Notwendigkeit ausgesprochen, Modelle zu suchen und zu erproben

O **Bedeutung der Information**

„Von Natur aus", so die Enzyklika „Pacem in terris" „hat der Mensch ... das Recht, daß er ... der Wahrheit entsprechend über die öffentlichen Ereignisse in Kenntnis gesetzt wird."[70]

Da ein Unternehmen Teil der Öffentlichkeit, der Gesellschaft ist, gilt dieses aus der Natur des Menschen erwachsene Recht „auf

---

68 Nell-Breuning (1968), 37.
69 vgl. Roos (1971), 145.
70 PT, 12; vgl. GS, 59.

geziemende Information"[71] auch für das Unternehmen, selbst wenn in der katholischen Sozialverkündigung dieses nicht expressis verbis auf den Bereich der Wirtschaft bezogen ist.

○ Internationale Solidarität

Diese an erster Stelle die Begüterten betreffende Pflicht hin zu einer „solidarischen Entwicklung der Menschheit"[72] wurzelt „in der natürlichen und übernatürlichen Brüderlichkeit der Menschen"[73]. „Gott hat die Erde dem ganzen Menschengeschlecht geschenkt, ohne jemanden auszuschließen oder zu bevorzugen, auf daß sie alle seine Mitglieder ernähre."[74]

Daraus ergeben sich drei Pflichten:

- die Pflicht zur Solidarität: zur Hilfeleistung der reichen Völker gegenüber den Entwicklungsländern
- die Pflicht zur sozialen Gerechtigkeit: in dem Abstellen dessen, was an den Wirtschaftsbeziehungen zwischen den mächtigen und schwachen Völkern ungesund ist
- die Pflicht zur Liebe: in der Schaffung einer menschlicheren Welt für alle, ohne daß der Fortschritt der einen ein Hindernis für die Entwicklung der anderen ist

Ziel muß die Entsprechung von sozialem und wirtschaftlichem Fortschritt sein, denn der Auftrag zur Entwicklung ist nicht als rein „technische" Herausforderung zu betrachten[75]. Dazu ist im Sinne der Schaffung eines gesamtmenschlichen Gemeinwohles die internationale Zusammenarbeit zu fördern und zu stärken, so

---

71 GS, 26.

72 PP, 43; in der Ansprache Papst Pauls VI. im Jahr 1969 an die IAO (22) präzisiert der Papst die Ausrichtung der Hilfeleistung, indem er von der Notwendigkeit spricht, allen Völkern die Beteiligung am Aufbau der Welt zu gewährleisten.

73 PP, 44.

74 CA, 31 (2).

75 vgl. SRS, 41; vgl. PP, 76ff: „Entwicklung, der neue Name für Friede."

daß alle Völker und Nationen an der Lenkung des wirtschaftlichen Fortschritts und am wachsenden Reichtum entsprechend beteiligt werden[76].

In der Pastoralkonstitution „Gaudium et spes“ werden einige Anhaltspunkte genannt, die für den Aufbau der internationalen wirtschaftlichen Zusammenarbeit von Bedeutung sind[77]:

---

76 vgl. MM, 73; auch GS, 65 und CA, 52 (2).

77 vgl. GS, 86.
In diesem Zusammenhang ein Auszug aus den Leitlinien für die internationale Geschäftstätigkeit, erstellt vom Gesprächskreis Kirche – Wirtschaft (1983), 9–13:
1. Verhältnis zur Regierung und zur staatlichen Ordnung im Gastland
1.1. Die unternehmerische Tätigkeit untersteht der jeweiligen nationalen Gesetzgebung.
1.2. Das Unternehmen soll das Prinzip der Nichteinmischung in die politischen Angelegenheiten eines Gastlandes wahren...
1.3. Die Zusammenarbeit mit den einheimischen Behörden und der Wirtschaft soll nach dem Grundsatz von Treu und Glauben (Fairness) gestaltet werden.
...
1.4. Das Unternehmen soll an der Überwindung von Korruption mitarbeiten.
2. Verhalten gegenüber der Allgemeinheit
2.1. Das Unternehmen soll in Wahrnehmung seiner Verantwortung, insbesondere in wirtschaftlich wenig entwickelten Ländern, seine Tätigkeit in eine allen betroffenen Menschen dienende Entwicklung einordnen.
2.2. Über seine Tätigkeit und deren wirtschaftliche und soziale Auswirkungen soll das Unternehmen die Öffentlichkeit auf eine Art informieren, die seiner gesellschaftlichen Bedeutung angemessen ist.
2.3. Beherrschende Marktpositionen sollen nicht dazu mißbraucht werden, der Wirtschaft des Gastlandes zu schaden oder dessen Entwicklung nachteilig zu beeinflussen.
2.4. Das Unternehmen hat die Konsumentenbedürfnisse zu respektieren und die Erfordernisse des Umweltschutzes zu beachten.
2.5. Entscheidungen, wie z.B. solche über wesentliche betriebliche Veränderungen, müssen unter besonderer Berücksichtigung auch ihrer sozialen Auswirkungen getroffen werden.
3. Verhalten als Arbeitgeber
3.1. Die Unternehmen anerkennen die Rechte der Arbeitnehmer und ihrer Organisationen ... und fördern das Gespräch mit den Arbeitnehmern und ihren Vertretungen.
3.2. Diskriminierende Praktiken in bezug auf Rasse, Hautfarbe, Glaube, Sprache, Kultur und Geschlecht sollen vermieden werden.
3.3. Fortschrittliche Entlohnung und fortschrittliche Arbeitsbedingungen sind anzustreben.

- gerichtet an die Völker der Entwicklungsländer:
  - ausdrückliches und entschiedenes Bekenntnis zur Erstrebung voller menschlicher Entfaltung seiner Bürger
  - der Fortschritt entspringt vor allem aus ihrer Arbeit und ihren Fähigkeiten
- gerichtet an die hochentwickelten Länder:
  - Unterstützung der aufstrebenden Völker bei der Erfüllung der o.g. Aufgaben
  - Unterzeichnung fairer Handelsabkommen (der Wettbewerb ist „von unlauteren Machenschaften frei zu halten"[78])
- gerichtet an die internationale Gemeinschaft:
  - Ordnung der wirtschaftlichen Entwicklung nach der Norm der Gerechtigkeit

---

3.4. Die Unternehmen fördern die berufliche Weiterbildung im Einvernehmen mit Regierung, Arbeitgeber- und Arbeitnehmerorganisationen.
4. Wirtschaftliche Beziehungen zu Ländern mit totalitären ud rassistischen Systmen
4.1. Die Unternehmen schöpfen im Rahmen des geltenden Rechts alle Möglichkeiten zur Wahrung der Menschenrechte und zu einer positiven Entwicklung aus.
4.2. Durch Information und Bewußtseinsbildung soll das verantwortliche Handeln der eigenen Kader in gesellschaftlichen Belangen gefördert werden.
4.3. Wo sich im Rahmen wirtschaftlicher Kontakte Gelegenheit dazu bietet, sollen einerseits die Grundanforderungen in bezug auf Recht, Freiheit und soziale Entwicklung deutlich zum Ausdruck gebracht werden. Andererseits müssen sich die Unternehmen zur Wehr setzen, wenn Länder und Institutionen sie zu machtpolitischen Zwecken mißbrauchen wollen.
4.4. Wirtschaftsbeziehungen sind zu überprüfen, wenn sie das Unternehmen zu einem Verhalten zwingen, das in offensichtlichem Widerspruch zu fundamentalen menschlichen gesellschaftlichen Werten steht.
4.5. Stellt sich heraus, daß durch wirtschaftliche Beziehungen fortgesetzte oder schwerwiegende Verstöße gegen fundamentale menschliche Werte moralisch unterstützt oder direkt begünstigt werden und fallen diese Verstöße schwerer ins Gewicht als das Interesse an wirtschaftlichen Beziehungen, dann sind die wirtschaftlichen Beziehungen zu ändern oder abzubrechen.

78 MM, 80.

- Gründung geeigneter Institutionen zur Förderung und Ordnung des internationalen Handels
- neben den ordnenden Maßnahmen Gewährung technischer, kultureller und finanzieller Unterstützung.

Doch bildet gerade der Technologietransfer heute eines der Hauptprobleme des internationalen Austausches, denn „nicht selten werden unterentwickelten Ländern notwendige Technologien verwehrt oder nutzlose angeboten“[79].

O Verhalten gegenüber Fortschritt und Technik

In der Enzyklika „Sollicitudo rei socialis“ betont der Papst das weltweit zu verwirklichende „Recht eines jeden auf den vollen Gebrauch der Hilfen, die von Wissenschaft und Technik angeboten werden“[80].

Der Einsatz der Technik und der daraus erwachsene Fortschritt ist an sich ethisch neutral. Ihr Einsatz bietet einerseits die Möglichkeit, dem Fortschritt zu dienen – die Technik als eine Verbündete des Menschen, die die Arbeit erleichtert, vervollkommnet, beschleunigt und vervielfältigt, und in der Folge zu einer quantitativen als auch qualitativen Steigerung der Produkte führt[81] –, birgt andererseits aber auch die Möglichkeit, die Gesellschaft in ein Verderben zu führen[82]. „Solange (aber) noch viele Menschen, ja ganze Völker in bedrückenden und sogar unwürdigen Verhältnissen leben, die mit Hilfe technisch-wissenschaftlicher Erkenntnis verbessert werden können“[83], könne man nicht sagen, „daß der Fortschritt zu weit gegangen sei“, so der Papst in einer Ansprache an Wissenschaftler.

---

79 SRS, 43.
80 SRS, 33.
81 vgl. LE, 5 (4).
82 vgl. MM, 210.
83 Papst Johannes Paul II. in Deutschland (1980).

Sie erweist sich aber dann als dessen Gegenspielerin „..., wenn die Mechanisierung der Arbeit den Menschen verdrängt, indem sie ihn jeder Freude an seiner Tätigkeit und des Ansporns zu Kreativität und Verantwortung beraubt, wenn sie viele Arbeitnehmer ‚freisetzt' (um ihre Beschäftigung bringt) oder die Maschine zur Herrin und den Menschen zu deren Sklavin macht"[84].

Die Technik trägt wie die Wirtschaft ihren Zweck also nicht in sich selbst, sondern hat „dem kulturellen Aufstieg zu dienen", bedingt dadurch, „... daß geistige und sittliche Werte vor allen anderen den Vorrang haben müssen"[85]. Dieser von der Soziallehre der Kirche positiv bewertete Drang zum Forschen und Erfinden wider eine generelle Technikfeindlichkeit erfordert aber „das Ja zum berechneten Risiko, das Wagnis zu neuen und großzügigen Unternehmungen und den Sinn für Verantwortung"[86], ist doch das Handeln gemäß dem Schöpfungsauftrag, sich die Erde untertan zu machen, kein Freibrief zur willkürlichen Ausnutzung und Belastung der Natur.

Die Grenzen des technischen Fortschritts liegen dort, wo das Leben des Menschen, seine Würde und Rechte, bedroht wer-

---

84 LE, 5 (4); vgl. dazu Marcuse (1989), der die „fortschreitende Versklavung des Menschen durch einen Produktionsapparat" beklagt, 159.
Die Frage, ob die Einführung neuer Technologien mehr Arbeitsplätze schafft oder zerstört, ist nach Ansicht von Ockenfels (1984), 12, „so auch nicht richtig gestellt, weil sie die Entscheidung für eine Technik anscheinend nur von der Beschäftigungsfrage abhängig macht". Vielmehr haben weitere Kriterien zu gelten, von denen das Gemeinwohl abhängt: Bieten die neuen Techniken größere Chancen zu neuem, qualitativem und quantitativem Wachstum, ermöglichen sie verbesserte Produktionsmethoden, Produkte und Dienstleistungen, dienen sie der Einsparung und dem Ersatz kostbarer Rohstoffe?

85 MM, 210.
Schon Vogelsang wies auf diese Vorrangstellung geistiger und sittlicher Werte gegenüber allem technischen Fortschritt hin, der die Menschheit in ein Verderben führen wird, „wenn nicht mit jedem technischem Fortschritt...eine gleichmäßig fortschreitende Vertiefung und Verinnerlichung der christlichen Ethik stattfindet...der materielle Fortschritt zu einem Mittel der geistigen und sittlichen Vervollkommnung der Menschheit erhoben wird", in: Bader (1990), 178.

86 PP, 25.

den, auch wenn es „in Zukunft keine gefahrlose Energietechnik geben“ wird[87]. Bei der Bewältigung des Fortschritts und bei dem damit verbundenen Problem der Sicherheit geht es „um mehr als um ein bloßes Kosten-Nutzen-Kalkül. Es geht darum, den sittlichen Gehalt menschlichen Herrschens über die Erde im Herrschaftswissen und Herrschaftstun selbst zur Geltung zu bringen: Fortschritt des Menschen liegt nicht im Mehr-Haben, sondern nur im Mehr-Sein“[88].

O **Wettbewerb**

Als Grundirrtum der individualistischen Wirtschaftswissenschaft bezeichnet der Papst in der Enzyklika „Quadragesimo anno“ die Vorstellung, die „rechte Ordnung der Wirtschaft“ entwickle sich aus dem freien Wettbewerb[89].

Der persönliche Eigennutz als einziger Antrieb des wirtschaftlichen Schaffens und der schrankenlose freie Wettbwerb als oberstes Gesetz des wirtschaftlichen Liberalismus sind „nach den Grundsätzen der menschlichen Solidarität und im Sinn der christlichen Brüderlichkeit“[90] unmöglich dazu in der Lage, regulatives Prinzip der Wirtschaft zu sein, obwohl anerkannt wird, daß die Wettbewerbsfreiheit innerhalb der gehörigen Grenzen berechtigt ist und sich von zweifellosem Nutzen erweist. Der Wettbewerb wird demzufolge nicht per se als schlecht verurteilt, wohl aber ist er nicht „das oberste Gesetz der Wirtschaft“[91].

---

87 BKU (1990), 41.

88 Ratzinger (1985), 34.

89 vgl. QA, 88; vgl. MM, 11; dazu Nell-Breuning (1983b): Daß sich „die rechte Ordnung der Wirtschaft“ aber nicht aus dem freien Wettbewerb entwickeln lasse, widerspricht nicht der Grundannahme, daß „jede freie Wirtschaft auf Wettbwerb aufgebaut ist“, 39.

90 MM, 23.

91 PP, 26; vgl. Nell-Breuning (1983a): der Papst habe Achtung vor dem Wettbwerb als „überaus leistungsfähiges Ordnungsinstrument“, lehnt ihn aber als „völlig unzulängliches Ordnungsprinzip“ ab, 56.

Als die durchgreifenden regulativen Prinzipien des Wirtschaftslebens, als die „höheren und edleren Kräfte“ bezeichnet der Papst die soziale Gerechtigkeit und die soziale Liebe.

Ist der Terminus „Soziale Gerechtigkeit“[92] gleichbedeutend mit dem der „Gemeinwohlgerechtigkeit“[93], dann gilt es, nicht „nur den eigenen Vorteil“ zu suchen, sondern das menschliche Gemeinschaftsleben, wovon die Wirtschaft einen Teil bildet, mittels der öffentlichen Einrichtungen entsprechend den Anforderungen der Gemeinwohlgerechtigkeit zu gestalten[94].

O **Investitionen**

Die Entscheidung zu einer Investition an diesem oder jenem Ort, in diesem oder jenem Sektor, ist „immer auch eine moralische und kulturelle Entscheidung ..., unumgängliche wirtschaftliche Bedingungen und politische Stabilität vorausgesetzt ...“[95].

Nach den Ausführungen in „Gaudium et spes“ hat der Anlage von Investitionen eine langfristige Ausrichtung zugrunde zu liegen. So haben sie nicht allein Arbeits- und Verdienstmöglichkeiten für die gegenwärtige Bevölkerung zu schaffen, sondern auch für die künftige[96].

---

92 vgl. Roos (1990), der es als hilfreich ansieht, dem klassischen Schema der Formen der Gerechtigkeit als Iustitia commutativa, legalis und distributiva die Iustitia socialis hinzuzufügen, 13.
Zur Entwicklung des Begriffs der „sozialen Gerechtigkeit“: Calvez/Perrin (1964), Bd. 1, 236–257.

93 vgl. QA, 74.

94 vgl. QA, 110; vgl. Hirtenbrief der katholischen Bischofskonferenz der USA (1987), 67: „Die soziale Gerechtigkeit (im folgenden als „kontributive Gerechtigkeit“ bezeichnet, Anm. des Autors) beinhaltet, daß die Menschen die Pflicht zu aktiver und produktiver Teilnahme am Gesellschaftsleben haben und daß die Gesellschaft die Verpflichtung hat, dem einzelnen diese Teilnahme zu ermöglichen.“

95 CA, 36 (4).

96 GS, 70.

Neben dem Aspekt der langfristigen Ausrichtung kommt ein weiterer hinzu, auch wenn an dieser Stelle nicht von Investitionen, sondern von „Anstrengungen" die Rede ist: die Zielgerichtetheit mittels der Einbindung in komplexe Programme, wollen „diese ... einen vollen Ertrag zeitigen"[97].

O **Gewinn**

„Die Kirche anerkennt die berechtigte Funktion des Gewinnes als Indikator für den guten Zustand und Betrieb des Unternehmens. Wenn ein Unternehmen mit Gewinn produziert, bedeutet das, das die Produktionsfaktoren sachgemäß eingesetzt und die menschlichen Bedürfnisse gebührend erfüllt wurden."[98]

In der katholischen Soziallehre findet der Begriff „Gewinn" zum ersten Mal in der Enzyklika „Quadragesimo anno" Verwendung. Im Zusammenhang mit der Entfaltung der Wandlung des Kapitalismus[99] seit Papst Leo XIII. wird die kapitalistische Wirtschaftsweise nicht eo ipso als schlecht bewertet, doch bedarf sie einer Ausgestaltung nach den Normen der sozialen Gerechtigkeit. Denn der „Siegeszug des modernen ökonomischen Systems"[100] deckte auch die Kehr- und Schattenseiten dieser Ordnung auf, ging man doch „im reinen Kapitalismus über das Schicksal des einzelnen hinweg"[101]. So führte „die Entfesselung der ökonomi-

97 PP, 50.
98 CA, 35 (3).
99 vgl. QA, 99–120.
100 Leser (1985), 41.
101 a.a.O., 42.
vgl. Bader (1990), 104ff: Nach Vogelsang liegen diese „Auswirkungen des individualistischen Geistes" (QA, 109) in der Abkehr des Menschen von seiner wesensmäßigen Hinordnung auf Gott begründet. So erschöpft sich der Begriff „Kapitalismus" für ihn nicht in „bestimmten Gesetzmäßigkeiten der Produktionsweise", sondern ist Ausdruck, „Geist der bewußten Auflösung der sittlichen Bande zwischen den Menschen und der Verantwortung für die Schöpfung"(108), der „Verlust des Sinns und der Solidarität durch die zum Prinzip erhobene Habgier"(115).

schen Dynamik"[102] nicht zu der Adam Smith' vorgeschwebten Harmonie von Eigennutz und Gemeinwohl, gelenkt „von der unsichtbaren Hand", sondern das Streben nach Gewinn artete zu einem zügellosen Machtstreben[103] aus, bei dem der Profit als „der eigentliche Motor des wirtschaftlichen Fortschritts"[104] angesehen wurde.

Disqualifiziert werden demnach seitens der Sozialverkündigung nicht Gewinn und Macht an sich, sondern nur deren Erlangung „um jeden Preis"[105], „ein übertriebenes Gewinnstreben"[106], ihre „Absolutsetzung", eine aus dem Machtstreben erwachsene unstillbare Gier nach Reichtum an irdischen Gütern[107], „die Anschauung, daß dieser ... der einzige Zweck des Wirtschaftens sei"[108], liegt doch die fundamentale Zweckbestimmung des Produktionsprozesses nicht in der Erzielung von Gewinn, sondern im Dienst am Menschen[109].

---

102 Leser (1985), 42.

103 vgl. QA, 109; vgl. auch MM, 36.

104 PP, 26; neben dem Verlangen nach Macht mit dem Vorsatz, anderen den eigenen Willen aufzuzwingen, bezeichnet der Papst „die ausschließliche Gier nach Profit" als die bezeichnendste Handlung und Verhaltensweise, die im Gegensatz zum Willen Gottes und zum Wohl des Nächsten steht, vgl. SRS, 37.

105 SRS, 37.

106 GS, 85.

107 vgl. QA, 132.

108 Bader (1990), 114; vgl. CA, 35.

109 vgl. GS, 64; vgl. dazu Wetter in: Nahrendorf (1989), 1: „Hier liegt die Kernfrage der Wirtschaftsethik: Wie kann das gewinnbringende Wirtschaften eingebettet bleiben in eine dem Menschen dienende Gesamtordnung?"
Diese Ausrichtung des Produktionsprozesses und die damit einhergehende Bedeutung des Gewinns ist ein signifikantes Beispiel dafür, worin Leser (1986), den entscheidenden Unterschied zwischen katholischer Soziallehre und Wissenschaft, hier der Wirtschaft, sieht. „Während die Wissenschaft in der Regel nur Mittel anzugeben vermag, die zur Verwirklichung bestimmter Zwecke dienen, die Zwecke aber selbst nicht zu begründen vermag, kann die katholische Soziallehre etwas über Ziele und Zwecke, denen die Gesellschaft zu dienen habe, aussagen", setzt sie doch bei der letzten Bestimmung des Menschen und der ihm zur Verwaltung übertragenen Wirklichkeit an, 112.

Ein Leistungs- und Erfolgsstreben stößt von daher in der katholischen Soziallehre keineswegs auf Ablehnung, bezeichnet Papst Johannes Paul II. doch die Arbeitsamkeit als Tugend; „Tugend als moralische Haltung ist das, wodurch der Mensch als Mensch gut wird“[110].

Gar als eine sittliche Pflicht bezeichnet es König, das Unternehmen rentabel zu führen. „Rentabel heißt aber mehr als bloß gewinnbringend, denn Gewinn läßt sich auf verschiedene Weisen erzielen, auch auf unreelle[111]. Rentabilität als Teil unternehmerischer Gemeinwohlverantwortung erfordert die Sicherung der wirtschaftlichen Grundlagen des Unternehmens, eine solide Geschäftsführung, die Erhaltung der Arbeitsplätze der Mitarbeiter, die Erzielung von verläßlichem Einkommen für alle.

Dazu gehört auch der Gewinn. Echte Gewinne zeigen an, daß im Unternehmen die richtigen wirtschaftlichen Entscheidungen getroffen werden ... Verluste bedrohen die Existenzgrundlage aller im Betrieb Beschäftigten.“[112] Denn wiederum nur ertragsstarke

---

110 LE, 9,4.

111 vgl. dazu QA, 132, wo der Papst auf Grund der übermäßigen Labilität der Wirtschaftslage (1931) und ihrer ganzen Wirtschaftsverfassung die Leichtigkeit für jeden sieht, „im ungeregelten Markt Gewinne zu machen“;
vgl. Spieker (1989), 99:
– Gewinne müssen auf Leistung und Wettbewerb beruhen
– Gewinne dürfen weder der Besteuerung noch dem volkswirtschaftlichen Kapital entzogen werden
– das Gewinnstreben darf jene nicht an den Rand drängen, die nichts leisten können
Ein Gewinnstreben, das nicht alle diese beschränkenden Kriterien des Gewinnstrebens erfüllt, hält er mit der Wahrung des Gemeinwohls für nicht vereinbar.

112 König (1982), 14f; vgl. auch Spieker (1989), der die Erwirtschaftung von Gewinn als sittliche Pflicht bezeichnet, „wonach dann das Gewinnstreben in der Tat im Zentrum unternehmerischer Existenz“ stehe, 99; vgl. Lehmann (1989), der den Gewinn als Maßstab für richtiges Handeln und die Verwendung der Rendite als eine „eminent ethische Frage“ bezeichnet, 83; oder Messner (1984), der die Rentabiltität eines Unternehmens „als Voraussetzung für die sozialwirtschaftliche Produktivität“ bezeichnet und von daher zu einer „sozialethischen Verpflichtung“ wird, 1007.

Unternehmen verfügen über den notwendigen finanziellen Spielraum, um zusätzliche Leistungen für die Föderung des Gemeinwohls zu leisten.[113]

O Lohn

Die Gewährung eines gerechten Lohnes, als Entgelt für geleistete Arbeit, ist der „Prüfstein für die Gerechtigkeit des gesamten ökonomischen Systems und für sein gerechtes Funktionieren"[114]. Schon die Enzyklika „Rerum novarum" stellt die diesbezügliche Verpflichtung des Unternehmers heraus[115].

Heißt es in der Enzyklika „Quadragesimo anno" zunächst ganz allgemein, daß dem Arbeiter ein ausreichender Lohn zustehe für seinen und seiner Familie Lebensunterhalt[116], so wird diese Empfehlung in der Enzyklika „Laborem exercens" dahingehend konkretisiert, daß „eine solche Entlohnung entweder durch eine sogenannte familiengerechte Bezahlung – das heißt durch einen dem Familienvorstand für seine Arbeit ausbezahlten Gesamtlohn, der für die Erfordernisse der Familie ausreicht, ohne daß die Ehefrau einem außerhäuslichen Erwerb nachgehen muß – oder durch besondere Sozialleistungen, wie Familienbeihilfen ..."[117] zustande kommen kann. „Mater et magistra" nennt als Lohnbemessungsgrundlagen die produktive Leistung, die wirtschaftliche Lage des Unternehmens und die Erfordernisse des volkswirtschaftlichen Gemeinwohls, vor allem im Hinblick auf die Vollbeschäftigung[118].

---

113 vgl. Guth (1988), 15.

114 LE, 19 (2); vgl. PT, 20.

115 vgl. RN, 17; vgl. Nell-Breuning (1983a), wonach bei der Forderung nach „gerechtem Lohn" als selbstverständlich unterstellt wird, daß das Lohnarbeitsverhältnis sich gerecht gestalten lasse und damit nichts Verwerfliches sei, 51.

116 vgl. QA, 71; vgl. LE, 19 (3); „Lebensunterhalt", so GS, 67, meint die Ausgestaltung des Daseins unter materiellem, sozialem, kulturellem und spirituellem Aspekt.

117 LE, 19 (3).

118 vgl. MM, 71ff.

Keine Berechtigung, der Belegschaft die Löhne zu drücken aber erhält der Unternehmer auf Grund eines seinerseits verschuldeten Mangels an Initiative, infolge dessen auf Grund technischer oder wirtschaftlicher Rückständigkeit die Rentabilität des Unternehmens leidet.[119]

Zu achten ist aber auf die Wahrung des Verhältnisses „zwischen dem Arbeitslohn und der verfügbaren Gütermenge ...., das Rücksicht nimmt sowohl auf das volkswirtschaftliche als auch auf das gesamtmenschliche Gemeinwohl“[120].

Anliegen des volkswirtschaftlichen Gemeinwohles[121] sind:

- die Sicherung der Beschäftigung einer möglichst großen Zahl von Arbeitern
- die Vermeidung der Entwicklung von priveligierten Gruppen innerhalb der Arbeiterschaft
- die Wahrung eines angemessenen Verhältnisses von Löhnen und Preisen
- die Beseitigung des unausgewogenen Verhältnisses zwischen den verschiedenen Wirtschaftszweigen, das heißt der Industrie, der Landwirtschaft und dem Dienstleistungsgewerbe
- das Bemühen der Anpassung von Verfahren der Gütererzeugung an den Fortschritt von Wissenschaft und Technik
- das Tragen der Sorge, daß der erreichte Wohlstand und die Kulturstufe nicht nur der Gegenwart, sondern auch kommenden Zeiten zugute kommt

Anliegen des gesamtmenschlichen Gemeinwohles[122]:

- die Wahrung eines lauteren Wettbewerbs
- die Beteiligung an der Entwicklungshilfe zugunsten der wirtschaftlich schwächeren Länder

---

119 QA, 72.
120 MM, 78.
121 vgl. MM, 79.
122 vgl. MM, 80.

○ Gestaltung der Arbeit

Auf Grund der dem Wirtschaftsprozeß zugrunde liegenden „Zusammenarbeit von Menschen“, gehört dessen soziale Ausgestaltung zu den zentralen Aufgaben einer menschengerechten Wirtschaftsordnung[123].

Erwachsend aus der Würde der menschlichen Person ist damit die Schaffung und Wahrung solcher Arbeitsbedingungen und Produktionsverfahren verbunden, die diese nicht verletzen, das Verantwortungsgefühl des arbeitenden Menschen nicht abstumpfen lassen oder die schöpferischen Kräfte lahmlegen[124]; diese Anforderungen haben selbst dann zu gelten, wenn der Güteraustoß sehr hoch liegt und die Verteilung nach Recht und Billigkeit erfolgt[125].

○ Sozialleistungen

Zweck der Sozialleistungen ist es, „daß Leben und die Gesundheit der Arbeiter und ihrer Familie zu sichern“[126].

Hinsichtlich der für die Gesundheit notwendigen Aufwendungen soll der Arbeitnehmer leichten Zugang, das heißt zu möglichst geringen Kosten oder kostenlos, zu den erforderlichen Hilfen haben.

Ferner nennt die Enzyklika das dem arbeitenden Menschen zustehende Recht auf Ruhe und Erholung. So appelliert sie daran, daß die regelmäßige wöchentliche Ruhezeit „zumindestens den

---

123 vgl. Sozialhirtenbrief (1990), 15.

124 vgl. LE, 19 (6), nach der der Arbeitnehmer Anspruch hat „auf solche Arbeitsräume und Produktionsverfahren, die den Arbeitnehmer weder gesundheitlich schädigen noch sittlich gefährden“; vgl. auch PT, 19.
Zu mgl. Flexibilisierungsschwerpunkten im „System Arbeit“ vgl. Then (1988) u. (1990).

125 MM, 83.

126 LE, 19 (6).

Sonntag umfassen" sollte. Vordergründig betrachtet liegt der Grund in der Regeneration der verbrauchten Kräfte[127]; doch im Letzten ist die Wahrung der Arbeitsruhe am Sonntag nicht Selbstzweck, Ruhe um der Ruhe willen, „sondern auf höhere Werte dienend hingeordnet"[128], birgt sie die Möglichkeit der Ausschau nach einem „neuen Humanismus", den die Welt noch nötiger hat als Techniker[129].

Daß die Einhaltung dieses geforderten Ruhetages zur Disposition steht, liegt in dem Wunsch der Wirtschaft nach Ausweitung der Nutzungszeiten vor allem der hochtechnisierten Produktionsanlagen, um dadurch im internationalen Wettbewerb bestehen zu können.

Im Wissen der Kirche um die Bedeutung der Wahrung der Wettbewerbsfähigkeit der Unternehmen und die damit zusammenhängende Sicherung der Arbeitsplätze, wird es diese Ausnahmen vom Verbot der Sonn- und Feiertagsarbeit weiter geben, „wenn ein kontinuierlicher Produktionsprozeß aus technisch zwingenden Gründen notwendig ist oder dringend notwendige gesellschaftliche Bedürfnisse"[130] diese Aufhebung verlangen. Wettbewerbliche Vorteile allein aber können keine Ausnahme vom Verbot der Sonn- und Feiertagsarbeit rechtfertigen[131].

Gemäß dem Naturrecht steht es dem Menschen zu, „an der geistigen Bildung teilzuhaben, d.h. also ... sowohl eine Allgemeinausbildung als auch eine Fach- oder Berufsausbildung zu empfangen"[132]. Aber er hat nicht nur das Recht auf Bildung, sondern auch die „Pflicht, sich selbst zu bilden"[133], u.a. als Voraussetzung

---

127 vgl. RN, 33.

128 Höffner (1987), 7.

129 vgl. PP, 20.

130 Sozialhirtenbrief (1990), 62; vgl. Höffner (1987), 11.

131 ebd. In der Erklärung des BKU zur Sonntagsarbeit vom 14. Mai 1987 heißt es in Punkt 3, daß prozeßtechnische Gründe eine Sonntagsarbeit u.U. notwendig machen können, daß diese aber „keine Wettbewerbsvorteile mit sich bringen dürfen".

132 PT, 13; vgl. auch die Ausführungen in Klose (1988), 89–96.

133 GS, 60.

zu „wirksamer Teilnahme am Produktionsprozeß“[134]. Die Gewährung von ausreichenden Möglichkeiten technischer und fachlicher Ausbildung ist angesichts der heute immer kürzer werdenden Innovations- und Produktionszyklen von steigender Bedeutung.[135] „Ziel muß es sein, daß alle, die entsprechend begabt sind, zu höheren Studien aufsteigen können, und zwar so, daß sie, soweit es möglich ist, ... jene Aufgaben, Ämter und Dienste erreichen, die ihrer Begabung und ihren Fachkenntnissen entsprechen.“[136]

Hinzu kommt das Recht des Arbeitnehmers auf Ruhestandsbezüge, auf wirtschaftliche Sicherung im Alter und für die Folge von Arbeitsunfällen.[137]

Als „bedenklich“ allerdings aber bewertet Höffner den „Trend zum Versorgungsstaat“[138]; die neueste Sozialenzyklia „Centesimus annus“ spricht in diesem Zusammenhang vom „Wohlfahrtsstaat“, der in jüngster Zeit auf Grund von Auswüchsen und Mißbräuchen als „Fürsorgestaat“ bezeichnet wurde[139]. Dem ist mittels der Stärkung der Eigenverantwortung und -initiative des Menschen, durch Risikobereitschaft und durch Überwindung des Anspruchdenkens als „Ausdruck wachsender demokratischer Kultur und Mündigkeit der Bürger“[140] gemäß des Subsidiaritätsprinzips entgegenzutreten.

○ Die Stellung der Frau im Berufsleben

„Die wahre Aufwertung der Frau erfordert eine Arbeitsordnung, die so gestaltet ist, daß sie diese Aufwertung nicht bezahlen muß mit Preisgabe ihrer Eigenheit auf Kosten der Familie, für die sie

134 LE, 12(5).
135 vgl. GS, 66.
136 GS, 60.
137 vgl. LE, 19 (6); auch OA, 14.
138 Höffner (1985), 33.
139 vgl. CA, 48.
140 Then (1988), 1.

als Mutter eine unersetzliche Aufgabe erfüllt."[141] In dieser sollen Frauen die ihren Veranlagungen gemäßen Tätigkeiten „ohne Diskriminierungen und ohne Ausschluß von Stellungen, für die sie befähigt sind" ausführen können, wobei grundsätzlich Frauen alle Berufe und der Aufstieg bis zu den obersten Spitzen offenstehen sollte[142].

O **Innovationen**

In dem der Mensch sich mittels seines Verstandes und seiner Freiheit die Güter dieser Welt als Gegenstand und Werkzeug aneignet, hat das „Recht auf die Initiative ... seinen Grund"[143].

Die unterstützende Ermunterung zu innovativem Denken und Handeln erwächst aus der Überlegung, u.a. mittels einer vermehrten Erzeugung industrieller Güter den Bedürfnissen der wachsenden Menschenzahl und den immer höheren Ansprüchen der Menschen gerecht zu werden[144]. Demzufolge verdienen die folgenden Aspekte eine Förderung:

O Aufgeschlossenheit gegenüber dem technischen Fortschritt

O Gründung und Erweiterung von Unternehmen

---

141 LE, 19 (5); vgl. PT, 19.

142 vgl. Nell-Breuning (1983a), 257.

143 CA, 43 (3).

144 vgl. GS, 64; diese Auflistung von Innovationen kommt sowohl den Funktionen sehr nahe, die Schumpeter (1987) dem Unternehmer als Wirtschaftspionier zuordnet:
„1. Die Erzeugung und Durchsetzung neuer Produkte oder neuer Qualitäten von Produkten,
2. die Einführung neuer Poduktionsmethoden,
3. die Schaffung neuer Organisationen der Industrie,
4. die Erschließung neuer Absatzmärkte,
5. die Erschließung neuer Bezugsquellen", 151,
wie auch den Messners (1975): Aufgeschlossenheit für technische Entwicklungen, für neue Rohstoffe, Produkte, Herstellungsverfahren, Informations- und Absatzsysteme, 258. In seinem Buch „Konjunkturzyklen" (1961) führt er die „Innovation" als typisch unternehmerische Funktion ein und definiert den Unternehmer als Innovator, 95ff.

- Entwicklung neuer Produktionsverfahren
- Erhaltung bestehender und Schaffung neuer Arbeitsplätze[145]
- quantitative und qualitative Steigerung der Produktion
  - um seinen eigenen Angehörigen ein wahrhaft menschenwürdiges Leben zu gewährleisten
  - um an der solidarischen Entwicklung der Menschheit mitzuarbeiten[146]

O **Umwelt**

Als grundsätzlich „positive Zeichen der Gegenwart" wertet der Papst in der Enzyklika „Sollicitudo rei socialis" die „Sorge für die Umwelt". Dazu zählt er u.a. „das wachere Bewußtsein von der Begrenztheit der verfügbaren Grundstoffe, ... die Notwendigkeit, die Unversehrtheit und die Rhythmen der Natur zu achten und bei der Planung der Entwicklung zu berücksichtigen, ohne diese bestimmten demagogischen Auffassungen von ihr zu opfern"[147].

Der unbesonnenen Zerstörung der natürlichen Umwelt liegt heute ein „weitverbreiteter anthropologischer Irrtum"[148] zugrunde, die Meinung, „willkürlich über die Erde verfügen zu können, indem er sie ohne Vorbehalte seinem Willen unterwirft, als hätte sie nicht eine eigene Gestalt und eine ihr vorher von Gott verliehene Bestimmung, die der Mensch entfalten kann, aber nicht verraten darf"[149].

Der Grund für diesen Appell zur Bewahrung der Umwelt liegt in dem vom Schöpfer dem Menschen übertragenen Auftrag, sich

145 a.a.O., 293; neben dieser beschäftigungspolitischen Aufgabe nennt Degenhardt (1989) zwei weitere gesellschaftspolitische Aufgaben des Unternehmers: Lenkungsaufgabe in der Volkswirtschaft und den Beitrag des Unternehmers für die Entwicklung des Lebensstandards, 15ff.

146 PP, 48.

147 SRS, 26.

148 CA, 37 (1).

149 ebd.

die Erde untertan zu machen (Gen 1,28). Dieser Gestaltungsauftrag, gerichtet an alle Menschen zu allen Zeiten, überträgt somit den heute lebenden Menschen auch nicht das Recht, die Natur „zu gebrauchen oder zu mißbrauchen oder über die Dinge zu verfügen, wie es beliebt“[150].

So gelten aus christlicher Sicht für das Verhältnis des Menschen zur sichtbaren Schöpfung sechs Grundsätze[151]:

- Bei aller Liebe zur sichtbaren Schöpfung wird der Christ die Natur nicht zum Götzen machen.
- Zerstörung und Schädigung der Natur widersprechen dem christlichen Verständnis der sichtbaren Schöpfung.
- Bei der Beherrschung und Gestaltung der Natur wird der Mensch auf die Rangordnung der Werte achten.
- Bei der Bewältigung der ökologischen Probleme kommt den jeweiligen Fachwissenschaften eine besondere Verantwortung zu.[152]

---

150 SRS, 34. Schon nach Vogelsang habe der Mensch nicht „als Räuber und Vergewaltiger“, sondern als „liebevoller Pfleger und Bewahrer für kommende Geschlechter“ gegenüber der Natur aufzutreten, in: Bader (1990), 178.

151 vgl. Höffner (1980), 39ff, vgl. ders. (1985), 33.

152 vgl. Virt (1988), 23f: bei der Findung einer verantwortlichen Lösung kann die Aufstellung von Vorzugsregeln einen Beitrag leisten:

- O Schutz und Pflege jener Wirklichkeiten, die die Basis abgeben, haben unter sonst gleichen Voraussetzungen Vorrang vor jenen, die erst darauf aufbauen.
- O Weiterreichende Sicherungen der Lebensgrundlagen verdienen im Konfliktfall den Vorrang vor solchen auf schmaler Basis. Die von menschlichen Interessen her geschaffenen Gesetzmäßigkeiten in der Wirtschaft sind daher im Konfliktfall den Gesetzmäßigkeiten der Ökologie ein- und unterzuordnen.
- O Die Vorsorge zur Vermeidung von Umweltschäden und Belastungen hat Vorrang vor der nachträglichen, bisweilen nur mehr sehr reduziert wirksamen Beseitigung von Schäden (Vorsorgekriterium).
- O Die Verursacher von Umweltschäden sind haftbar zu machen (Verursacherkriterium).
- O Maßnahmen großflächiger Zusammenarbeit verdienen den Vorrang vor allen kleinräumigeren Regelungen.

- Das Verantwortungsbewußtsein aller Menschen und Völker der Natur gegenüber muß geweckt und gestärkt werden.
- Für den Einsatz der Kernenergie gelten folgende Grundsätze:
  - O Ein moderner Atomkrieg ist als Verbrechen gegen Gott und die Menschen fest und entschieden zu verwerfen.
  - O Für die Beurteilung des Baues von Kernkraftwerken ist folgendes zu beachten:
  - O O Aufgabe der Fachwissenschaften ist es, festzustellen, ob beim Betrieb solcher Anlagen alle denkbaren Folgen mit Sicherheit ausgeschlossen werden können.
  - O O Die Erklärung mit dem Index der Wahrscheinlichkeit genügt nicht.[153]
  - O Der Schutz der Menschheit vor den zerstörerischen Auswirkungen der Kernenergie ist eine Aufgabe aller Staaten.
  - O Die Suche nach Gewinnung umweltfreundlicher Energie hat weiterzugehen.

O Bei unvermeidbarer Inkaufnahme von Schäden haben reversible Maßnahmen den Vorrang vor solchen, die irreversible oder langandauernde Folgen bewirken.

O Bei vorhersehbarem Abfall ist die Möglichkeit seiner Einbringung in den Kreislauf der Natur zu berücksichtigen.

O Regenerierbare Energieträger haben unter sonst gleichen Voraussetzungen Vorrang vor nicht erneuerbarer Energie.

O Solange diese Quellen aber noch nicht im großen Stil wirtschaftlich genutzt werden können, hat Energiesparen Vorrang vor allen anderen Maßnahmen.

O Forschung und Investitionen auf dem Gebiet der reversiblen und umweltverträglichen Energie haben Vorrang vor Maßnahmen bezüglich anderer Energieträger.

153 Dazu der Bund Katholischer Unternehmer (1990) zum Abschluß seiner „Zehn Thesen zu einer Ethik der Energietechnik" mit dem Einverständnis des Vorsitzenden der Kommission VI der Dt. Bischofskonferenz, Bischof Dr. Homeyer: „Wir sind der Überzeugung, daß die inzwischen verbesserte Kernreaktortechnik auch bei uns eine neue Chance verdient. Die Risiko- und Schadensminimierung dieser Technik ist soweit fortgeschritten, daß sie auch aus christlicher Verantwortung mitgetragen werden kann", 42.

- Der Einwand, der Verzicht auf Kernkraftwerke führe in den Staaten zu schweren politischen, sozialen und gesamtwirtschaftlichen Notständen, ist ernst zu nehmen, letztlich aber nicht entscheidend.

4. Kapitel:

Leitsätze einer Unternehmensethik – erstellt auf den Vorgaben der katholischen Soziallehre zur Gestaltung des Wirtschaftslebens

O Der Mensch

Als Abbild Gottes ist der Mensch Subjekt der Arbeit.

O Wirtschaftliches Handeln

Die Ausgestaltung des Wirtschaftslebens durch den Menschen ist Teil des Kulturauftrages. Im Hinblick auf das Erreichen des Sachzieles der Wirtschaft kommt ihm relative Autonomie zu.

O Die Stellung des Menschen im wirtschaftlichen Prozeß

Weil der Mensch Urheber, Mittelpunkt und Ziel allen wirtschaftlichen Handelns ist, steht die Wirtschaft und der sie bedingende technische Fortschritt im Dienst des Menschen.

O Verhalten gegenüber Mitarbeitern

Das Unternehmen anerkennt die Rechte der Arbeitnehmer und ihrer Organisationen und sucht das Gespräch mit den Mitarbeitern und ihren Vertretungen.

Die Gewährung der Mitbestimmung im Rahmen der Zusammenarbeit und die daraus erwachsene Übertragung von Verantwortung im Wirtschaftsprozeß, abhängig von den Fähigkeiten und

Funktionen der Mitarbeiter, bietet dem Mitarbeiter eine Möglichkeit zur Entfaltung seiner Persönlichkeit.

Das Unternehmen fördert die berufliche Aus- und Weiterbildung und bietet den Mitarbeitern Aufstiegsmöglichkeiten gemäß ihrer Begabung und Fachkenntnisse an.

Die Gewährung umfassender Sozialleistungen darf nicht zu einem Versorgungsdenken seitens der Mitarbeiter führen.

Der Pflicht des Arbeitgebers, gerechten Lohn zu gewähren, entspricht analog der Pflicht des Arbeitnehmers, die ihm übertragenen Aufgaben aus der Haltung der Gewissenhaftigkeit, des Leistungsbewußtseins und der Verantwortung heraus zu erfüllen.

Für Frauen gelten die gleichen Rechte und Pflichten wie für Männer.

○ Information

Die Öffentlichkeit wie auch die Mitarbeiter haben das Recht auf angemessene Mitteilung der Wahrheit entsprechender Informationen.

○ Wettbewerb

Bei aller Anerkennung und Förderung hinsichtlich der Schaffung und Wahrung der Wettbewerbsfreiheit ist Wettbewerb nicht das oberste Gesetz der Wirtschaft.

○ Gewinn

Die Erwirtschaftung von Gewinn ist nicht das Ziel schlechthin, wohl aber Voraussetzung für die Existenz eines Unternehmens.

Die Mitarbeiter sind am Ertrag des Unternehmens zu beteiligen.

O Gestaltung des Arbeitsumfeldes

Weil die Ordnung der Dinge der Ordnung der Person dienstbar sein muß, sind in Anlehnung an die jeweils neuesten Erkenntnisse aus Wissenschaft und Technik Arbeitsbedingungen und Produktionsverfahren zu schaffen, die der Würde des Menschen entsprechen, die Ausbildung seines Verantwortungsgefühles unterstützen und die in ihm liegenden schöpferischen Kräfte entfalten.

Wettbewerbliche Vorteile allein rechtfertigen keine Ausnahme vom Verbot der Sonn- und Feiertagsarbeit.

O Technik

Die Technik hat hinsichtlich des kulturellen Aufstiegs der Arbeitnehmer eine dienende Funktion einzunehmen.

Die Sensibilität der Mitarbeiter für einen verantworteten Umgang mit dem Risiko ist zu schärfen.

O Innovationen

Um den Bedürfnissen der wachsenden Anzahl von Menschen gerecht zu werden, erweisen sich Innovationen auf technischem und wirtschaftlichem Gebiet als unverzichtbar.

O Investitionen

Dem Einsatz von Investitionen hat eine langfristige Ausrichtung zugrunde zu liegen. Dieser wird u.a. mit der Einbindung von Investitionen in komplexe Programme (räumlich, zeitlich, thematisch, interdisziplinär) entsprochen.

O Umwelt

Gemäß dem Schöpfungsauftrag, sich die Erde untertan zu machen, kommt dem Unternehmen neben dem Auftrag zur Nutzung auch eine bewahrende Funktion zu. Ein verantwortlicher Umgang mit der Schöpfung ist anzustreben.

O Zusammenarbeit

Die Verbundenheit der Menschheit erfordert eine Zusammenarbeit des Unternehmens nicht nur mit wirtschaftlich-technisch ausgerichteten Einrichtungen im nationalen wie im internationalen Rahmen.

O Internationalität

Aus der Brüderlichkeit der Menschen erwächst der Auftrag zu internationaler Solidarität. Daraus erwächst für die Unternehmen aus den Industrieländern der Auftrag zur Unterstützung von Unternehmen in Entwicklungsländern, wobei ihr Beitrag den technischen, wirtschaftlichen und kulturellen Aspekt zu umfassen hat.

In dem jeweiligen Land untersteht das Unternehmen der jeweiligen nationalen Gesetzgebung. Das Prinzip der Nichteinmischung in die politischen Angelegenheiten des Gastlandes ist zu wahren. Mit den einheimischen Behörden und der Wirtschaft ist eine Zusammenarbeit auf dem Grundsatz der Fairneß zu gestalten.

Die wirtschaftliche Überlegenheit soll nicht zum Nachteil der Wirtschaft des Gastlandes und dessen weiterer Entwicklung mißbraucht werden.

Ferner gelten auch für die internationalen Geschäftstätigkeiten hinsichtlich der innerbetrieblichen Ausgestaltung sowie für die Einbeziehung des Unternehmens in die Gesellschaft die oben aufgezeigten Leitlinien.

Wirtschaftliche Beziehungen sind zu ändern oder abzubrechen, wenn es sich herausstellt, daß durch wirtschaftliche Beziehungen fortgesetzte oder schwerwiegende Verstöße gegen fundamentale menschliche Werte moralisch unterstützt oder direkt begünstigt werden.

3. Teil:
Ethik und Ökonomie im praktischen Vollzug

1. Kapitel:
Die Unternehmenskultur in einem multinationalen Konzern: Siemens AG, Berlin und München

1. Das Unternehmen

Die Siemens AG gehört zu den Universalisten auf dem Markt der Elektrotechnik und Elektronik. Vom Produktspektrum des Weltmarktes in dieser Branche werden etwa 80% abgedeckt.

Im Jahr 1966 kommt es zu der Zusammenfassung der Siemens-Stammfirmen Siemens & Halske AG (gegr. 1847), Siemens-Schuckertwerke AG (gegr. 1903) und Siemens-Reiniger-Werke AG (gegr. 1932) zu einer einheitlich gegliederten organisatorischen Einheit, der Siemens AG.

Mit dem 1.Oktober 1989 trat eine neue Organisationsstruktur des Unternehmens in Kraft, die sich aus drei Grundelementen, den Bereichen, den Regionalen Einheiten und den Zentralabteilungen / Zentrale Dienste zusammensetzt mit dem Ziel, einer mehr dezentral orientierten Geschäftsverantwortung.

Die 13 Bereiche (Anlagentechnik; Antriebs-, Schalt- und Installationstechnik; Automatisierungstechnik; Automobiltechnik; Energieerzeugung; Energieübertragung und -verteilung; Halbleiter; Medizinische Technik; Öffentliche Kommunikationsnetze;

Passive Bauelemete und Röhren; Private Kommunikationssysteme, Sicherungstechnik, Verkehrstechnik) sind auf ihren jeweiligen Arbeitsgebieten Träger des weltweiten Geschäftes und verantwortlich für die Entwicklung, Fertigungs- und Vertriebsaktivitäten sowie für den Ertrag. Sie bilden für sich unternehmerische Einheiten mit der Ausrichtung am Markt und am Wettbewerb und verfügen über die zur Führung des Geschäftes notwendigen Ressourcen. Hinzu kommen noch zwei selbständige Geschäftsgebiete: Audio- und Videosysteme und Elektromechanische Komponenten.

Die regionalen Einheiten verwirklichen die geschäftlichen Ziele der Bereiche. Wird im Inland das Geschäft unter dem Dach der Zweigniederlassungen durch den zuständigen Bereich geführt, gilt in den anderen Ländern der Grundsatz der einheitlichen Vertretung des Unternehmens in einem Land. Die Landesgesellschaften verwirklichen die Ziele der Bereiche im Rahmen ihrer eigenen Ergebnisverantwortung.

Die fünf Zentralabteilungen der Siemens AG (Finanzen, Forschung und Entwicklung, Personal, Produktion und Logistik, Unternehmensplanung und -entwicklung) sind Stäbe zur Unterstützung der Unternehmensleitung. Neben Richtlinienkompetenzen, Kontrollpflichten und Koordinationsfunktionen haben sie die Bereiche bei der Verwirklichung ihrer Geschäftspolitik zu unterstützen. Den Zentralstellen – Außenbeziehungen, Zentrale Berliner Leitung, Regionalverwaltung Inland, Regionen Ausland – sowie den Zentralen Diensten – Berlin, München, Personal – sind einheitlich für das Haus Aufgaben und Dienstleistungen übertragen.

Die obersten Leitungsgremien des Unternehmens sind der Gesamtvorstand und der aus ihm gebildete Zentralvorstand.

Siemens beschäftigt weltweit derzeit 408.100 Mitarbeiter (Stand 28.02.1991)[1].

---

1 Der Einheitlichkeit halber beziehe ich mich im weitern Verlauf der Darstellung

2. Zum Begriff Unternehmenskultur

Kultur ist das Leben einer Gemeinschaft von Menschen. Kultur entsteht aber auch aus dieser; sie wird unbewußt, unreflektiert gelebt oder ganz bewußt entwickelt. Sie ist die Summe aller Werte und Einstellungen, die die Orientierung, das Verhalten und das Handeln des einzelnen prägen.

Als eine Gemeinschaft von Menschen hat auch ein Unternehmen eine Kultur. Unternehmenskultur (Corporate Culture) meint die Gesamtheit von Normen, Wertvorstellungen und Denkhaltungen, die das Verhalten der Mitarbeiter aller Stufen prägen[2].

Die Kultur eines Unternehmens ermöglicht und bestimmt seine Identität. Die Beschäftigung mit der eigenen Kultur ist daher der Versuch, aus der Besonderheit des Unternehmens Identität zu stiften, die das Erscheinungsbild eines Unternehmens (Corporate Identity) prägt.

Bezogen auf Siemens „ist sie (die Unternehmenskultur, eig. Anm.) aber nicht nur Ausdruck von Kulturen einzelner Standorte, Bereiche und Gesellschaften des Unternehmens; sie ist vielmehr Ausdruck dessen, was die Gemeinsamkeit, im Unternehmen über alle Organisationseinheiten hinweg, ausmacht", so ein Zitat aus der Vorbemerkung zu der Darstellung der Unternehmenskultur.

Auf der Siemens-Tagung '90 stellte man die wesentlichen Arbeitsergebnisse zum Thema Unternehmenskultur vor. Ziel dieser Präsentation war nicht die Definition einer neuen Unternehmenskultur, es ging lediglich um die Veranschaulichung einiger Elemente der bestehenden Kultur und deren Ausbildung in der 144-jährigen Geschichte.

---

der Unternehmenskultur der Siemens AG auf die „Fragen und Antworten für die Hauptversammlung 1991".

2 vgl. Workshop Nürnberg (1989), 2.

Bei der Erarbeitung der Gesamtdarstellung der Unternehmenskultur ging man jedoch nicht von der Gegenwart aus, um für heute das Unternehmen bestimmende Komponenten eine Entsprechung in der Vergangenheit zu suchen, sondern machte zunächst getrennt nach Geschichte, Gegenwart und Zukunft eine Bestandsaufnahme: Welches waren in der Geschichte die prägenden Kulturelemente, welche Elemente prägen heute das Unternehmen und welche Ausrichtung gibt man sich für die Zukunft.

Die in die Diskussion nach den Standrunden eingebrachten Ideen und Anmerkungen wurden als Orientierung für die weitere Arbeit der Ausgestaltung und Umsetzung verstanden.

In Anlehung an den auf der Tagung vorgestellten Entwurf liegt der folgenden Darstellung der einzelnen Kulturelemente jeweils die gleiche Struktur zugrunde: der Blick in die Historie des Unternehmens, die Betrachtung der Gegenwart unter Berücksichtigung kritischer Anmerkungen der Diskussionsteilnehmer[3], die Projektion zukünftiger Entwicklungen und die zusammenfassende Vision.

3. Die Darstellung der Kulturelemente im einzelnen

○ Orientierung am Kunden

In den Gründerjahren des Unternehmens besaßen Werner von Siemens (1816 – 1892)[4] und seine engsten Mitarbeiter persönliche Kontakte zu den Kunden. Wertschätzung und Vertrauen der Kunden sollten nicht nur einmal erlangt, sondern dauerhaft bewahrt werden. So sagte Carl Friedrich von Siemens (1872 – 1941), der jüngste Sohn Werner von Siemens' 1936: „Ich habe es

3 Insgesamt sind im Rahmen der Siemens-Tagung '90 bei den 10 Präsentationen der Unternehmenskultur 430 Diskussionsbeiträge eingereicht worden.

4 Im Jahr 1888 erhält Werner Siemens von Kaiser Friedrich III. den preußischen Adel. Zum leichteren Verständnis des Textes werde ich durchgängig diesen Titel in seinen Namen aufnehmen.

des öfteren angesprochen: einen Kunden zu verlieren ist leicht, ihn zu gewinnen schwer, aber am schwersten ist es, einen alten Kunden, den man enttäuscht hat, der sich womöglich an die Konkurrenz wenden mußte, später, wenn man seine Aufträge wiederhaben möchte, zurückzugewinnen."[5]

Auch heute stehen Verantwortungsbewußtsein und langfristiges Denken im Vordergrund der Kundenbeziehungen. Das Bemühen um einen guten Service und die anerkannt hohe Qualität der Produkte sind weitere Merkmale der Orientierung am Kunden. So heißt es in den Unternehmensleitsätzen: „Unser Ziel ist, unseren Kunden in aller Welt Produkte und Leistungen von höchstem Nutzen zu bieten."

Das Unternehmen stellt sich aber die Frage, ob das Denken in Kundennutzen überall im Unternehmen ausreichend entwickelt ist. Dieses Bedenken findet sich bestätigt in den Ergebnissen einer Untersuchung des Corporate- (Firmen-) Image der Siemens AG. Das Eingehen auf die Kundenwünsche liegt nach diesen Erhebungen weit unterhalb der Kundenanforderungen[6].

In Zukunft sollen die Bemühungen des Unternehmens noch stärker auf den Kundennutzen ausgerichtet werden. Dabei sollen die Mitarbeiter die Probleme der Kunden als kompetente Fachleute begreifen, sollen sie bestmöglich beraten, gemeinsam mit ihnen Problemlösungen erarbeiten und sie mit qualifizierter Technik ausstatten. Das Unternehmen will sich als verläßlicher, berechenbarer Geschäftspartner erweisen, der Zusagen einhält und Offenheit und gegenseitiges Vertrauen anstrebt. Die Kunden sollen jederzeit wissen, an wen sie sich mit ihren Problemen wenden können: „Siemens – das sind Fachleute, die man persönlich kennt."

„Unsere Vision: Wir wollen in den Augen unserer Kunden weltweit als kompetenter Partner gelten, der Produkte und Leistun-

---

5 C.F.v.Siemens, 10.3.1936, Bd. IV, 288.
6 vgl. Siemens Corporate-Image 1988, 18f.

gen von höchstem Nutzen bietet. Jeder Mitarbeiter denkt über seine Funktion hinaus. Er orientiert seine Leistung am Bedarf des Kunden."[7]

○ **Orientierung am Wettbewerb**

Das Führen des Wettbewerbes auf der Grundlage der Elemente Freiheit und Fairneß bedeutete für Werner als auch für Carl Friedrich von Siemens die grundlegende Ausrichtung. So sagt der Firmengründer: „... daß der moralische und technische Kredit des Geschäftes niemals beeinträchtigt werden dürfe, selbst wenn dies mit materiellem Verlust verknüpft sein sollte"[8]. Carl Friedrich von Siemens führt das Unternehmen in der Intention seines Vaters fort, wenn er in einem Betriebsappell 1937 als das Bestreben des Unternehmens angibt, in den verschiedenen Zweigen an der Spitze marschieren zu wollen, „aber nicht dadurch, daß wir unsere finanzielle Kraft ausnutzen, Konkurrenz verschwinden zu lassen, im Gegenteil, unser Gründer und Lehrmeister hat mehrmals Konkurrenzfirmen, die in Schwierigkeiten waren, unterstützt, weil er eine gesunde Konkurrenz für einen notwendigen Ansporn hielt"[9].

Hinsichtlich der Führung des Wettbewerbs in Freiheit war Werner von Siemens gegen die Verabschiedung des Schutzzollgesetzes im Jahr 1879. „Ein wirksames Schutzzollsystem, welches der Industrie den Konsum des eigenen Landes sichert", so der Firmengründer, „läßt sich überhaupt nur dann konsequent durchführen, wenn dieses Land, wie z.B. die Vereinigten Staaten von Nordamerika, alle Klimate umfaßt und alle Rohprodukte, deren seine Industrie bedarf, selbst erzeugt. Ein solches Land kann sich gegen jeden Import absperren, vermindert aber dadurch gleichzeitig seine eigene Exportfähigkeit. Es muß als ein Glück

---

7 Die eine, jedes Kulturelement abschließende Vision habe ich aus dem Text der Präsentation auf dem Stand „Unternehmenskultur" der Siemens-Tagung '90 übernommen.

8 Matschoß (1916), 149.

9 C.F.v.Siemens, 12.10.1937, Bd. V, 24f.

für Europa betrachtet werden, daß Amerika durch sein prohibitives Schutzzollsystem die gefahrdrohende, schnelle Entwicklung seiner Industrie gehemmt und seine Exportfähigkeit verringert hat. Das durch hohe Schutzzollbarrieren zerrissene Europa gewinnt dadurch Zeit, die Gefahr seiner Lage zu erkennen, die ihm den Wettbewerb mit einem zollfreien Amerika auf dem Weltmarkte unmöglich machen wird, wenn es ihm nicht rechtzeitig als merkantil organisierter Weltteil gegenübertritt."[10] Weil der Kampf der alten Welt mit der neuen allem Anschein nach, so Werner von Siemens in seinen Gedanken weiter, die alles beherrschende Frage des kommenden Jahrhunderts sein wird, wird sich Europa diesem Kampf nur durch die möglichst baldige Wegräumung aller innereuropäischen Zollschranken, die das Absatzgebiet einschränken, die die Fabrikation verteuern und die Konkurrenzfähigkeit auf dem Weltmarkt verringern und durch die Stärkung eines Gefühles der Solidarität Europas den anderen Weltteilen gegenüber vorbereiten können. Die innereuropäischen Macht- und Interessenfragen sind auf größere Ziele hinzulenken[11].

Auch heute bekennt sich das Unternehmen zu einer wettbewerbsorientierten Wirtschaft. In diesem Sinn heißt es in den Unternehmensleitsätzen, daß man auf dem Gebiet der Elektrotechnik und der Elektronik zu den wettbewerbsstärksten Unternehmen der Welt gehören will. Hinsichtlich der Realisierung dessen will man die eigene Leistungsfähigkeit in den einzelnen Geschäftsfeldern mit der der stärksten Wettbewerber messen. Zudem bejaht das Unternehmen den Wettbewerb als Grundlage des gesellschaftlichen Wohlstandes.

Kritisch angemerkt wird aber, daß das Denken in Wettbewerbsvorteilen, Markt- und Kostenpositionen nicht überall im Unternehmen genügend ausgeprägt sei.

Der Wettbewerb muß in Zukunft verstärkt Ansporn zu noch besseren Leistungen sein. Er soll alle Mitarbeiter zu Spitzenleistun-

---

10 W.v.Siemens (1983), 207.

11 ebd.

gen auf ihren Gebieten motivieren. Technik allein wird die Spitzenposition im Wettbewerb nicht sichern; Kundenorientierung, Kosten und Ertrag sind ebenso wichtige Einflußgrößen.

„Unsere Vision: Wir wollen auf unseren Arbeitsgebieten zu den wettbewerbsstärksten Unternehmen der Welt gehören und messen unsere eigene Leistungsfähigkeit an den besten Wettbewerbern."

○ **Verhalten gegenüber Mitarbeitern**

Der Mensch als Mitarbeiter im Unternehmen kam von da an für Werner von Siemens in Betracht, wo die breite Öffentlichkeit den Nutzen der in seiner Firma gefertigten Produkte erkannte. Auf Grund der in der Folgezeit rapide steigenden Nachfrage und des damit einhergehenden Kapitalflusses war es ihm möglich, aber auch notwendig, die Forschungseinrichtungen und Werkstätten zu erweitern. Die Folge war die Einstellung weiterer Mitarbeiter, um einerseits der Nachfrage gerecht werden zu können, andererseits „dadurch tausenden von Arbeitern ihr Brot zu geben"[12].

Wenn Carl Friedrich von Siemens in einem Vortrag über „Rationalisierung und ihre Wirtschaftsformen" sagt, daß „... hinter allem der Mensch steht, der allein einer scheinbar unpersönlichen Sache doch das Lebendige gibt und ihr seinen persönlichen Stempel aufdrückt ... und die größte Kunst des Leiters eines Unternehmens darin zu liegen scheint, in seinen Mitarbeitern einen gemeinsamen Geist zu erziehen, so daß außerhalb Stehende dem juristischen Gebilde Charaktereigenschaften zusprechen"[13] dann liegt darin eine Interpretation des von Werner von Siemens geschaffenen Begriffs „gesunder Egoismus": ... daß dem Streben und Handeln mit Recht „ein gewisser Egoismus anhaftet – aber ein gesunder, da durch ihn der Zweck unterstützt und er-

12 a.a.O., 324.
13 C.F.v.Siemens, 28.4.1926, Bd. II, 322f.

reichbar gemacht wird ... Es müssen ... die großen Kraftquellen des persönlichen Interesses in Tätigkeit gesetzt werden"[14]. Burhenne bezeichnet diesen „gesunden Egoismus" als leitendes Motiv seines sozialpolitischen Handelns[15].

„Wichtig erscheint es mir", so Werner von Siemens, „... durch persönlichen Verkehr mit den Leuten, durch teilnehmendes Eingehen auf ihre kleinen Wünsche und Bedürfnisse, durch Aufrechterhaltung ihrer Hoffnung auf die Zukunft einen guten Geist unter den ... Leuten zu erhalten resp. zu erwecken."[16]

„Aus einer natürlichen Liebenswürdigkeit heraus" achtete der Gründer den Mitarbeiter und Menschen, „doch gleichzeitig sich der Zweckmäßigkeit solchen Verhaltens wohl bewußt"[17], weshalb Burhenne Humanität und wirtschaftlichen Instinkt als Grundlagen seines sozialpolitischen Handelns nennt[18]. Aus einem Brief Werner von Siemens an seinen Bruder Wilhelm: „Man muß den Leuten „persönliche Ehren und Anerkennung ... geben, damit sie gern und befriedigt arbeiten ..."[19].

Die vielfältigen sozialpolitischen Maßnahmen, in der Folge eine Auswahl –

1849 – Werner von Siemens ist als Mitbegründer der Kranken- und Sterbekasse für die Maschinenbauarbeiter zu Berlin beteiligt; erst 1883 führte der Reichstag durch Gesetz die allgemeine Krankenversicherung der Arbeiter ein

---

14 alle Zitate W.v.Siemens, so weit nicht anders vermerkt, sind dem Werk Matschoß (1916) entnommen; zum leichteren Verständnis führe ich in der Folge nur den Namen des Firmengründers mit dem Datum des Briefes und der Briefnummer an:
W.v.Siemens, 23.2.1888, Brief 1021; vgl. auch Burhenne (1952), 14.

15 vgl. Burhenne (1932), 88.

16 W.v.Siemens, 21.12.1857, Brief 125.

17 Burhenne (1932), 12.

18 vgl. a.a.O., 16.

19 W.v.Siemens, 21.2.1880, Brief 742.

1858 – Beginn mit der Verteilung von Inventurprämien an die Lohnarbeiter; ab 1866 steht dafür vom Reingewinn ein fester Betrag zur Verfügung

1868 – Schaffung eines Unterstützungsfonds für Angestellte und Arbeiter; ab 1878 wird in diesem Fonds regelmäßig ein Beitrag des Reingewinns zugeführt

Zur 25-Jahrfeier der Firma Siemens & Halske wird 1872 für die Belegschaft eine Pensionskasse[20] gegründet; die gesetzliche Regelung tritt erst 1889 in Kraft.

1873 – Einführung der neunstündigen Arbeitszeit/Tag außer Sonntags[21]; ab 1891 beträgt die Normalarbeitszeit 8,5 Std./ Tag

1884/86 – Einrichtung von Speiseanstalten für die Angestellten und Arbeiter

1888 – erste Bestellung eines Vertrauensarztes

1894 – Einführung der Unfallpflichtversicherung

1908 – Schaffung einer Betriebskrankenkasse

1909 – Weiterzahlung des Lohnes bei Gewährung von Urlaub an die Arbeiter; die Eröffnung von Tages- und Erholungsheimen sowie von Kinderheimen folgt zeitlich unmittelbar

– erwachsen aus „einer wohlverstandenen Interessengemeinschaft von Arbeitgeber und Arbeitnehmer“, im Wissen darum, „daß jede Hebung des Menschen im Arbeiter auch den Wert seiner wirtschaftlichen Leistungen steigert“[22].

Ferner waren sie darauf gerichtet, ein Gefühl der Werksverbundenheit bei den Mitarbeitern, Arbeitsfreude und Leistungsfähig-

20 vgl. a.a.O., 71ff.
21 vgl. a.a.O., 36ff.
22 a.a.O., 14.

keit zu schaffen und zu sichern[23]. Dies sollte dem Unternehmen den Vorteil des geringen Wechsels der Mitarbeiter und damit Beständigkeit der Verhältnisse und dem Mitarbeiter Freude an seiner Berufsarbeit und materielle Sicherheit bringen. Die langfristige Arbeit zwischen dem Unternehmen und einzelnen Mitarbeitern kam oftmals schon einem Beamtenstatus gleich, was Werner von Siemens aber auch nicht ablehnte. So schreibt er in einem Brief an Heinrich Schwieger: „Ich glaube, keiner unserer zahlreichen Beamten fühlt sich weniger sicher als ein Staatsbeamter, und obschon niemand einen formellen Kontrakt für seine Stellung hat, ist doch jeder überzeugt, daß seine Leistungen stets anerkannt und entsprechend honoriert werden und daß seine Position ohne eklatantes Verschulden durchaus eine gesicherte ist."[24]

Dem Firmengründer ist es aber nicht ein Muß, sondern eine Selbstverständlichkeit, die Mitarbeiter der Firma nach Maßgabe ihrer Leistungen am Gewinn zu beteiligen. So schreibt er: „Mir würde das verdiente Geld wie glühendes Eisen in der Hand brennen, wenn ich treuen Gehilfen nicht den erwarteten Anteil gäbe."[25] Das leitende Motiv ist aber nicht zu verstehen als Vergabe von Almosen[26], sondern zu deuten aus der Haltung des „gesunden Egoismus": „Es war mir schon früh klar geworden, daß eine befriedigende Weiterentwicklung der stetig wachsenden Firma nur herbeizuführen ist, wenn ein freudiges, selbsttätiges Zusammenwirken aller Mitarbeiter zur Förderung ihrer Interessen erwirkt werden könnte. Um dies zu erzielen, schien es mir erforderlich, alle Angehörigen der Firma nach Maßgabe ihrer Leistungen am Gewinne zu beteiligen."[27]

Wenn er es auch als „grundverkehrt" erachtet, „durch Gewährung höherer Löhne sozusagen den Mangel an Mitmenschlich-

---

23 vgl. C.F.v.Siemens, 21.10.1931, Bd. III, 389.

24 W.v.Siemens, 19.6.1883, SAA 2/Li 556.

25 W.v.Siemens, 16.6.1868, Brief 348.

26 vgl. Burhenne (1932), 14.

27 a.a.O., 62f.

keit" abzugelten, so ist Humanität in seinen Augen „aber nur so weit gerechtfertigt, als sie dem Unternehmen keinen Schaden bringt"[28].

Besonderes soziales Engagement in Form vieler Einzelmaßnahmen prägt auch heute das Verhalten des Unternehmens gegenüber den Mitarbeitern. Die sechs wichtigsten Leistungsangebote der Siemens AG für Mitarbeiter sind die Altersversorgung und Unterstützung lt. Gewinn und Verlustrechnung mit einem Budget von rd. 1,3 Mrd.DM, der Bildungsaufwand für Mitarbeiter in Höhe von rd. 770 Mio.DM (= 5,5% der Lohn- und Gehaltssumme), die Vermögensbildung, sprich das Angebot des Erwerbs von Siemens-Aktien zum Vorzugspreis mit rd. 200 Mio.DM, die Unterstützung der Kasinos (Ernährung) mit 150 rd. Mio.DM, die Erfolgsbeteiligung im Tarifkreis mit rd. 100 Mio.DM und die Gesundheitsvorsorge (Betriebsärtzlicher Dienst, Kreislauftrainingskuren und verbilligte Erholungsplätze) in Höhe von rd. 100 Mio.DM. Ferner sind die Möglichkeiten des gleitenden Übergangs in den Ruhestand[29], die Vorruhestandsregelung[30], die vorzeitige Pensionierung[31], die Sozialberatung, durchgeführt von rd. 80 Mitarbeiterinnen und Mitarbeitern, die Wiedereingliederung nach langer Krankheit (das sog. Siemens-Modell) und die Maßnahmen zum Arbeitsschutz und zur Arbeitssicherheit seitens des Unternehmens zu erwähnen.

Die Bildungsarbeit des Unternehmens umfaßt die Berufsausbildung wie die Weiterbildung.

---

28 a.a.O., 14f; vgl. a.a.O., 90.

29 Die seit Oktober 1982 geltende firmeninterne Regelung „Gleitender Übergang in den Ruhestand" ist ein Angebot für Mitarbeiter, die unter bestimmten Voraussetzungen (u.a. Vollendung des 55. Lebensjahres) nach Maßgabe der betrieblichen Umstände von einer Vollzeitbeschäftigung auf eine Arbeitszeit von 20 Wochen-Stunden übergehen können.

30 Für Mitarbeiter ab 58 Jahre besteht die Möglichkeit der Versetzung in den Vorruhestand.

31 Seit 15 Jahren gibt es bei Siemens das Modell der vorzeitigen Pensionierung. Bewerber müssen das 55. Lebensjahr vollendet haben, in der Regel mindestens 25 Dienstjahre aufweisen und noch keinen Anspruch auf gesetzliche Rente haben.

In der Berufsausbildung stehen 12.600 Auszubildende; die berufliche Weiterbildung nehmen rd. 140.000 Lehrgangsteilnehmer pro Jahr in Anspruch, wobei sie unter 3.700 Lehrgangsthemen auswählen können. Pro Jahr finden rd. 18.000 Weiterbildungsmaßnahmen/Lehrgänge durch 120 interne Veranstalter an den Standorten, in den drei Bildungszentren (Berlin, Erlangen, München), im Bildungszentrum Führungskreis Feldafing und in 16 produktorienierten Schulungs- und Trainingszentren einschließlich regionaler Schulungseinrichtungen statt, gehalten von über 5.000 Referenten, wovon 1000 hauptberuflich eingesetzt sind. 90% des zeitlichen Aufwandes für Weiterbildungsmaßnahmen liegen innerhalb der Arbeitszeit.

Hinzu kommt die Ausbildung jährlich von rd. 3000 Universitäts- und Fachhochschulpraktikanten, von rd. 1000 Fachoberschülern sowie der Einsatz von jährlich mehreren tausend Werkstudenten.

Derzeit beschäftigt die Siemens AG 57.100 Frauen (Stand 30.9.1990). An den unternehmerischen Entscheidungen werden sie aber im Verhältnis zur Absolutzahl nur unzureichend beteiligt. Von den zum mittleren Führungskreis zählenden 29.387 Mitarbeitern sind nur 2,8% (= 813) Frauen, im oberen Führungskreis von den 4.557 Mitarbeitern sogar nur 0,6% (= 29). Ein Grund liegt in der allgemein relativ geringen Quote der Zahl der Frauen mit abgeschlossenen technisch oder naturwissenschaftlich ausgerichteten Studien. So waren unter den 1988/89 bei Siemens eingestellten Ingenieuren im Bereich Elektrotechnik nur 3%, im Bereich Maschinenbau nur 7% Frauen; dagegen betrug der Anteil bei den neu eingestellten Informatikern hingegen schon 15% und bei den Physikern 8%. Insgesamt aber haben nicht mehr als 6% der bei der Siemens AG tätigen Frauen studiert (im Vergleich dazu haben 29% der Mitarbeiter einen Uni- oder FH-Abschluß), obgleich es in der Altersgruppe bis 30 Jahre aber bereits 13% sind.

Das Unternehmen sieht seine Aufgabe in erster Linie darin, bei allen Führungskräften die Aufgeschlossenheit und Bereitschaft zur Verbesserung der beruflichen Chancen von Mädchen und Frauen zu wecken. Spezielle Frauenförderpläne oder formale

Quotierungsregeln werden dagegen nicht für geeignet gehalten, weil sie dem Grundsatz der individuellen Qualifikation widersprechen würden.

Chancengleicheit für Frauen bezieht sich sowohl auf die Ausbildung in gewerblichen und technischen Berufen als auch auf die Weiterbildung und die Einbeziehung in Fördermaßnahmen (z.B. Förderungsseminare, Teilnahme an Referententätigkeiten bei internen und externen Tagungen, Seminaren u.ä.).

Seit Dezember 1989 bietet das Unternehmen Mitarbeiterinnen und Mitarbeitern mit mindestens dreijähriger Betriebszugehörigkeit die Möglichkeit, zur Betreuung von Kleinkindern die Berufstätigkeit für drei (in bestimmten Fällen sieben) Jahre zu unterbrechen bzw. ruhen zu lassen. Am 30.9.1990 haben 148 Mütter und 1 Vater diese Regelung in Anspruch genommen. Inzwischen haben auch die Tarifvertragsparteien die Idee aufgegriffen und geregelt.

Unter dieses Kulturelement „Verhalten gegenüber Mitarbeitern" fällt auch die Gestaltung der Arbeitszeit.

Die kontinuierliche Verkürzung der Arbeitszeit seit 1984 auf heute 37 Stunden/Woche bzw. auf 35 Stunden/Woche ab 1995 hat die Betriebe gezwungen, die Kosten der Arbeitszeitverkürzung durch eine möglichst weitgehende Flexibilisierung der Arbeitszeit wenigstens teilweise aufzufangen. Neben diesem Aspekt erfordern die Entwicklungen auf dem Gebiet der Technologie, die veränderten Arbeitszeitwünsche und die Änderungen im Freizeitverhalten der Mitarbeiter zum Überdenken bisheriger Handhabungen und zur Suche nach neuen Konzepten.

Ziel des Unternehmens ist es, die Arbeitszeit so zu gestalten, daß sie sowohl den betrieblichen Erfordernissen wie auch den Interessen der Mitarbeiter entgegen kommt.

Von der Sonntagsarbeit sind entsprechend den gesetzlichen Regelungen nur Arbeitsplätze betroffen, bei denen aus technologischen Gründen die Entwicklung und Fertigung eines Produktes mit Unterbrechung nicht möglich ist bzw. die Unterbrechung zu wesentlichen Qualitätseinbußen führen würde. Rd. 1000 Mitarbeiter sind zur Zeit in Regensburg und München-Perlach in ein solches Schichtmodell eingebunden, gemäß dem der einzelne Mitarbeiter 4 von 10 Sonntagen sowie die „großen" Feiertage arbeitsfrei hat. Im übrigen ist jedem dieser Mitarbeiter gem. der Betriebsvereinbarung zugesichert, daß niemand in dieser Arbeitszeitregelung verbleiben muß, wenn persönliche oder familiäre Gründe dem entgegenstehen. In einem solchen Fall besteht die Möglichkeit, an einen Arbeitsplatz mit Regelarbeitszeit zu wechseln.

Kritisch werden zwei Punkte angemerkt.

Zum einen behindere die Arbeit aus einer Haltung des Versorgungsdenkens und einer Beamtenmentalität oft die Leistungs- und Innovationsorientierung, was der derzeitige Vorstandsvorsitzende aufgreift, wenn er schreibt: „Erneut und mit allem Nachdruck möchte ich darauf hinweisen, daß wir unsere Ziele, selbst bei hervorragender Technik und straffer Organisation, nur mit fähigen und motivierten Mitarbeitern erreichen können."[32] Die dazu in der Diskussion eingebrachten Verbesserungsvorschläge regen eine Verdeutlichung des Zusammenhangs zwischen Leistungs- und Einkommensentwicklung an, zwischen Einzelbeitrag und Gesamtleistung.

Zum anderen gelinge die Integration neuer Mitarbeiter nicht immer in der erforderlichen Zeit, werden Mitarbeitern zudem teilweise nur unzulängliche berufliche Perspektiven aufgezeigt und überwiege bei der Beförderung in dispositive Laufbahnen die fachliche Qualifikation gegenüber der Führungsqualifikation.

Auf das auf der Siemens-Tagung zuweilen geäußerte Bedauern, daß high potentials zum Aufstieg an die Unternehmensspitze bislang außerordentlich viel Zeit benötigen würden, könnte mit

32 Kaske (1986).

der Einrichtung von fast-tracks für besonders qualifizierte und motivierte junge Führungskräfte geantwortet werden.

In Zukunft soll sich die Personalführung wieder als untrennbarer Bestandteil der Geschäftsführung erweisen, wobei sich die Mitarbeiter noch mehr als bisher als bewußte Gestalter des Unternehmenserfolges zu verstehen haben. Bei eigenem Bemühen sollen ihnen Chancen für die Entwicklung ihrer beruflichen Interessen und Fähigkeiten eingeräumt werden. Dazu benötigen die Vorgesetzten hohe soziale Kompetenz. Zudem soll die berufliche Chancengleicheit für Frauen selbstverständliches Anliegen der Personalpolitik sein.

Auch weiterhin will das Unternehmen seinen Mitarbeitern weltweit attraktive soziale Leitungen bieten und hierbei innovativ sein. Jeder Mitarbeiter muß sich aber darüber im Klaren sein, daß erst seine persönliche Leistung die sozialen Leistungen der Gemeinschaft ermöglicht.

„Unsere Vision: Wir wollen uns alle bewußt sein, daß es unsere Mitarbeiter sind, die durch ihre Kreativität und ihren Leistungswillen den Unternehmenserfolg gestalten. Sie prägen und repräsentieren durch ihr persönliches Verhalten die grundlegenden Überzeugungen unseres Hauses.“[33]

○ Verantwortung gegenüber Gesellschaft und Umwelt

Die Mitgestaltung der Gesellschaft in den Gründerjahren stellt ein wichtiges Element in der Tradition des Unternehmens dar.

So ist Werner von Siemens gemäß seiner liberalen Grundhaltung Mitbegründer der Deutschen Fortschrittspartei im Jahr 1861 und zieht als einer ihrer Abgeordneten 1862 für eine Legislaturperio-

33 vgl. Kaske (1985): „Unser Unternehmen lebt durch die Menschen, die in ihm arbeiten mit ihrem Können und Wollen. Erfolge haben wir nur durch unsere Mitarbeiter.“

de in den preußischen Landtag ein. Auch Carl Friedrich von Siemens zeigt sich parteipolitisch engagiert: 1920 nimmt er sein Mandat als Abgeordneter der Deutschen Demokratischen Partei (DDP) im Reichstag an, die als Partei des fortschrittlich gesinnten deutschen Bürgertums gelten konnte. Seine liberal-demokratischen Ansichten hatte er von seinem Vater übernommen[34].

Aber nicht nur mittels aktiver Parteipolitik versuchten Mitglieder der Familie Siemens die Gesellschaft zu gestalten. So war Werner von Siemens im Jahr 1855 in das Ältestenkollegium der Berliner Kaufmannschaft und im Jahr 1877 als Mitglied in das Reichspatentamt berufen worden; Carl Friedrich von Siemens gründete 1918 das „Kuratorium für den Aufbau des dt. Wirtschaftslebens" mit dem Ziel der Errichtung eines Wahlkampffonds für nichtsozialistische Parteien und dem Eintreten für eine freiheitliche Wirtschaftsverfassung; 1920 nimmt er als Delegierter und Sachverständiger an den Reparationsverhandlungen teil. Im gleichen Jahr bereitet er die Bildung der „Notgemeinschaft der Deutschen Wissenschaft" mit vor, deren Namen man später in „Deutsche Forschungsgemeinschaft" umänderte. Initiert durch die Spitzenverbände der deutschen Wirtschaft trat noch im gleichen Jahr der „Stifterverband der Notgemeinschaft der Deutschen Wissenschaft" ins Leben, dessen Posten des 1. Vorsitzenden Carl Friedrich von Siemens 13 Jahre lang bekleidete. Ziel war der Versuch der Abwendung einer durch die damalige wirtschaftliche Notlage erwachsende Gefahr eines völligen Zusammenbruches der wissenschaftlichen Forschung mittels der Einholung und Bereitstellung von Geldern für die Forschung sowie für den wissenschaftlichen Nachwuchs an Technischen Hochschulen und Universitäten.

Die Verantwortung vor der „Umwelt" wurde zu Zeiten des Firmengründers noch nicht thematisiert.

Dieses Wissen um die Verantwortung gegenüber der Gesellschaft spiegelt sich heute wieder in der Vielfalt der gesellschafts-

---

34 vgl. Goetzeler/Schoen (1986), 78f.

politischen Maßnahmen. Durch das unternehmerische Handeln und die Leistungen bemüht sich das Unternehmen um gesellschaftliche Akzeptanz. Zudem fördert es einen offenen gesellschaftspolitischen Dialog mit den unterschiedlichen Gruppen wie Kirchen, Gewerkschaften und Parteien.

In einer pluralistischen Welt sieht es aber das Unternehmen nicht nur als sein Recht an, sondern auch als wichtige Aufgabe, unabhängig von allen parteipolitischen Auseinandersetzungen seine Auffassung zu Fragen, die das Unternehmen unmittelbar berühren, auch in der Öffentlichkeit zu vertreten. Jede Bindung an eine politische Partei wird dabei ebenso abgelehnt wie einseitige politische Stellungnahmen. Vielmehr ist parteipolitische Unabhängigkeit ein Bestandteil der Firmenpolitik. So gibt es seit 1975 firmeninterne Richtlinien, um Mitarbeitern ähnliche Chancen zur Ausübung eines politischen Mandats zu bieten wie sie für Beamte oder Verbandsvertreter bestehen; lt. Stand März 1990 nahmen 403 Mitarbeiter ein politisches Mandat wahr. Diese Richtlinien gelten aber nur für Kandidaten und Mandatsträger demokratischer Parteien bzw. Wählergemeinschaften auf kommunaler Ebene, die im Sinne des Grundgesetzes die Verantwortung der Parlamente bejahen und sich für die Erhaltung und Weiterentwicklung der freiheitlichen demokratischen Grundordnung einsetzen.

Wesentliche Voraussetzung für überzeugendes und glaubwürdiges gesellschaftspolitisches Handeln innerhalb und außerhalb des Unternehmens ist die gründliche und aktuelle Information der Führungskräfte und Mitarbeiter über gesellschaftspolitische Fragen. Seit Jahren praktiziert die Siemens AG ein integriertes Konzept der gesellschaftspolitischen Arbeit, das Grundlagen- und Bildungsarbeit, Führungskräfteinformationen und gesellschaftspolitische Maßnahmen sowie Mitarbeiter-Informationen („Siemens-Mitteilungen“) umfaßt.

Im Rahmen des gesellschaftlichen Dialog fördert Siemens auch die Partnerschaft mit 60 Schulen, pflegt mit 150 Hochschulen weltweit einen bildungspolitischen Gedankenaustausch, stellt

250 Lehrbeauftragte an Hochschulen und betreut 1000 qualifizierte Studentinnen und Studenten der Ingenieur- und Naturwissenschaften sowie der Betriebswirtschaft im Siemens-Studentenkreis. Ähnliche Förderprogramme gibt auch schon im europäischen Ausland; weitere Länder werden in das Programm einbezogen werden.

Ein wichtiger Bestandteil der Unternehmens- und Geschäftspolitik ist der Umweltschutz. Das Unternehmen fühlt sich zur Schonung der Umwelt wie auch zu einem sparsamen Umgang mit den natürlichen Ressourcen verpflichtet. Denn „wir werden unsere Ziele nicht erreichen, wenn wir nicht die Umweltverträglichkeit unserer Produkte und Produktionsanlagen als Kriterium und Verpflichtung miteinbeziehen“[35].

Die meisten der Fertigungsverfahren der Elektroindustrie sind von Haus aus wenig umweltbelastend. Da aber die Produktion nicht völlig frei von Belastungen für Luft, Wasser und Boden ist, und um eine Gefährdung der Umwelt in jedem Fall und auch dort auszuschließen, wo sie der Gesetzgeber noch nicht durch entsprechende Vorschriften verhindert, gehen die Maßnahmen im Sinne einer verantwortungsvollen Vorsorge über die gesetzlichen Bestimmungen hinaus. In den letzten 10 Jahren lagen die Investitions- und Betriebskosten für umweltschützende Einrichtungen und Anlagen bei 117 Mio.DM. Der Gesamtaufwand für Umweltschutz, Investitionen und Betriebskosten für Einrichtungen und Anlagen, lag im Geschäftsjahr 1989/90 bei 237 Mio.DM.

Der Umfang der Vorsorge wird auch daran deutlich, daß allein in Deutschland rund 250 Mitarbeiter mit Umweltschutz-Aufgaben befaßt sind; nach den gesetzlichen Bestimmungen wären dafür nur 60 Mitarbeiter nötig.

Zur Unterstützung eines sicheren Umganges mit Gefahrstoffen, für ihren regelkonformen Transport sowie für einen wirksamen

---

35 Fakten und Argumente für die gesellschaftspolitische Öffentlichkeitsarbeit (1990), 8.6.

Gesundheitsschutz hat das Unternehmen mit SIGEDA ein Informationssystem entwickelt, durch das ein schneller und gezielter Zugriff auf Daten von Gefahrstoffen auch für externe Interessenten gewährleistet ist.

Zudem liefert Siemens eine Reihe von Erzeugnissen die direkt dem Umweltschutz dienen: Luftüberwachungs-Meßnetze zur automatischen Kontrolle großräumiger Gebiete, Systeme zur großflächigen automatischen Überwachung der Gewässergüte, Kernreaktor-Fernüberwachungs-Systeme und vieles andere mehr.

In der Energiepolitik nimmt das Unternehmen die Haltung ein, daß auch in den nächsten Jahrzehnten die klassischen fossilen Energieträger (Kohle, Öl, Gas) weiter die Hauptlast der Energieversorgung tragen werden und den größten Teil des Bedarfs decken müssen. Eine unbegrenzte Ausweitung ihres Einsatzes kann aber hinsichtlich des Kohlendioxidproblems nicht verantwortet werden. Wenn auch die regenerativen Energiequellen wie Sonnen- und Windenergie, Wasserkraft und Bioquellen in absehbarer Zukunft keine der klassischen Energiequellen werden ersetzen können – im Unternehmen geht man davon aus, daß sie in absehbarer Zeit nicht mehr als 10% zum gesamten Energiebedarf beitragen werden –, so können sie doch die klassischen je nach regionalen Gegebenheiten mehr oder weniger stark ergänzen.

Auf Grund des Beschlußes der UNO-Vollversammlung vom 11. November 1986, auf die Nutzung von Kernenergie bei höchstmöglicher Reaktorsicherheit nicht zu verzichten, bleibt die Kerntechnik trotz fehlender Neuaufträge im Kernkraftwerksbau eines der Arbeitsgebiete. Ein alleiniger Ausstieg würde den Verzicht auf eine aktive Mitgestaltung der Sicherheit in der Kernenergie-Nutzung, eine zunehmende Abhängigkeit von Stromlieferungen aus dem Ausland, langfristige Umwelt- und Klimaauswirkungen durch verstärkte Nutzung fossiler Brennstoffe und die Gefährdung der von der Kernkraftindustrie abhängigen Arbeitsplätze zur Folge haben.

Die Statements der Teilnehmer bei der Präsentation auf der Tagung zum Schwerpunktthema „Gesellschaft und Umwelt " waren von einer eigenartigen Ambivalenz geprägt. Auf der einen Seite wird von den Teilnehmern im allgemeinen hingewiesen auf die Notwendigkeit des Engagements seitens des Unternehmens in Gesellschaft und Umwelt; so solle das Unternehmen eine Vorbildfunktion in der Wirtschaft einnehmen und in der Praxis eine „offensive Strategie" wählen. Auf der anderen Seite wird dieses Engagement von einigen aber als für zu teuer empfunden, das sich letztendlich nicht rechne. Aus dieser Ambivalenz heraus ist der folgende Slogan zu sehen: „Wir sind teuer, weil uns die Sorge um die Umwelt ein Anliegen ist." Gewünscht werden aber deutlichere und häufigere Stellungnahmen der Firmenleitung in der Öffentlichkeit zu den Leistungen des Unternehmens für Gesellschaft und Umwelt.

Auch in Zukunkt soll unternehmerisches Handeln Umwelt und Gesellschaft in hohem Maß berücksichtigen. Dabei will das Unternehmen einen sorgsamen Umgang mit der Natur praktizieren und Produkte und Systeme entwickeln, die dem Erhalt und der Verbesserung der Umwelt dienen.

„Unsere Vision: Wir fördern den offenen gesellschaftspolitischen Dialog und wollen Schrittmacher sein im Umweltschutz."

○ Pflege der Information und Kommunikation

Unaufdringlichkeit in der Selbstdarstellung nach außen galt schon in der Geschichte des Unternehmens als ein wichtiger Grundsatz. „Wer das Beste liefert, bleibt schließlich oben, und ich ziehe immer die Reklame durch Leistungen als durch Worte vor"[36], so Werner von Siemens in einem Schreiben an Eduard Rau. Bezogen auf die Kommunikation im Unternehmen stand das Bemühen, die Mitarbeiter über die Entwicklung des Unternehmens zu informieren. Der persönliche Umgang mit den Mitarbei-

---

36 W.v.Siemens, 18.1.1876, SAA 2/Li 550.

tern „durch teilnehmendes Eingehen auf ihre kleinen Wünsche und Bedürfnisse, durch Aufrechterhaltung ihrer Hoffnung auf die Zukunft, um einen guten Geist unter den Leuten zu erhalten resp. zu erwecken“[37], war eines der vordringlichen Anliegen des Firmengründers.

Dialogbereitschaft gegenüber der Öffentlichkeit schreibt man Siemens auch heute zu. Dazu zählt u.a. das Mitwirken in verschiedenen Arbeitskreisen (z.B. Schule-Wirtschaft, Kirche-Wirtschaft) und die Kontaktpflege zu gesellschaftlichen Gruppen.

Innerhalb des Unternehmens, so merkt man an, gibt es jedoch spürbare Kommunikationsbarrieren. Von einer „Lehmschicht“ zwischen der Führungsebene und den Mitarbeitern ist die Rede, kennen doch viele von ihnen die Hintergründe vieler Entscheidungen nicht; informelle Kanäle führen oft zur Desinformation. Andererseits aber, so Statements der Teilnehmer bei der Präsentation, kann nicht jeder über jedes Thema zu jeder Zeit informiert, geschweige denn diskutiert werden.

An einer umfassenden, glaubwürdigen und aktuellen Information der Öffentlichkeit, an der Pflege des Dialoges will man auch in Zukunft festhalten. Aber auch intern will das Unternehmen die Zielsetzung einer offenen Kommunikation verwirklichen, die dem Informationsbedürfnis der Mitarbeiter gerecht wird, Transparenz und Motivation schafft. Information und Kommunikation will man als Führungsinstrument begreifen. Die Leitsätze für Führungskräfte weisen auf die Ausgestaltung dieses Elementes hin: „Die Integration der Aufgaben im Unternehmen verlangt wechselseitige Information. Sie steigert die Leistungsbereitschaft und Leistungsfähigkeit des einzelnen und hilft Doppelarbeit zu vermeiden ... Wichtig sind auch Mitteilungen über wesentliche organisatorische und geschäftspolitische Fragen. Auf diese Weise gewinnen die Mitarbeiter ein besseres Verständnis für die Probleme des Unternehmens und seine Einordnung in Wirtschaft und Gesellschaft.“

---

37 W.v.Siemens, 21.12.1857, Brief 125.

„Unsere Vision: Wir pflegen nach innen und außen eine offene Information und Kommunikation."

O Bereitschaft und Fähigkeit zur Kooperation

Die Tradition des Unternehmens ist geprägt durch das Bemühen, Verständnis und Bereitschaft für die Zusammenarbeit nach innen und außen zu wecken. „Getreu den Richtlinien des Gründers unseres Hauses halten wir die Aufrechterhaltung des Geistes der Zusammengehörigkeit für einen der Grundpfeiler unseres Unternehmens ...", so die Worte Carl Friedrich von Siemens auf einer Generalversammlung der Firma Siemens & Halske im Jahr 1933. Dadurch sollten die Chancen der gegenseitigen Ergänzung und des Austausches der wisenschaftlichen Erkenntnisse voll genutzt werden.

So sollten seiner Ansicht nach den Neuaufbau der Organisation zwei Grundsätze beherrschen: „Der erste Grundsatz ist der, daß die Organisationsform sowohl der Hauptglieder des Hauses, wie in ihnen der einzelnen Unterglieder es gestattet, das Verantwortungsgefühl durch möglichste Selbständigkeit in der Erfüllung der übertragenen Aufgaben zu entwickeln, um dadurch auch die Freude an der Arbeit zu erhöhen ... Der zweite Grundsatz ist der, das Verständnis für die Zusammenarbeit zu wecken, um dadurch die Stärke, die in der Möglichkeit der gegenseitigen Ergänzung, des Austausches der wissenschaftlichen Erkenntnisse und Fortschritte liegt, voll auszunutzen."[38]

Im Hinblick auf die Verwirklichung der Organisation verlangte der Firmengründer die strenge Einfügung des einzelnen in die Gemeinschaft. „Selbst äußerst wertvolle Mitarbeiter stellte er vor die Alternative, entweder ihren persönlichen Ehrgeiz hinter den Interessen des Gesamtunternehmens zurückzustellen, oder ihren eigenen Weg zu gehen."[39] „... Wir müssen alle unsere per-

---

38 C.F.v.Siemens, S&H Rundschreiben „D", Nr. 47, 26.5.1933.
39 ebd.

sönlichen Interessen und unsere Ehre in denen des Geschäfts gewahrt sehen. Jede nützliche Arbeit innerhalb desselben ist dem Nutzen entsprechend zu schätzen und anzuerkennen. Nach außen müssen alle Teilnehmer am Geschäft eine Einheit bilden wie der Staat im Völkerleben. Im Innern hat jeder seines Amtes zu walten."[40]

In der praktischen Umsetzung heißt das für die Gesamtgesellschaft, daß „jede Firma ihre selbständige Verwaltung und Rechnungsführung behält, ihr Gewinn und Verlust werde aber auf das Gesamtgeschäft übertragen ..."[41], so der Firmengründer. Organisation meint aber nicht nur die Optimierung materieller (Vor-)Gegebenheiten, sondern bezieht sich wesentlich auch auf die ideellen und personellen Vorgaben. Denn „für enge Zusammenarbeit kann die Organisation nur Möglichkeiten schaffen. Lebendig machen kann sie nur der Geist, der in jedem Glied geweckt, gepflegt und gefördert werden muß"[42].

Werner von Siemens war sich dessen bewußt, daß eine Person wohl ein Unternehmen prägen kann, daß dieses aber die Person überleben wird. So war es ihm ein Anliegen, das Unternehmen mit einer Organisation auszustatten, die ihn selbst überlebt[43].

Der Anspruch, Verständnis und Bereitschaft für die Zusammenarbeit nach innen und außen zu wecken, gilt heute nach wie vor. „Mit unseren Partnern in aller Welt wollen wir konstruktive, langfristige und vertrauensvolle Zusammenarbeit pflegen", so ein Zitat aus den Unternehmensleitsätzen. Ziel der Kooperationen und Akquisitionen „ist stets die Stärkung der Wettbewerbsfähigkeit unserer Arbeitsgebiete"[44]. So steht der Zusammenschluß von

40 W.v.Siemens, 5.7.1877, Brief 605.
41 W.v.Siemens (1983), 277.
42 ebd.
43 vgl. Burhenne (1932), 15; a.a.O., 88: „die Unternehmung als überpersönliches Werk".
44 Fakten und Argumente (1990), 1.9.

Siemens mit Nixdorf zu SNI (Siemens Nixdorf Informationssysteme AG) unter dem Slogan „Synergy at work", um aus diesen Synergie-Effekten einen Wettbewerbsvorsprung zum Nutzen des Kunden zu erzielen.

Im Rahmen der Forschungs- und Entwicklungsprogramme der EG ist Siemens z.Z. an rund 80 Kooperationsvorhaben beteiligt, haupsächlich im Rahmen der Programme ESPRIT (European Strategic Programme for Research an Development in Information Technologies) und RACE (Research and Development in Advanced Communications Technologies for Europe), wobei anzumerken ist, daß bei jedem einzelnen Projekt mindestens zwei Firmen aus unterschiedlichen EG-Ländern zusammenarbeiten müssen. Dabei ist die Teilnahme aus finanziellen Überlegungen unbedeutend; weniger als 3% des Forschungs- und Entwicklungsaufwandes wurden durch öffentliche Zuschüsse (vom Bundesministerium für Forschung und Technologie und der EG) finanziert.

Die sechs Ziele der Forschungs- und Entwicklungsprogramme sind die Verbesserung der Wettbewerbsfähigkeit der Industrie, die Verstärkung der Vorarbeiten hinsichtlich der Harmonisierung von Normen und Standards, die Durchführung von grenzüberschreitenden Initiativen, die Ausbildung von Fachkräften für Europa, der Ausbau der wirtschaftlichen und sozialen Zusammenarbeit der EG und die Intensivierung des Umweltschutzes einhergehend mit der Förderung der Lebensqualität. Hinzu kommt die durch die Kooperation bedingte Verbesserung eigener Arbeitsergebnisse durch zusätzliches know-how, das durch die Kooperation leichter zugänglich wird.

Die Kooperationen gibt es aber auch mit Forschungsinstituten und Universitäten im In- und Ausland auf nahezu allen Themengebieten des Unternehmens. Zur Intensivierung der Universitätskooperationen wurden Rahmenverträge mit den TU in Berlin und München abgeschlossen. Die Gründe für dieses Engagement sind das Interesse, über neue Erkenntnisse aus den Naturwissenschaften und Trends technischer Innovation rechtzeitig informiert zu sein, das Mitwirken an einem Aus- und Aufbau der Lehre an den Universitäten gemäß dem aktuellen Stand der Technik und die Leistung eines Beitrages zur Gewinnung und Ausbildung guter Nachwuchskräfte.

Kritisch angemerkt wird aber, daß die Zusammenarbeit zwischen den Landesgesellschaften und dem Stammhaus nicht als die gleichberechtigter Partner gesehen wird. Hier wurde von den auf der Siemens-Tagung anwesenden Führungskräften aus den Landesgesellschaften häufig eine Überheblichkeit des Stammhauses beklagt. Ferner ist eine durch Abteilungs- und Bereichsegoismen hervorgerufene Störung zu konstatieren. Ein übergreifendes Denken habe sich noch nicht in genügendem Maße durchgesetzt.

Die Zusammenarbeit mit Partnern innerhalb und außerhalb des Unternehmens soll in Zukunft intensiviert werden.

Gemeinsam sollen neue Märkte erschlossen und neue Technologien entwickelt werden. Verbindungen mit anderen Unternehmen begreift man als Herausforderung, wobei Siemens seine Stärken einbringen will, aber den Wunsch des Partners respektiert, dies ebenso tun zu wollen. Dabei will man sich um ein frühzeitigeres und intensiveres Kennenlernen der Kultur des Partners bemühen.

Innerhalb des Unternehmens sollen Synergien geschaffen werden, die gemeinsame Vorteile bringen.

„Unsere Vision: Mit unseren Partnern in aller Welt streben wir innerhalb und außerhalb des Unternehmens eine konstruktive, langfristige und vertrauensvolle Zusammenarbeit an, die das Ansehen und den Erfolg des Gesamtunternehmens fördert."

O Bedeutung der Technik

Für Werner von Siemens war die Liebe zu den Wissenschaften eine Grundlage für seine Erfolge[45]. „In der Regel war es zunächt das wissenschaftlich-technische Interesse, das mich einer Aufgabe zuführte."[46] Während seiner Studienzeit bekam er ein Gespür für die Beziehung von Technik und Wissenschaft. Er gelangt „... zu der Überzeugung, daß naturwissenschaftliche Kenntnisse und Forschungsmethoden berufen wären, die Technik zu noch gar nicht zu übersehender Leistungsfähigkeit zu entwickeln"[47]. Gleichsam in einem dritten Schritt, wobei diese Schrittfolge nicht als zeitlich nachgeordnete Abfolge, sondern als zeitlich parallel laufende zu verstehen ist, erfolgte die Ausrichtung der Wissenschaft und der Technik. So schreibt er in seinen Lebenserinnerungen: „Doch die Verhältnisse waren stärker als mein Wille und der mir angeborene Trieb, erworbene wissenschaftliche Kenntnisse nicht schlummern zu lassen, sondern auch möglichst nützlich anzuwenden, führte mich doch immer wieder zur Technik zurück"[48], oder in analogem Sinn an anderer Stelle: „Wissenschaftliche und erfinderische Tätigkeit wurde mir in dieser arbeitsvollen Zeit fast ausnahmslos durch das technische Bedürfnis vorgeschrieben."[49]

Der technische Fortschritt wurde also von Werner von Siemens nicht als Selbstzweck angesehen, sondern „... dadurch erhält erst die Wissenschaft ihre höheren Weihen, das gibt ihr erst ein Anrecht auf die dankbare Liebe und Verehrung der Völker, daß sie nicht ihrer selbst willen besteht, zur Befriedigung des Wissensdranges der beschränkten Zahl ihrer Bekenner, sondern daß ihre Aufgabe die ist, den Schatz des Wissens und des Men-

---

45 vgl. W.v.Siemens (1983), „Die Liebe zu den Wissenschaften ist mir mein ganzes Leben hindurch treu geblieben und bildet die Grundlage meiner späteren Erfolge", 29.

46 W.v.Siemens (1983), 324.

47 a.a.O., 48.

48 a.a.O., 46f.

49 a.a.O., 100.

schengeschlechtes zu erhöhen und dasselbe damit einer höheren Kulturstufe zuzuführen"[50].

Heute ist die Unternehmenskultur geprägt von dem Anspruch auf Technologieführerschaft in der Elektrotechnik und in der Elektronik[51]. Zeichen dafür sind die hohen Forschungs- und Entwicklungsinvestitionen (7 Mrd.DM = 11,0% vom Umsatz, wovon rd. 97% aus eigenen Mitteln aufgewendet werden), ein Stamm von rd. 43.200 Mitarbeitern in Forschung und Entwicklung weltweit (1989/90), technisch-wissenschaftliche Reputation und die Qualität der Produkte. Manchesmal aber, so merkt man an, beherrscht die Faszination des technisch Machbaren den Kundennutzen. Kreative Ideen werden nicht schnell und nicht nachhaltig genug zu Markterfolgen geführt.

Die Gegenwart zeigt aber auch, daß das Unternehmen nicht auf allen Gebieten Vorreiter und daher in zukunftsträchtigen technischen Gebieten oft nicht vorne liegt wie ein Unternehmensleitsatz als Ziel ausgibt.

Der Einsatz moderner Informations- und Produktionstechniken, als Voraussetzung für die Sicherung der Wettbewerbsfähigkeit und damit für den Erhalt bzw. die Schaffung von Arbeitsplätzen, hat entgegen allen Vorurteilen nicht zu einer Reduzierung von Arbeitsplätzen geführt. Vielmehr sind gerade dort neue Arbeitsplätze geschaffen worden, wo neue Technik produziert und ein-

---

50 W.v.Siemens, 2.7.1874, aus: Briefwechsel der Gebr. Siemens, hier: Werner von Siemens an Wilhelm von Siemens.

51 Auf die Frage, inwiefern die Technik- und Wirtschaftsentwicklung sich selber gefährdet, wenn sie den Prozeß dieser Entwicklung nicht dämpft, antwortet Kürn (1989), 101: „Es muß...gesehen werden, daß sich ein Unternehmen von der Größe der Siemens AG am Weltmarkt weiter behaupten muß, gerade wenn man weiß, daß die deutsche Industrie in sehr hohem Maße exportabhängig ist. Die Bundesrepublik kann sich nicht im nationalen Alleingang Technikdämpfungspläne verordnen, während die Konkurrenten am Weltmarkt weiter entwickeln....Wer eine Selbstdämpfung der Technik fordert, versteht...zuwenig von wirtschaftlichen Zusammenhängen. Das heißt aber nicht..., daß berechtigte moralische Forderungen wirtschaftlichen Gewinnmaximierungsstrategien geopfert werden."

gesetzt wird. Automatisierungstechniken leisten ferner einen Beitrag zur Humanisierung der Arbeitswelt, werden sie vor allem dort eingesetzt, wo belastende, monotone und gesundheitsgefährdende Arbeitsbedingungen herrschen.

Auch in Zukunft strebt Siemens auf seinen Arbeitsgebieten der Elektrotechnik und der Elektronik die Technologieführerschaft mit allen Kräften an. Ideen sollen schnellstmöglich in marktgerechte Produkte und Leistungen zum Nutzen des Kunden umgesetzt werden. Dabei fühlt sich das Unternehmen zu einer frühzeitigen Technikfolgeabschätzung verpflichtet.

„Unsere Vision: Wir wollen Pionier sein in der Entwicklung der Technik der Zukunft und konzentrieren uns dabei auf attraktive Arbeitsgebiete."

○ **Bereitschaft zur Innovation**

Anstöße zu Innovationen auf allen unternehmenspolitischen Feldern kamen in der Vergangenheit vor allem von der Unternehmensspitze.

Besonders stark war das Pionierbewußtsein bei dem Firmengründer ausgeprägt. Neben den im Kapitel „Verhalten gegenüber Mitarbeitern" aufgeführten sozialpolitischen Innovationen seien an dieser Stelle einige Erfindungen auf dem technischen Gebiet genannt, die das Denken und Handeln aus diesem Pioniergeist verdeutlichen mögen:

1846 – Entscheidende Verbesserung des Zeigertelegraphen von Wheatstone

1847 – Erfindung der Guttaperchapresse zur nahtlosen Ummantelung von Drähten

1848 – im preußischen Staatsauftrag Bau der Telegraphenlinie von Berlin nach Frankfurt am Main zur dort in der Paulskiche tagenden Deutschen Nationalversammlung

1856 – Erfindung des Doppel-T-Ankers

1866 – Erfindung des dynamo-elektrischen Prinzips

1877 – Erfindung des elektrodynamischen Systems zur Schallübertragung

1888 – Mitbeteiligung an der Entwicklung und Einführung des Mannesmann-Verfahrens zur Herstellung nahtloser Röhren.

Gerade dieser zum großen Teil auf eigenen Erfindungen beruhenden Fabrikation der Gegenstände schreibt Werner von Siemens das schnelle Aufblühen der Fabriken zu[52].

Heute ist immer noch der unternehmerische Mitarbeiter gefragt, was hohen persönlichen Einsatz, Kreativität, Leistungswillen und entsprechende Spielräume verlangt. Alle Elemente sind prinzipiell vorhanden. Ferner arbeiten z.Z. rd. 2% der Gesamtbelegschaft in rd. 560 Qualitätsgruppen; im Verbesserungsvorschlagswesen wurde im vergangenen Geschäftsjahr erstmals die Zahl von 100.000 Vorschlägen übertroffen.

Allerdings werden Einsatzbereitschaft und unternehmerisches Handeln oft behindert. Bei Veränderungen werden eher die Schwierigkeiten als die Chancen gesehen. Viele Mitarbeiter sehen den Wandel primär als Risiko; zu viele konzentrieren sich darauf, ihre Funktion nur formal zu erfüllen. Innovatives, kreatives, unternehmerisches Handeln scheitert an falsch verstandener Kompetenzabgrenzung, bedingt auch durch eine ausgeprägte Hierarchiegläubigkeit.

Die dazu eingebrachten Verbesserungsvorschläge konzentrieren sich auf eine Abflachung der Hierarchien und auf eine Reduzierung der ranglichen Staffelung hinsichtlich Funktionen und Einkommen.

In Zukunft will man den Mut auch zu tiefgreifenden Veränderungen aufbringen und die sich daraus ergebenden Chancen ver-

52 vgl. a.a.O., 324f.

ständlich machen. Das Erreichte muß dabei immer wieder in Frage gestellt werden. Dazu soll das innovative Verhalten auf allen Ebenen und in allen Funktionen gefordert und gefördert werden.

„Unsere Vision: Unser Geschäft lebt von den Ideen und innovativen Lösungen zum Nutzen unserer Kunden. Deshalb fordern und fördern wir innovatives Verhalten auf allen Ebenen und Funktionen."

○ Ertrags- und kostenbewußtes Handeln

Werner von Siemens war angesichts der Konkurrenz stets bemüht, in allen Bereichen des Unternehmens Leistungsfähigkeit und Leistungsbereitschaft weiter zu stärken und eine möglichst kostensparende Produktion anzustreben.

Als eine Unternehmensleitlinie schon in den Gründerjahren galt die Langfristorientierung, die Komponente der Dauerhaftigkeit. So schreibt er an seinen Bruder Karl im Jahr 1868: „Bitte hab immer ... die fernere Zukunft vor Augen, darauf kommt es in erster Linie an."[53] So bezeichnet er zwar den Geldgewinn durch sporadische glückliche Kabellegungen als zwar recht angenehm, doch „bildet (dieser) nicht die Grundlage unserer Geschäfte und gewährt keine Garantie der Dauer."[54]

Andererseits bestreitet der Firmengründer nicht, auch nach Gewinn und Reichtum gestrebt zu haben, „doch wesentlich nicht, um sie zu genießen, als um die Mittel zur Ausführung anderer Pläne und Unternehmungen zu gewinnen"[55].

Die Haltung aller Familienmitglieder zu Fragen im Umgang mit den Finanzen und dem Risiko ist als durchgängig zu bezeichnen. Größere Abweichungen sind in der Familie Siemens nicht festzu-

53 W.v.Siemens, 17.7.1868, Brief 352.
54 W.v.Siemens, 25.12.1884, Brief 939.
55 W.v.Siemens, 25.12.1887, Brief 1016.

stellen. Als eine sich durchziehende Richtschnur mag folgender Ausspruch des Firmengründers gelten: „Man muß immer noch das Ungünstigste ertragen können – denn einmal kann man nur sterben! ... Ich würde mich lieber totschießen als ertragen, daß ich meine Verbindlichkeiten nicht erfüllen könnte, und gegen alle Schätze der Welt übernähme ich nicht das kleinste Existenzrisiko."[56]

Auch heute gelten im Unternehmen die auf Langfristigkeit[57] ausgerichteten Prinzipien einer vorsichtigen Bilanzierung und einer ausgeprägten Kostenorientierung[58]. Dennoch zeigt der Vergleich zu Mitbewerbern, daß Siemens nur selten Kostenführerschaft beanspruchen kann.

Grundsätzlich richten sich die Investitionen in erster Linie auf den Ausbau der Ertragskraft bisheriger Arbeitsgebiete und auf die Schaffung neuer künftiger Arbeitsgebiete. Hinsichtlich der Auslandsinvestitionen orientiert man sich vor allem an Bedeutung und Wachstum der regionalen Elektromärkte sowie dem Investitionsklima.

Obgleich man sich zum Ertrag bekennt, wird dieses Bekenntnis jedoch nicht konsequent verfolgt. Sich abzeichnende Fehlentwicklungen werden in der Hoffnung auf möglichen Ertrag zu lange hingenommen.

---

56 W.v.Siemens, 26.2.1873, Brief 465; vgl. „...in eine Unternehmung, welche, wenn auch recht unwahrscheinlich, unsere ganze finanzielle Existenz gefährden könnte, würden wir selbstverständlich nie eingehen und wenn sie Krösusgeschäfte verspräche...", 2.12.1861, Brief 195.

57 „Daß wir nach diesen riesigen Schritten (gemeint sind die Übernahmen der britischen Plessey-Aktivitäten, der Duewag AG, der Krauss-Maffei-Verkehrstechnik und der Nixdorf AG, eig. Anm.) jetzt etwas kürzer treten werden, um unser Geschäft zu konsolidieren, liegt nahe...", so Kaske, in: Die Welt, Nr. 21, 25.1.91, 10.

58 lt. der Erhebung „Siemens Corporate-Image" (1988) ist das Unternehmen wie auch bei den Faktoren „Wirtschaftliche Solidität" und „Ertragslage", nahe an der Spitzenposition des Wettbewerbers oder nimmt diese selber ein, 22f.

Ein effektiveres Kostenmanagement auf allen Stufen und Funktionen muß in Zukunft betrieben werden; allerdings sind die Kosten weiterhin im Hinblick auf den Gesamtnutzen zu bewerten.

Stolz sein will man auf die Steigerung des Ertrages und auf die finanzielle Stärke. Denn nachhaltiger Ertrag ist ein wichtiger Maßstab dafür, daß man das Richtige tut und das man es richtig tut. Diesbezüglich stellte Carl Friedrich von Siemens auf einer Hauptversammlung im Jahr 1939 folgendes fest, womit er die o.g. Gedanken des Firmengründers aufnahm: „In einem technischen Hause gibt es Richtlinien, die den finanziellen Erfolg verbürgen. Ohne ausreichenden Gewinn ist kein Fortschritt, keine Entwicklung, die auch weit genug in die Zukunft schaut, aufrecht zu erhalten; aber trotzdem darf das Streben nach Gewinn nicht das treibende Motiv für die Arbeit sein, sondern allein der Wille nach Verbesserung der Technik, verbunden mit höchster Wirtschaftlichkeit der Ausführung, bei Vermeidung aller unproduktiven Reibungsarbeit und ein dauerndes Bemühen, dem Fortschritt zu dienen. Im finanziellen Erfolg liegt lediglich die Bestätigung für richtiges Arbeiten. Er darf nie als das Primäre, sondern nur als sekundäre Folgeerscheinung betrachtet werden.“[59]

Die Aussage in den Unternehmensleitsätzen zu dieser Thematik setzt die Idee der Firmengründer fort: „Wir wollen nachhaltig hohe Erträge als Voraussetzung für die Sicherung der Zukunft unseres Unternehmens erwirtschaften und den Wert des Investments unserer Aktionäre erhöhen.[60]“

Hoch gesteckte Ziele sollen mit Konsequenz verfolgt werden; erkennbare Fehlentwicklungen will man frühzeitig korrigieren.

„Unsere Vision: Wir erzielen einen nachhaltig guten Ertrag als Maßstab für unsere Leistungsfähigkeit und als Grundlage unserer unternehmerischen Handlungsfähigkeit. Wir vergleichen unsere Kosten mit den stärksten Wettbewerbern.“

---

59 C.F.v.Siemens, 13.6.1939, Bd. V, 129.
60 Zahl der Aktionäre (Stand 1990): 583.000.

○ Entwicklung der Internationalität

Bereits im Jahr 1850, drei Jahre nach der Firmengründung, wird die erste Agentur von Siemens & Halske in London eröffnet, fünf Jahre später ein Zweitgeschäft in Petersburg, 1905 in Tokio die erste Niederlassung der Siemens-Schuckert-Werke.

Zunächst war die Faszination des Neuen und technisch Machbaren der Antrieb für so manche Unternehmungen wie die Verlegung der Kabellinien Cagliari – Bona (1856–57), die durch das Rote Meer (1859), die mißglückte Kabellegung Cartagena – Oran (1864) sowie die Indo-Europäische Telegraphenlinie (1867–69). Diese Expeditionen waren aber zunächst ein Zuschußgeschäft, mit dem sich erst in späterer Zeit rechnen lassen sollte. „Anstatt des erhofften Gewinns“, so Werner von Siemens, „haben uns dieselben viele Sorgen, persönliche Gefahren und große Verluste gebracht, aber sie haben uns den Weg geebnet...“[61].

Im Zusammenhang mit der Verabschiedung des Schutzzollgesetzes im Jahr 1879 tritt der Firmengründer für die Entwicklung und Stärkung der Solidarität in Europa gegenüber den anderen Weltteilen ein. Die innereuropäischen Macht- und Interessenfragen seien auf größere Ziele hinzulenken[62].

Anfang der dreißiger Jahre des 20. Jahrhunderts bedeuteten internationale Beziehungen und Unternehmungen nichts Außergewöhnliches mehr, geht es doch nun nicht mehr um die Beziehung als solche, sondern um deren Gestaltung. „Die verantwortlichen Stellen haben die Pflicht, Gegensätze auszugleichen und den Egoismus im nationalen wie im internationalen Sinne zu bekämpfen. Gegenseitiges Vertrauen und Freundschaft müssen wie zwischen freien Männern und zwischen den Völkern die Grundlage gedeihlicher Zusammenarbeit bilden. ... Die Zeit der internationalen Abgeschlossenheit ist vorüber, wir müssen erkennen, daß wir heute in der Welt von einander abhängig gewor-

---

61 W.v.Siemens (1983), 189.

62 vgl. a.a.O., 208.

den sind"[63], so Carl Friedrich von Siemens 1931 in der Columbia-Universität zu New York.

Heute wie damals ist die Internationalität des Unternehmens durch weltweite Geschäftstätigkeit gekennzeichnet.

Mit Landesgesellschaften, Stützpunkten und Vertretungen ist das Unternehmen in 121 Ländern vertreten; in 39 Ländern verfügt man über 210 eigene Fertigungsstätten und ist an weiteren 44 Fabriken in 23 Ländern als Kooperationspartner bis zu 50% beteiligt.

Von entscheidender Bedeutung hinsichtlich der Umsetzung eines der Unternehmensleitsätze, „auf dem Gebiet der Elektrotechnik und Elektronik zu den wettbewerbsstärksten Unternehmen der Welt" gehören zu wollen, ist der Ausbau der Aktivitäten in der Triade Europa – Nordamerika – Fernost. Ziel des Unternehmens ist es, in den USA als größtem regionalen Einzelmarkt der Welt, den Anteil von 10% des Gesamtumsatzes des Unternehmens, was aber nur 1% Marktanteiles in den USA ausmacht, auf 20% im Jahr 2000 zu verdoppeln. In Japan soll der Anteil von weniger als 1% des Gesamtumsatzes des Hauses auf 5% bis zum Jahr 2000 gesteigert werden.

In Entwicklungsländern beschäftigte Siemens im Geschäftsjahr 1988/89 rd. 46.200 Mitarbeiter (= 32% der rd. 143.200 Mitarbeiter im Ausland einschließlich Auszubildende). Von ihnen ist jeder zweite in Lateinamerika, knapp ein Drittel in asiatischen Ländern eingesetzt.

Der Grund für das Engagement im Ausland liegt zum einen in der Schaffung bzw. Wahrung der Absatzmärkte, denn die Regierun-

---

63 C.F.v.Siemens, 21.10.1931, Bd. III, 389.
dazu: de Chardin (1958), 238: „Heute verlangt jeder Mensch nicht nur sein täglich Brot,...sondern auch seine Ration Eisen, Kupfer und Baumwolle, seine Ration Elektrizität, Erdöl und Radium, seine Ration Entdeckungen, Film und internationale Nachrichten. Ein einfaches Feld – und sei es noch so groß – genügt nicht mehr, der ganzen Erde bedarf es, um unsereinen zu ernähren."

gen zahlreicher Länder fordern im Interesse ihrer Bevölkerung eine Beteiligung am Aufbau eigener Industrien, zum anderen in der größeren Nähe zum Kunden. Neben dem Beitrag zur wirtschaftlichen Entwicklung des Landes – ständiger Know-how- und Technologietransfer, Einrichtung qualifizierter Ausbildungsstätten und Arbeitsplätze, Möglichkeiten zur beruflichen Weiterbildung –, leistet das Unternehmen aber auch seinen Beitrag zur Verbesserung der sozialen Verhältnisse im Land, was sich in der Anhebung des Lebensstandards widerspiegelt.

In der nun 144-jährigen Geschichte des Unternehmens hat es in zahlreichen Ländern der Welt tiefgreifende Veränderungen der politischen Verhältnisse gegeben. Siemens hat sein Geschäft mit anderen Ländern ganz im Sinne des Firmengründers stets an langfristigen Markterwartungen und nicht an mehr oder weniger kurzfristigen politischen Entwicklungen ausgerichtet. Die Landesgesellschaften sind dabei Teil der Wirtschaft der Länder, in denen sie arbeiten, weshalb sie auch die gesellschaftliche und wirtschaftliche Ordnung dieser Länder zu beachten haben. Ein Engagement seitens der Unternehmen bei der Mitgestaltung der politischen Verhältnisse anderer Länder wird aber grundsätzlich abgelehnt; hinwirken will man jedoch, wo es noch notwendig erscheint, auf die Achtung der Menschenrechte und den sozialen Fortschritt.

Hinsichtlich der Landesgesellschaft Südafrika, die Geschäftsbeziehungen reichen bis in das Jahr 1860 zurück, nimmt das Unternehmen die Haltung ein, daß die Apartheid abgelehnt, sie aber nicht durch den Rückzug deutscher Firmen aus Südafrika überwunden werden kann, zumal eine Schließung der Betriebe in erster Linie die dort arbeitenden Schwarzen treffen würde. Eine mögliche zunehmende Arbeitslosigkeit könnte zu einer zunehmenden Radikalisierung und letztendlich zu einer empfindlichen Schwächung der wirtschaftlichen Basis des Landes führen. Der Meinung des Unternehmens nach kann der friedliche Wandel in Südafrika nur auf der Grundlage einer wirtschaftlichen Expansion erfolgen. Sanktionen wie Investitions- oder Export-/Importboykott dürften sich hingegen negativ auf den Reformprozeß auswirken und eine Lösung der politischen wie sozialen Probleme erheblich erschweren. Das Ziel des Unternehmens ist es vielmehr, der Apartheid im Rahmen der betrieblichen Möglichkeiten entgegenzuwirken, indem die Entwicklungschancen der Schwarzen und Farbigen in den südafrikanischen Fabriken weiter verbessert werden. Diese seit Jahren betriebene Personal-, Sozial- und Bildungspolitik hat zu einer stetig wachsenden Zahl von nicht-weißen Mitarbeitern in Führungspositionen und qualifizierten Fachtätigkeiten geführt.

Allerdings räumt man ein, daß das Denken und Handeln in internationalen Dimensionen, was sowohl für das Stammhaus als auch für die Landesgesellschaften gilt, weniger ausgeprägt ist, als man sich wünschen würde.

Wesentliche Ziele und Strategien der Unternehmenspolitik werden nach wie vor in Deutschland und aus deutscher Sicht bestimmt, da sich die Zentralen der Bereiche alle in Deutschland befinden. Doch man geht davon aus, daß im Jahr 2000 Teile des Geschäftes aus den europäischen Nachbarländern, aus den USA oder möglicherweise aus Fernost geführt werden, demzufolge die Bereichsleitungen ihren Sitz auch außerhalb Deutschlands haben werden. Die Internationalisierung gilt ebenso für Fertigungs- und Entwicklungszentren[64].

Kritisch bemerkt man ferner das Fehlen einer systematischen Ausbildung für die Schaffung eines internationalen Managements, einen gezielten Personalaustausch (job rotation) und eine internationale Qualifizierung; die deutsche Sprache ist zudem immer noch die alleinige Firmensprache. Die entscheidenden Positionen im Unternehmen sind mit sehr wenigen Ausnahmen durch Deutsche besetzt. Ferner wird angemerkt, daß den Landesgesellschaften ein verstärkter Einfluß auf die Gestaltung der Geschäftspolitik eingeräumt werden sollte.

---

64 vgl. Fakten und Argumente für die gesellschaftspolitische Öffentlichkeitsarbeit (1990), 1.2.

Internationale Arbeitsteilung in Entwicklung, Fertigung und Vertrieb soll in Zukunft verstärkt praktiziert werden, wobei die Geschäfte von zahlreichen Standorten in aller Welt gesteuert werden. Die Landesgesellschaften sind dabei integrierter Bestandteil der jeweiligen nationalen Volkswirtschaften.

Angestrebt wird eine internationale Besetzung der Unternehmensleitung und des Spitzenmanagements; Bereitschaft zu internationaler Kooperation ist eine unausweichliche Konsequenz.

„Unsere Vision: Wir wollen ein internationales Unternehmen sein und unsere Internationalität im Sinne von Verständigung, gegenseitigem Respekt und Lernbereitschaft stärken."

2. Kapitel: Die Unternehmenskultur der Siemens AG – die Leitsätze einer Unternehmensethik

Stelle ich in dem ersten Teil dieses Kapitels die auf den Vorgaben der katholischen Soziallehre zur Gestaltung des Wirtschaftslebens formulierten Leitsätze einer Unternehmensethik[1] einer zusammenfassenden Darstellung der einzelnen Kulturelemente der Siemens AG[2] gegenüber, so unternehme ich im zweiten Teil den Versuch einer Bewertung hinsichtlich des Grades ihrer inhaltlichen Entsprechung.

1. Gegenüberstellung

○ Verhalten gegenüber Mitarbeitern

Leitsatz

„Das Unternehmen anerkennt die Rechte der Arbeitnehmer und ihrer Organisationen und sucht das Gespräch mit den Mitarbeitern und ihren Vertretungen.

Die Gewährung der Mitbestimmung im Rahmen der Zusammenarbeit und die daraus erwachsene Übertragung von Verantwortung im Wirtschaftsprozeß, abhängig von den Fähigkeiten und Funktionen der Mitarbeiter, bietet dem Mitarbeiter eine Möglichkeit zur Entfaltung seiner Persönlichkeit.

Das Unternehmen fördert die berufliche Aus- und Weiterbildung und bietet den Mitarbeitern Aufstiegsmöglichkeiten gemäß ihrer Begabung und Fachkenntnisse an.

---

1 vgl. die Ausführungen des 2. Teiles, 4. Kapitel.

2 vgl. die Ausführungen des 3. Teiles, 1. Kapitel.

Die Gewährung umfassender Sozialleistungen darf nicht zu einem Versorgungsdenken seitens der Mitarbeiter führen.

Der Pflicht des Arbeitgebers, gerechten Lohn zu gewähren, entspricht analog der Pflicht des Arbeitnehmers, die ihm übertragenen Aufgaben aus der Haltung der Gewissenhaftigkeit, des Leistungsbewußtseins und der Verantwortung heraus zu erfüllen.

Für Frauen gelten die gleichen Rechte und Pflichten, wie für Männer."[3]

Ausrichtung des Unternehmens

Mit der öffentlichen Anerkennung der Produkte kam der Mensch als Mitarbeiter für das Unternehmen in Betracht. Die Einstellung von Mitarbeitern geschah aus zwei Überlegungen: zum einen, um der rapide steigenden Nachfrage gerecht zu werden, zum anderen, um „dadurch tausenden von Arbeitern ihr Brot zu geben"[4]. An anderer Stelle merkt der Firmengründer an, „... daß dem Streben und Handeln mit Recht ein gewisser Egoismus anhaftet – aber ein gesunder, da durch ihn der Zweck unterstützt und ereichbar gemacht wird ..."[5]. Diesen „gesunden Egoismus" bezeichnet Burhenne als Motiv seines sozialpolitischen Handelns[6].

Soziales Engagement in Form vieler Einzelmaßnahmen prägt auch heute das Verhalten des Unternehmens gegenüber den Mitarbeitern. Dieser Ausrichtung will das Unternehmen auch in Zukunft folgen, doch gilt es jedem Mitarbeiter deutlich zu machen, daß erst seine persönliche Leistung die sozialen Leistungen der Gemeinschaft ermöglicht.

---

3 a.a.O., 87f.
4 W.v.Siemens (1983), 207.
5 W.v.Siemens, 23.2.1888, Brief 1021.
6 Burhenne (1932), 88.

Hinzu kommt das Angebot vielfältiger Aus- und Weiterbildungsmöglichkeiten.

Für Frauen gelten die gleichen Rechte und Pflichten wie für die Männer.

O Orientierung am Wettbewerb

Leitsatz

„Bei aller Anerkennung und Förderung hinsichtlich der Schaffung und Wahrung der Wettbewerbsfreiheit ist Wettbewerb nicht das oberste Gesetz der Wirtschaft."

Haltung des Unternehmens

Bei aller Wertbeimessung gegenüber dem Wettbewerb war der Firmengründer der Auffassung, „ ... daß der moralische und technische Kredit des Geschäftes niemals beeinträchtigt werden dürfe, selbst wenn dies mit materiellem Verlust verknüpft sein sollte."[7] Ferner sollte im Hinblick auf die Erhaltung einer gesunden Konkurrenz die finanzielle Überlegenheit nicht dazu genutzt werden, Konkurrenz verschwinden zu lassen.

Heute bekennt sich das Unternehmen zu einer wettbewerbsorientierten Wirtschaft. Da man zu den wettbewerbsstärksten Unternehmen der Welt gehören will, mißt man die eigene Leistungsfähigkeit in den einzelnen Geschäftsfeldern mit der der stärksten Wettbewerber. Diese Herausforderung soll Ansporn und Motivation zu noch besseren Leistungen sein.

Zudem betrachtet man den Wettbewerb als Grundlage des gesellschaftlichen Wohlstandes.

---

7 Matschoß (1916), 149.

O Gewinn

Leitsatz

„Die Erwirtschaftung von Gewinn ist nicht das Ziel schlechthin, wohl aber Voraussetzung für die Existenz eines Unternehmens.

Die Mitarbeiter sind am Ertrag des Unternehmens zu beteiligen."

Ausrichtung des Unternehmens

Schon in den Gründerjahren des Unternehmens war das Streben nach Gewinn und Reichtum ein Ziel, „doch wesentlich nicht, um (ihn) zu genießen, als um die Mittel zur Ausführung anderer Pläne und Unternehmungen zu gewinnen"[8]. Denn „ohne ausreichenden Gewinn", so Carl Friedrich von Siemens", „ist kein Fortschritt, keine Entwicklung, die auch weit genug in die Zukunft schaut, aufrecht zu erhalten"[9].

Spricht man auch heute nicht vom Gewinn, sondern vom Ertrag, auf dessen Steigerung man stolz sein will, so gilt nach wie vor die Intention Carl Friedrich von Siemens, nach der „im finanziellen Erfolg lediglich die Bestätigung für richtiges Arbeiten liegt. Er darf nie als das Primäre, sondern nur als sekundäre Folgeerscheinung betrachtet werden."[10]

Die Beteiligung am Gewinn für Mitarbeiter, später auch für Aktionäre, stand während der 144jährigen Geschichte nie außer Frage.

---

8 W.v.Siemens, 25.12.1887, Brief 1016.
9 C.F.v.Siemens, 13.6.1939, Bd. V, 129.
10 ebd.

O Gestaltung des Arbeitsumfeldes

Leitsatz

„Weil die Ordnung der Dinge der Ordnung der Person dienstbar sein muß, sind in Anlehnung an die jeweils neuesten Erkenntnisse aus Wissenschaft und Technik Arbeitsbedingungen und Produktionsverfahren zu schaffen, die der Würde des Menschen entsprechen, die Ausbildung seines Verantwortungsgefühles unterstützen und die in ihm liegenden schöpferischen Kräfte entfalten.

Wettbewerbliche Vorteile allein rechtfertigen keine Ausnahme vom Verbot der Sonn- und Feiertagsarbeit."

Ausrichtung des Unternehmens

Der Einsatz moderner Produktionstechniken als Voraussetzung für die Sicherung der Wettbewerbsfähigkeit und damit für den Erhalt bzw. für die Schaffung von neuen Arbeitsplätzen hat nicht zu der befürchteten Reduzierung von Arbeitsplätzen geführt. Vielmehr sind gerade dort neue Arbeitsplätze geschaffen worden, wo neue Technik produziert und eingesetzt wird. Automatisierungstechniken leisten ferner einen Beitrag zur Humanisierung der Arbeitswelt, werden sie vor allem dort eingesetzt, wo belastende, monotone und gesundheitsgefährdende Arbeitsbedingungen herrschen.

Sonntagsarbeit entfällt nur auf solche Arbeitsplätze, bei denen aus technologischen Gründen die Entwicklung und Fertigung eines Produktes mit Unterbrechung nicht möglich ist bzw. die Unterbrechung zu wesentlichen Qualitätseinbußen führen würde.

O Information

Leitsatz

„Die Öffentlichkeit wie auch die Mitarbeiter haben das Recht auf angemessene Mitteilung der Wahrheit entsprechender Informationen."

Ausrichtung des Unternehmens

Schon in der Vergangenheit hatte man das Bestreben, die Mitarbeiter über die Entwicklung des Unternehmens zu informieren, wobei nach außen der Grundsatz der Unaufdringlichkeit in der Selbstdarstellung galt.

An einer in der Gegenwart erfolgreich praktizierten umfassenden, glaubwürdigen und aktuellen Information der Öffentlichkeit, verbunden mit dem Bemühen der Pflege des bestehenden Dialoges will man auch in Zukunft festhalten.

Aber auch intern will man mit dem Abbau der Kommunikationsbarrieren die Zielsetzung einer offenen Kommunikation verwirklichen, die dem Informationsbedürfnis der Mitarbeiter gerecht wird, zudem Transparenz und Motivation schafft.

O Technik

Leitsatz

„Die Technik hat hinsichtlich des kulturellen Aufstiegs der Arbeitnehmer eine dienende Funktion einzunehmen.

Die Sensibilität der Mitarbeiter für einen verantworteten Umgang mit dem Risiko ist zu schärfen."

Ausrichtung des Unternehmens

Schon früh gelangte der Firmengründer „... zu der Überzeugung, daß naturwissenschaftliche Kenntnisse und Forschungsmethoden berufen wären, die Technik zu noch gar nicht zu übersehender Leistungsfähigkeit zu entwickeln“[11]. Doch wurde der technische Fortschritt von ihm nicht als Selbstzweck angesehen, sondern „... dadurch erhält erst die Wissenschaft ihre höheren Weihen, ... daß sie nicht um ihrer selbst willen besteht, zur Befriedigung des Wissensdranges der beschränkten Zahl ihrer Bekenner, sondern das ihre Aufgabe die ist, den Schatz des Wissens und des Menschengeschlechtes zu erhöhen und dasselbe damit zu einer höheren Kulturstufe zuzuführen“[12].

Technologieführerschaft und die schnellstmögliche Umsetzung in marktgerechte Produkte und Leistungen zum Nutzen des Kunden sind die Ausrichtungen für die Zukunft. Dabei fühlt sich das Unternehmen zu einer frühzeitigen Technikfolgeabschätzung verpflichtet.

O Innovationen

Leitsatz

„Um den Bedürfnissen der wachsenden Anzahl von Menschen gerecht zu werden, erweisen sich Innovationen auf technischem und wirtschaftlichem Gebiet als unverzichtbar.“

Ausrichtung des Unternehmens

Der Rückblick auf die Geschichte des Unternehmens verdeutlicht, daß die Anstöße zu den Innovationen vornehmlich aus der Unternehmensspitze kamen.

---

11 W.v.Siemens (1983), 48.
12 W.v.Siemens, 2.7.1874.

Da heute noch immer der unternehmerisch denkende Mitarbeiter als bewußter Mitgestalter des Unternehmenserfolges gefragt ist, der seine Funktionen mehr als bloß unter dem Anspruch der formalen Richtig- und Vollständigkeit erfüllt, will man das latent vorhandene innovative Potential zum Nutzen der Kunden auf allen Ebenen und in allen Funktionen verstärkt fordern und fördern.

O Investitionen

Leitsatz

„Dem Einsatz von Investitionen hat eine langfristige Ausrichtung zugrunde zu liegen. Dieser wird u.a. mit der Einbindung von Investitionen in komplexe Programme (räumlich, zeitlich, thematisch, interdisziplinär) entsprochen."

Ausrichtung des Unternehmens

Schon in den Gründerjahren galt als eine Unternehmensleitlinie die langfristige Orientierung. So schreibt Werner von Siemens: „Bitte hab immer die fernere Zukunft vor Augen, darauf kommt es in erster Linie an."[13]

Dieser Langfristigkeit, ausgedrückt in den Prinzipien einer vorsichtigen Bilanzierung und einer ausgeprägten Kostenorientierung, kommt auch heute noch eine tragende Bedeutung zu.

O Umwelt

Leitsatz

„Gemäß dem Schöpfungsauftrag, sich die Erde untertan zu machen, kommt dem Unternehmen neben dem Auftrag zur Nutzung

---

13 W.v.Siemens, 17.7.1868, Brief, 352.

auch eine bewahrende Funktion zu. Ein verantwortlicher Umgang mit der Schöpfung ist anzustreben."

Ausrichtung des Unternehmens

Das Unternehmen fühlt sich zur Schonung der Umwelt wie auch zu einem sparsamen Umgang mit den natürlichen Ressourcen verpflichtet. Denn „wir werden unsere Ziele nicht erreichen, wenn wir nicht die Umweltverträglichkeit unserer Produkte und Produktionsanlagen als Kriterium und Verpflichtung miteinbeziehen"[14]. Um eine Gefährdung in jedem Fall und auch dort auszuschließen, wo sie der Gesetzgeber noch nicht durch entsprechende Vorschriften verhindert, gehen die Maßnahmen im Sinn einer verantwortungsvollen Vorsorge über die gesetzlichen Bestimmungen hinaus.

O Zusammenarbeit

Leitsatz

„Die Verbundenheit der Menschheit erfordert eine Zusammenarbeit des Unternehmens nicht nur mit wirtschaftlich-technisch ausgerichteten Einrichtungen im nationalen wie im internationalen Rahmen."

Ausrichtung des Unternehmens

Die Bereitschaft zur Zusammenarbeit des Unternehmens zeigt sich auf verschiedenen Ebenen. Ziel ist jeweils die Stärkung der Wettbewerbsfähigkeit: angestrebt auf der wirtschaftlichen Ebene mittels Kooperationen und Akquisitionen von Unternehmen, auf der technischen durch die Unterstützung von Forschungseinrichtungen und Universitäten, um einerseits über Trends techno-

14 Fakten und Argumente für die gesellschaftspolitische Öffentlichkeitsarbeit (1990), 8.6.

logischer Innovationen ständig unterrichtet zu sein, andererseits, um einen Beitrag zur Förderung des wissenschaftlichen Nachwuchses zu leisten, und auf der gesellschaftspolitischen Ebene neben der Übernahme von Partnerschaften mit Schulen, Hochschulen und Universitäten, der bildungspolitische Austausch durch Mitarbeit in Arbeitskreisen und gesellschaftlichen Institutionen.

O Internationalität

Leitsatz

„Aus der Brüderlichkeit der Menschen erwächst der Auftrag zu internationaler Solidarität. Daraus erwächst für die Unternehmen aus den Industrieländern der Auftrag zur Unterstützung von Unternehmen in Entwicklungsländern, wobei ihr Beitrag den technischen, wirtschaftlichen und kulturellen Aspekt zu umfassen hat.

In dem jeweiligen Land untersteht das Unternehmen der jeweiligen nationalen Gesetzgebung. Das Prinzip der Nichteinmischung in die politischen Angelegenheiten des Gastlandes ist zu wahren. Mit den einheimischen Behörden und der Wirtschaft ist eine Zusammenarbeit auf dem Grundsatz der Fairneß zu gestalten.

Die wirtschaftliche Überlegenheit soll nicht zum Nachteil der Wirtschaft des Gastlandes und dessen weiterer Entwicklung mißbraucht werden.

Ferner gelten auch für die internationalen Geschäftstätigkeiten hinsichtlich der innerbetrieblichen Ausgestaltung sowie für die Einbeziehung des Unternehmens in die Gesellschaft die oben aufgezeigten Leitlinien.

Wirtschaftliche Beziehungen sind zu ändern oder abzubrechen, wenn es sich herausstellt, daß durch wirtschaftliche Beziehungen fortgesetzte oder schwerwiegende Verstöße gegen fundamentale menschliche Werte moralisch unterstützt oder direkt begünstigt werden."

Ausrichtung des Unternehmens

Das Bestreben des Unternehmens um den Auf- und Ausbau einer internationalen Geschäftstätigkeit gipfelt in dem Aufruf Carl Friedrich von Siemens: „Die Zeit der internationalen Abgeschlossenheit ... ist vorüber; wir müssen erkennen, daß wir heute in der Welt voneinander abhängig geworden sind."[15]

Internationale Beziehungen und Unternehmungen bedeuteten in den dreißiger Jahren nichts Außergewöhnliches mehr; vornehmlich ging es nun um die Ausgestaltung dieser Beziehungen, wobei „gegenseitiges Vertrauen und Freundschaft wie zwischen freien Männern die Grundlage gedeihlicher Zusammenarbeit bilden"[16] soll.

Für die durch weltweite Geschäftstätigkeit gekennzeichnete Internationalität des Unternehmens liegt die Hauptausrichtung unternehmerischer Aktivitäten für das nächste Jahrzehnt in der Stärkung der Wettbewerbsposition in der Triade Europa – USA – Japan. Daneben kommt den Unternehmungen in den Entwicklungsländern eine nicht unbedeutende Rolle zu, arbeiten doch rd. ein Drittel der Gesamtbelegschaft des Unternehmens in diesen Ländern.

Die Landesgesellschaften sind dabei integrierter Bestandteil der jeweiligen nationalen Volkswirtschaften.

Neben der Schaffung bzw. dem Ausbau der Absatzmärkte leistet das Unternehmen einen Beitrag zur wirtschaftlichen wie auch sozialen Entwicklung des jeweiligen Landes. Ein politisches Engagement wird grundsätzlich abgelehnt; wo es jedoch notwendig und möglich erscheint, will man auf eine vertiefte Achtung der Menschenrechte hinwirken.

---

15 C.F.v.Siemens, 21.10.1931, Bd. III, 389.
16 ebd.

2. Bewertung

Die einzelnen Kulturelemente weisen hinsichtlich ihrer inhaltlichen Ausrichtung als Einheit von Historie, Gegenwart und Zukunft eine hohe Kontinuität auf. Die Siemens AG verfügt über eine gewachsene Kultur.

In der Art der Entwicklung der Kultur liegt der Unterschied im Vergleich zu manchen anderen Unternehmen, die „die in unserer Gesellschaft geltenden führungsrelevanten Werte und Verhaltensnormen übernommen und zu einem firmeninternen Dokument verdichtet“[17] haben.

Wenn auch die in der 144-jährigen Unternehmensgeschichte der Siemens AG entwickelten Kulturelemente bei der Umsetzung in die „Unternehmensleitsätze“ im Vergleich mit Leitlinien anderer Unternehmen gewisse Parallelen aufweisen, so besteht die Gefahr der Nachahmbarkeit nicht. Die Unternehmenskultur der Siemens AG erweist sich im Besonderen wegen ihres langjährigen durch die Mitarbeiter getragenen Entstehungsprozesses als eine in starkem Maß durch Generationen gewachsene Unternehmenskultur. Auf Grund ihrer Entstehungsdauer und ihrer verhaltensprägenden Elemente stellt sie das abschirmbare Fundament dar, auf dem sich die angestrebte kulturelle Profilierung des Unternehmens in der Gesellschaft wirkungsvoll realisieren läßt.

Einen Bedeutungswandel sehe ich im Unternehmen hinsichtlich des Elementes Wettbewerb.

Bemühte sich die Unternehmensleitung in dem ausgehenden 19. Jahrhundert noch um die Unterstützung anderer Unternehmen und damit um die Wahrung der Konkurrenz durch finanzielle Subventionen, meint Wettbewerb heute auch die selbstverständliche Übernahme von Unternehmen oder einzelnen Geschäftsfeldern anderer Unternehmen.

---

17 Wever (1987), 8.

Die Prognosen gehen dahin, daß durch die weiter fortschreitende Öffnung der internationalen Märkte die Zahl der Mit-Wettbewerber noch weiter steigt, und der Wettbewerb um die Gewinnung und Sicherung von Marktanteilen noch mehr an Bedeutung gewinnt. „Die achtziger Jahre", so Maucher, „waren schon spannend. Doch im kommenden Jahrzehnt wird es in der internationalen Wirtschaftswelt noch sehr viel hektischer zugehen. Die Schnelligkeit, auf Kundenbedürfnisse zu reagieren oder Lücken im Markt aufzuspüren, wird im internationalen Wettbewerb zum Erfolgsfaktor."[18]

Beim Außenstehenden könnte auf Grund dieser prognostizierten Konstellation zunehmend der Eindruck geweckt werden, der Wettbewerb wird als oberstes Gesetz der Wirtschaft auch ihr oberstes Ziel, wenngleich alle Unternehmen in ihren Leitlinien die bestmögliche Entsprechung des Kundennutzens als oberstes Ziel des Wettbewerbs nennen.

Leitlinien nennen die Rahmenbedingungen, an denen sich der einzelne Mitarbeiter aber auch das Unternehmen als Ganzes unternehmensintern wie auch vor der Öffentlichkeit für die Art und Weise der geleisteten unternehmerischen Tätigkeit messen lassen will und muß.

Damit entsprechen Leitlinien ihrer Intention nach den von der Kirche verkündeten grundsätzlichen und allgemeinen Werturteilen[19]. Auf die Ausgestaltung der Wirtschaft nimmt die katholische Soziallehre mittels „Richtlinien und Eckpfeilern" Einfluß.

Auf dieser Ebene zeigt der Vergleich der im Lauf der Geschichte der Siemens AG erwachsenen Kulturelemente mit den aufgestellten Leitsätzen auf der Grundlage der katholischen Soziallehre eine weitgehende Entsprechung.

---

18 Maucher, H., in: Die Welt, Nr. 8, 10.1.1991, 10.
19 vgl. die Ausführungen im 3. Kapitel, 4.4.2.

3. Kapitel: Leitlinien weiterer Industrieunternehmen

Einführung

Nach der vergleichenden Gegenüberstellung der auf der Grundlage der katholischen Soziallehre aufgestellten Leitsätze für unternehmerisches Handeln mit Elementen der Unternehmenskultur der Siemens AG, gehe ich in diesem Kapitel der Frage nach, ob die inhaltliche Ausrichtung der Leitsätze auch in den Leitlinien anderer Industrieunternehmen wiederzufinden ist.

Konkret beziehe ich diese Frage auf sechs von mir ausgewählte Elemente dieser Leitsätze: die Stellung des Menschen im wirtschaftlichen Prozeß, Mitbestimmung, Zusammenarbeit, Gewinn, Gesellschaft, Umwelt.

Angeschrieben wurden von mir 50 der 70 umsatzstärksten Industrieunternehmen in Deutschland aus dem Jahr 1988 lt. der Veröffentlichung in der Frankfurter Allgemeinen Zeitung[1], von denen mir 36 Firmen geantwortet haben und 27 ihre Unternehmensleitlinien übersandten. Einige der 9 Firmen, von denen ich keine Leitlinien vorliegen habe, teilten mir mit, sie würden über keine ausformulierten Leitlinien verfügen[2], andere schrieben, daß sich diese z.Z. in der Erstellung befänden, wieder andere, daß diese dem Unternehmensgeheimnis unterliegen und nur an Mitarbeiter ausgegeben würden.

---

1 FAZ, 22. Juli 1989, Nr. 167, 13.

2 vgl. Die Zeit, Nr. 34, 17.08.1990; auf Grund der Skepsis „gegenüber schriftlichen Deklamationen" setzt die Landesbank Rheinland-Pfalz „mehr auf das persönliche Beispiel, auf das Vorbild, auf die kleinen Signale, die in jedem Gespräch zu empfangen sind. Wir vertrauen auf die Fähigkeit unserer Mitarbeiter, selbst genau zu wissen, was im Sinne ihrer Bank praktikabel ist und was nicht."

Auf Grund der Vielzahl der mir vorliegenden Materialien stelle ich zu den sechs Elementen jeweils nur einen Teil dieser vor.

Anmerkung

Nicht berücksichtigt habe ich dabei die Reihung der einzelnen Elemente in den Leitlinien der Unternehmen, im Wissen darum, daß bewußt auf die Erstellung einer Rangfolge verzichtet werden soll, da alle Ziele als miteinander vernetzt zu betrachten sind, die sich zudem einander bedingen[3].

○ Die Stellung des Menschen im Wirtschaftsprozeß

aus: Führung und Zusammenarbeit in der Daimler-Benz AG – Leitsätze
„Die unserem Unternehmen gestellten Aufgaben sind nur durch die gemeinsame Leistung aller Mitarbeiter zu lösen; erst sie ermöglichen den Erfolg unseres Hauses."

aus: Volkswagen – Führungsgrundsätze
„Für den wirtschaftlichen Erfolg des Unternehmens und die Sicherung der Arbeitsplätze ist insbesondere auch eine vertrauensvolle und wirksame Zusammenarbeit aller ... Mitarbeiter erforderlich."

aus: BASF – Unternehmensleitlinien
„Die BASF sieht in der Leistung, Qualifikation, Einsatzbereit-

---

3 vgl. auch Fischer/Kriese (1987), 20, „keines der Unternehmensziele (Gewinn, Mitarbeiterentwicklung & Führungsstil, Betätigungsgebiet, Kundennutzen, gesellschaftliche Verantwortung) ist die ‚Nummer 1'"; mit dieser Ausrichtung befinden sich die Autoren bzw. die Unternehmensleitlinien der Fa. Hewlett-Packard in inhaltlicher Übereinstimmung mit der Richtlinie des Davoser Manifestes (1973), nachdem es die berufliche Aufgabe der Unternehmensführung ist, Kunden, Mitarbeitern, Geldgebern und der Gesellschaft zu dienen...".

schaft, Mobilität und Loyalität ihrer Mitarbeiter bedeutende Voraussetzungen für den Erfolg des Unternehmens."

aus: Hoechst – Unser Selbstverständnis
„Hoechst versteht sich als Gemeinschaft von Menschen, die in ihrer Arbeit durch gemeinsame Ziele langfristig miteinander verbunden sind."

aus: Leitsätze – Führung und Zusammenarbeit in der Ruhrkohle AG
„Die Ruhrkohle AG hat sich als Unternehmen bestimmte Ziele gesetzt und dazu eine Organisationsform gegeben. Es ist unsere Aufgabe, die gesetzten Ziele gemeinsam zu verwirklichen. Dazu ist eine gute, erfolgsorientierte Zusammenarbeit zwischen allen Mitarbeitern unseres Konzerns notwendig."

aus: Firmenwerbung für MAN[4]
„Auf den Menschen kommt es an. Modernste Technik kann den Menschen nicht ersetzen. Der Mensch entscheidet, die Technik hilft ihm dabei. Unser Erfolg ist der Erfolg außergewöhnlicher Mitarbeiterinnen und Mitarbeiter. ... MAN – dahinter steht immer ein Mensch."

aus: Führungsgrundsätze der IBM Deutschland GmbH
Achtung vor der Persönlichkeit des einzelnen Mitarbeiters[5]

Wir bekennen uns zur Achtung vor den Rechten und der Würde jedes einzelnen Mitarbeiters.
Darum will das Unternehmen

- seinen Mitarbeitern helfen, ihre Anlagen zu entwickeln und ihre Fähigkeiten optimal einzusetzen,

4 Die Welt, Nr. 248, 23.10.90, 9.
5 Schneevoigt (1986) bezeichnet diesen Aspekt als den Kern der IBM Unternehmenskultur, 188.

- nach Leistung bezahlen und fördern,
- für eine Arbeitsbeziehung zwischen den Führungskräften und ihren Mitarbeitern eintreten, die auf Gegenseitigkeit aufgebaut ist und damit
- sicherstellen, daß jeder in fairer Weise gehört wird und Meinungsverschiedenheiten gerecht gelöst werden.

aus: Henkel – Unternehmensleitlinien – Identität, Zweck, Strategien
„Durch ihre Personalpolitik schafft die Henkel-Gruppe eine Unternehmenskultur, in der die Mitarbeiter als Träger aller Unternehmensleistungen gesehen werden. Das Unternehmen fördert die Mitarbeiter und achtet ihre persönlichen Ziele und Überzeugungen. Es wahrt ihre sozialen Belange."

aus: Hoesch-Unternehmensgrundsätze
„Partnerschaft bedeutet Respekt und Achtung vor der Persönlichkeit des anderen und vor seiner Leistung."

aus: Verpflichtungen und Verantwortung Unilevers
„Wo immer Unilever tätig ist, bemüht sich das Unternehmen, ein guter Arbeitgeber zu sein." – die Erläuterung dessen folgt im Anschluß

aus: FAG – Unternehmens-Leitlinien
„Die Mitarbeiter sind Garant für Qualität und Wirtschaftlichkeit der Produkte und Leistungen."

aus: Zielsetzungen Hewlett-Packard
„Wir sind stolz auf unsere Mitarbeiter, ihre Leistung und ihre Einstellung zur Arbeit und zum Unternehmen. In Anerkennung der persönlichen Leistung und der Selbstachtung jedes Mitarbeiters baut das Unternehmen auf die Individualität des Einzelnen."

„... Die individuellen Leistungen der Mitarbeiter sollen anerkannt werden. Darüberhinaus wollen wir Voraussetzungen schaffen, die es ihnen ermöglichen, persönliche Genugtuung sowie Selbstwertgefühl aus ihrer Arbeit zu gewinnen."

aus: Grundsätze – Unternehmensleitbild Austro-Olivetti
„Es ist ein wichtiges Anliegen, daß sich die Mitarbeiter mit den Zielen des Unternehmens identifizieren können und in ihrer Tätigkeit die Möglichkeit zur fachlichen und persönlichen Entfaltung sehen."

O **Zusammenarbeit**

aus: Führung und Zusammenarbeit in der Daimler-Benz AG – Leitsätze
„Der Vorgesetzte anerkennt die Aufgaben und Ziele anderer Bereiche und ist bereit, ihnen alle erforderlichen Informationen zu geben. Er weist die Mitarbeiter auf die Notwendigkeit einer intensiven Zusammenarbeit sowohl innerhalb des eigenen Bereiches als auch mit anderen Bereichen hin, fördert ihre Bemühungen und hilft, Schwierigkeiten in Kontaktbeziehungen abzubauen. ... Der Vorgesetzte fördert die Arbeit in Arbeitsgruppen sowohl durch eigene sachbezogene und aktive Mitarbeit als auch dadurch, daß er geeigneten Mitarbeitern die Teilnahme ermöglicht. ... Von den Mitarbeitern wird die Bereitschaft zu einer kollegialen Zusammenarbeit sowohl im eigenen Bereich als auch darüber hinaus erwartet."

aus: Volkswagen – Führungsgrundsätze
„Vertrauensvolle und gute Zusammenarbeit zeigt sich in gegenseitiger offener Information und Unterstützung." Diese hat in der Art zu erfolgen, „daß sie (Vorgesetzte und Mitarbeiter) handeln und entscheiden können". Notwendig ist andererseits aber auch die Bereitschaft, sich die Erfahrungen und Kenntnisse anderer nutzbar zu machen.

aus: Hoechst – Unser Selbstverständnis
„Die Leistung von Hoechst beruht wesentlich auf der Leistung seiner Mitarbeiter. Sie ist umso größer, je mehr der einzelne seine Fähigkeiten entfaltet. Erst bei guter Zusammenarbeit erreicht die Leistung jedes einzelnen ihre volle Wirksamkeit..."

aus: Grundsätze der BMW Führungskultur
Unter dem Punkt „Gemeinschaft" heißt es wie folgt:
„Während die ethischen Kategorien der Leistung und des Maßes überall gelten, ist der Gemeinschaftsgedanke nur zwischen Menschen möglich, die gleiche Werte teilen und anerkennen.

Gegenseitige Wertschätzung
Wertschätzung beruht auf einer Gegenseitigkeit besonderer Art, da der Selbstwert z.T. erst über den Fremdwert, die Wertschätzung durch den anderen, zustandekommt. Der enge Zusammenhalt, der zwischen Mitgliedern einer Wertgemeinschaft entsteht, geht über Toleranz und Fairneß hinaus und enthält eine aktive Komponente des vom gemeinsamen Grundverständnis, gegenseitiger Wertschätzung und insbesondere von gegenseitigem Vertrauen geprägten Handelns..."

aus: Leitsätze – Führung und Zusammenarbeit in der Ruhrkohle AG
Zu dem Stichwort „Zielfindung und Zielsetzung" heißt es: „Die Entscheidung über Ziele liegt beim Vorgesetzten, doch er handelt klug, die Ziele gemeinsam mit seinen Mitarbeitern zu erarbeiten. Mitarbeiter, die so mitgestaltet haben, identifizieren sich mit den Zielen und empfinden größere Verantwortung."

aus: Grundsätze der Zusammenarbeit und Führung – Deutsche Shell Aktiengesellschaft
Die Grundsätze beginnen mit der Ausrichtung, daß gute Zusammenarbeit aller Mitarbeiter Grundlage für den Unternehmenserfolg ist. In der Folge wird das zugrundeliegende Verständnis von Zusammenarbeit entfaltet. Klare Zielsetzung, Notwendigkeit von

Verantwortung und Kontrolle, rechtzeitiger, sachgerechter und ausreichender Informationsfluß, Entscheidungskompetenz des einzelnen, Anerkennung und Kritik und der Aspekt der Weiterbildung machen den Ziel-Begriff „Zusammenarbeit" transparent.

aus: Führungsleitsätze der Esso A.G.
„Die Zusammenarbeit von Vorgesetzen und Mitarbeitern wird durch Aufrichtigkeit, Vertrauen und Toleranz gekennzeichnet. Der Vorgesetzte beteiligt seine Mitarbeiter an der Vorbereitung von Entscheidungen..."

aus: Henkel – Unternehmensleitlinien – Identität, Zweck, Strategien
„Die Beziehungen zu Mitarbeitern ... werden auf der Grundlage gegenseitigen Vertrauens ... ausgestaltet."

aus: Hoesch – Unternehmensgrundsätze
„Unternehmensleitung, Führungskräfte und Mitarbeiter sind Partner, die sich dem Unternehmen und seinen Zielen verpflichtet fühlen.
Partnerschaft bedeutet Respekt und Achtung vor der Persönlichkeit des anderen und vor seiner Leistung. Partnerschaft entwickelt sich in einem Klima der Offenheit für Ideen und Meinungen, in dem die Argumente des anderen vorurteilsfrei gehört und geprüft werden."

aus: FAG – Unternehmens-Leitlinien
„Nur durch die gemeinsame Leistung aller Mitarbeiter sind die Zielvorstellungen des Unternehmens zu verwirklichen." Wie eine solche erfolgreiche Zusammenarbeit sich gestaltet, wird in der Folge ausgeführt: Kooperativer Führungsstil, Hinführung zu selbständigem Handeln, Ermutigung zu konstruktiver Kritik, rechtzeitiger und umfassender Informationsfluß.

aus: Unternehmensleitbild – Grundig
„Wichtige Eckpfeiler unserer Arbeit sind:
– Offen und sachlich informieren und kommunizieren
...
– Ziele gemeinsam vereinbaren und erfüllen...„

aus: Zielsetzungen der Hewlett-Packard GmbH
„Das Betriebsklima ist geprägt durch die Bereitschaft der Zusammenarbeit sowie durch das Vertrauen und Verständnis zwischen Vorgesetzten und Mitarbeitern."

○ **Mitbestimmung**

aus: Führung und Zusammenarbeit in der Daimler-Benz AG – Leitsätze
aus dem Abschnitt „Aufgaben delegieren":
„... Im Rahmen der Delegation fördert der Vorgesetzte die Selbständigkeit der Mitarbeiter. ... Der Vorgesetzte greift nur dann in die Aufgabenerledigung ein, wenn das Erreichen der Ziele ... gefährdet ist. ... Von den Mitarbeitern wird erwartet, daß sie im Rahmen ihrer Befugnisse selbständig handeln und entscheiden."
Das setzt die Information der Mitarbeiter, deren Beratung und Unterstützung, ihre Beteiligung an den Entscheidungen und die Kontrolle des Erfolges sowie die entsprechende Förderung der Mitarbeiter voraus.

aus: Volkswagen – Führungsgrundsätze
„Aufgaben und Befugnisse übertragen (Delegieren):
Delegieren ist das Übertragen von Aufgaben und der zu ihrer Lösung erforderlichen Entscheidungsbefugnisse.
Der Vorgesetzte hat die Pflicht zu delegieren, um Führungsaufgaben vorrangig wahrzunehmen.
Die Aufgaben und Befugnisse sind den Mitarbeitern durch den Vorgesetzten zu erläutern und überschaubar zu machen. Durch Delegation übernimmt der Mitarbeiter im Rahmen der betriebli-

chen Möglichkeiten die Verantwortung für die Ausübung der ihm übertragenen Aufgaben...
Der Vorgesetze unterstützt seine Mitarbeiter bei der Erfüllung ihrer Aufgaben und gibt ihnen Rat und Anregungen."

aus: BASF – Unternehmensleitlinien
in den Personalleitlinien heißt es:
„Kooperativ führen auf der Basis von Information, Delegation und Zielvereinbarung sowie gegenseitiger Achtung."

aus: Hoechst – Unser Selbstverständnis
„Delegation
Wer Mitarbeiter führt, soll ihnen Aufgben zur selbständigen und verantwortlichen Durchführung übertragen. Er muß dafür die erforderlichen Kompetenzen sicherstellen und alle anderen notwendigen Voraussetzungen schaffen. Von seinen Mitarbeitern wird erwartet, daß sie bereit und fähig sind, Verantwortung zu übernehmen..."

aus: Leitsätze – Führung und Zusammenarbeit in der Ruhrkohle AG
„Wir wollen führen durch Delegation von Aufgaben, Entscheidungsbefugnis und Verantwortung: Führen durch Delegation bedeutet, daß Vorgesetzte Aufgaben, Entscheidungsbefugnisse und Verantwortung auf ihre Mitarbeiter übertragen, um Mitdenken und Initiative zu fördern; denn das Unternehmen braucht auf allen Ebenen Menschen, die fähig sind, Entscheidungen zu treffen und Verantwortung zu tragen." Im weiteren wird diesbzgl. hingewiesen auf die Notwendigkeit eines klar umrissenen Arbeitsbereiches, „...sind (doch) die Mitarbeiter verpflichtet, sachgemäß, fristgerecht und verantwortungsbewußt zu arbeiten, ihre Handlungsspielräume voll zu nutzen und die Verantwortung nicht zurückzugeben".

aus: Grundsätze der BMW Führungskultur
unter der Überschrift „Ergebnis der Arbeit – das Werk“ heißt es: „Eine besondere Aufgabe von Führungskräften besteht u.E. darin, den Mitarbeitern Sinnstrukturen in der täglichen Arbeit mit Hilfe der Delegation von Aufgaben und Verantwortung zu vermitteln, d.h. dem Mitarbeiter das Gefühl zu geben, ein Werk vollbracht zu haben bzw. vollbringen zu können.“

aus: Grundsätze der Zusammenarbeit und Führung – Deutsche Shell Aktiengesellschaft
In dem Abschnitt „Verantwortung und Kontrolle müssen sein“ heißt es:
„Selbständig arbeiten heißt Verantwortung tragen. Dazu muß jeder in seinem Aufgabengebiet bereit sein. Vorgesetzte müssen ihren Mitarbeitern entsprechende Befugnisse einräumen und Verantwortung delegieren. Sie sollen ihre Mitarbeiter anregen, eigene Ideen und Lösungen zu entwickeln und diese positiv aufzunehmen. Nur in Ausnahmefällen soll der Vorgesetzte in Verantwortungsbereiche des Mitarbeiters eingreifen.“ Im folgenden geht es um die Formen der Kontrolle, die Selbst- und die Fremdkontrolle.
Im darauf folgenden Abschnitt folgt der Hinweis auf die Bedeutung der Information, sowohl seitens der Vorgesetzten an die Mitarbeiter wie auch in umgekehrter Richtung, die als „Voraussetzung erfolgreicher Zusammenarbeit“ angesehen wird.
Daraus ergeben sich die Ausführungen über das Treffen von Entscheidungen. „Jeder soll in seinem Aufgabenbereich Entscheidungen in eigener Verantwortung treffen“, wozu der Mut zum Risiko gehört, denn Fehlentscheidungen können nicht ausgeschlossen werden. Bei aller Gewährung der Inanspruchnahme von Beratung darf diese aber nicht dazu führen, „daß Verantwortung laufend zurückgegben wird“.

aus: Führungsleitsätze der Esso A.G.
„Der Vorgesetzte überträgt Aufgaben an seine Mitarbeiter, die diese im Rahmen ihrer Verantwortung selbständig bearbeiten. Dazu werden ihnen entsprechneden Befugnisse und Vollmach-

ten gegeben, die Raum für eigenverantworliches Handeln, für Initiativen und neue Ideen lassen."

aus: Führungsgrundsätze der IBM Deutschland GmbH
In dem Passus „Allgemeine Führungspflichten – Personalverantwortung" wird „Delegation" verstanden als die Übertragung aller Befugnisse, die zur Erledigung der Aufgaben notwendig sind.

aus: Hoesch – Unternehmensgrundsätze
Zur Partnerschaft „gehört ... die Teilhabe an Entscheidungsprozeßen sowie verantwortliches Handeln auf allen Ebenen".

aus: Hewlett Packard – Zielsetzungen
Zum Führungsstil heißt es:
„Wir wollen die Initiative und schöpferische Kraft unserer Mitarbeiter fördern, indem wir dem einzelnen einen weiten Entscheidungsspielraum beim Erreichen der klar definierten Unternehmensziele lassen."

aus: FAG – Unternehmens-Leitlinien
„Führung der Mitarbeiter bedeutet für FAG:
... Vorgesetzte ermutigen ihre Mitarbeiter im Rahmen der Unternehmensziele, der Unternehmensorganisation und der jeweiligen Aufgabenstellung zu selbständigem Handeln. Die Bereitschaft der Mitarbeiter, Verantwortung und abschätzbare Risiken zu übernehmen, wird gefördert."

aus: Unternehmensleitbild – Grundig
„... Führen heißt auch: Verantwortung übernehmen und übertragen..."
„Als Unternehmen tragen wir Verantwortung für ... alle Arbeitnehmer in den Regionen – wir schaffen Arbeitsbedingungen, die es dem einzelnen ermöglichen, seine Fähigkeiten einzubringen und sich zu entwickeln..."

O **Gewinn**

aus: BASF – Unternehmensleitlinien
„Die finanzielle Sicherheit zu wahren, ist eine unerläßliche Voraussetzung für die Existenz der BASF."

aus: Hoechst – Unser Selbstverständnis
„Hoechst braucht Gewinn.
Gewinn ist Maßstab und Lohn für ein erfolgreiches Wirtschaften.
Ein guter Gewinn ist ein Zeichen für ein gesundes Unternehmen mit Zukunft."

aus: Planungsleitlinien – Degussa AG
„Wichtigstes Ziel der Unternehmenspolitik ist die langfristige Sicherung von Ertragsfähigkeit und Wachstum des Unternehmens."

aus: Henkel – Unternehmensleitlinien – Identität, Zweck, Strategien
„Henkel soll Gewinne erzielen.
Aus allen Geschäftsaktivitäten sollen ausreichende Gewinne erzielt werden, um das Wachstum des Unternehmens zu sichern und das eingesetzte Kapital angemessen zu verzinsen."

aus: Hoesch – Unternehmensgrundsätze
„Wir wollen Gewinn erzielen. Gewinn ist der Maßstab für den Erfolg unserer Arbeit. Er ist auch eine wesentliche Voraussetzung für erfolgreiches unternehmerisches Handeln."

aus: Verpflichtungen und Verantwortung Unilevers
„Es steht außer Frage, daß es, um die Kontinuität von Unilever zu wahren, unsere erste Aufgabe und sogar unsere erste Verpflichtung ist, einen angemessenen Gewinn zu erzielen."

aus: FAG – Unternehmens-Leitlinien
„FAG will mit dem erstrebten wirtschaftlichen Erfolg sich selbst und der Volkswirtschaft nützen. Eine langfristige Sicherung der FAG durch eine dauerhafte gute Ertragskraft ist die dem entsprechende Zielvorstellung."

aus: Hewlett-Packard – Zielsetzungen
„Wir wollen Gewinn erzielen, der ausreicht, um das Wachstum unseres Unternehmens zu finanzieren und die Mittel bereitstellen, die wir zur Verwirklichung der anderen Zielsetzungen benötigen."
„...Nur wenn wir weiterhin unsere Ziele bezüglich des Gewinns erreichen, können wir auch die anderen Zielsetzungen unseres Unternehmens verwirklichen."

aus: Grundsätze – Unternehmensleitbild Austro-Olivetti
„Der Weg zum Gewinn führt über Produktivität durch Menschen. Jeder Mitarbeiter überlegt bei jeder Tätigkeit, ob sie dem Unternehmensziel nützt. Ein Unternehmensziel ist unter anderem: Gewinn zu machen. ‚Profit is like health. You need it, and the more the better. But it's not why you exist.' "

○ **Gesellschaft**

aus: Planungsleitlinien – Degussa AG
„Die Degussa ist sich ihrer Verantwortung gegenüber Staat und Gesellschaft bewußt. ... Sie ist bestrebt, ihre Entscheidungen in sozialer Verantwortung und im Einklang mit den Zielvorstellungen der Gesellschaft zu treffen."

aus: Führungsleitsätze der Esso A.G.
„Das Ziel des Vorstandes der Esso A.G. ist es, den Bestand des Unternehmens langfristig zu sichern. Dazu ist es erforderlich, ... die Verpflichtungen gegenüber der Gesellschaft und der Umwelt zu erfüllen."

aus: Führungsgrundsätze der IBM Deutschland GmbH
„Wir akzeptieren die staatsbürgerliche Verantwortung, die wir als Unternehmen im gesellschaftlichen Umfeld auf nationaler und internationaler Ebene haben ...
Wir anerkennen unsere Verpflichtungen als Wirtschaftsunternehmen, unseren Teil zur Entwicklung der Gesellschaft beizutragen. Chancengleicheit für alle – ohne Rücksicht auf Rasse, Hautfarbe, Religion, Nationalität, Alter oder Geschlecht – ist uns ein Anliegen und Richtschnur bei allen unseren geschäftlichen Unternehmungen."

aus: Henkel – Unternehmensleitlinien – Identität, Zweck, Strategien
„Henkel soll die Werte der Gesellschaft achten.
Wertvorstellungen der Gesellschaft sowie staatliche Vorschriften und Verordnungen werden vom Unternehmen verantwortungsbewußt in die eigene Unternehmenspolitik einbezogen und in ihren Auswirkungen in allen Unternehmensbereichen beachtet."

aus: Hoesch – Unternehmensgrundsätze
„Wir achten bestehende gesellschaftliche Wertvorstellungen und bekennen uns zur aktiven Mitwirkung an Aufgaben unserer Zeit. Dazu gehört, daß wir das allgemeine Wohl bei unserer Arbeit nicht außer Betracht lassen, bereit sind, die Öffentlichkeit über unsere wichtigen Absichten unterrichtet zu halten und unseren Beitrag zur Fortentwicklung der Regionen zu leisten, in denen wir ansässig sind."

aus: Verpflichtungen und Verantwortung Unilevers
„... von einem großen internationalen Unternehmen wie Unilever wird erwartet und sogar verlangt, daß es sich in vielen anderen Bereichen engagiert. ... Es ist unser Grundsatz, in jedem Land entsprechend den nationalen Zielen der Wirtschaftspolitik zu handeln, und wir leisten dadurch auch einen positiven Beitrag zur Beschäftigung, zur Erhöhung des Lebensstandards und zur Lö-

sung einiger sozialer Probleme, die sich aus einer sich verändernden Welt ergeben."

aus: FAG – Unternehmens-Leitlinien
„FAG achtet als loyaler Partner die Gesetze eines jeden Landes und respektiert nicht nur die Buchstaben des Gesetzes, sondern genügt ihnen ihrem Sinne nach...
FAG geht davon aus, daß sowohl die Öffentlichkeit als auch die eigenen Mitarbeiter von einem Unternehmen nicht nur erfahren wollen, was es herstellt, sondern auch was es darstellt, von welchen Wertvorstellungen und von welcher Unternehmenskultur es sich bei seinen Entscheidungen leiten läßt."

aus: Hewlett-Packard Zielsetzungen
„Wir wollen unsere sozialen Verpflichtungen in jedem Land und jedem Gemeinwesen, in welchem wir tätig sind, erfüllen, indem wir wirtschaftliche, geistige und soziale Beiträge leisten."
An anderer Stelle wird diese Zielsetzung wie folgt ausgelegt: „Dieses Zielfeld der gesellschaftlichen Verantwortung müssen Unternehmen sehr ernst nehmen. Unternehmen existieren nicht im luftleeren Raum, sondern in einem gesellschaftlichen Umfeld. Zum Wohle der Gesellschaft tragen nicht die anderen, sondern wir, d.h. das Unternehmen, unsere Mitarbeiter, jeder einzelne bei. Wir müssen diese Aufgabe aktiv übernehmen und nicht in ‚passiven' Negativismus verfallen."[6]

○ **Umwelt**

Neben der vorrangigen Berücksichtigung einer Auswahl der Leitsätze der einzelnen Unternehmen zu diesem Thema greife ich zum Zweck noch größerer Transparenz auf die in der Presse publizierten Aktivitäten im Umweltschutz zurück.

---

6 Fischer/Kriese (1987), 22.

Unter dem Slogan „Für den Stern, auf dem wir leben"[7] stellt die Mercedes-Benz AG ihre Aktivitäten im Umweltsektor vor. „Zum Vorbild in der Automobilwelt gehört aber auch der vorbildliche Umgang mit dieser Welt: Mercedez-Benz bekennt sich zu der Verantwortung, die wir als Automobilhersteller für die Erhaltung unserer Umwelt tragen."

Die AEG stellt ihre Aktivitäten im Bereich der Bahnsysteme unter dem Leitgedanken „Zukunft braucht neue Wege"[8] vor. Der weiter wachsende Anspruch auf Mobilität hat ein besonders im Nahverkehrbereich der Städte steigendes Verkehrsaufkommen zur Folge; die Suche nach Lösungen stellt für die AEG eine Herausforderung dar.

aus: Informationen und Berichte der Volkswagen AG
– Unternehmensaufgabe Umweltschutz
„Das Auto und seine Produktion sind nicht ‚umweltneutral'. Der sich daraus ergebenden Verantwortung sind wir uns bewußt. Daher ist Umweltschutz für uns nicht Selbstzweck, sondern zielgerichtet:

- als Beitrag zur Sicherung von Wohlstand und Lebensqualität für uns und nachfolgende Generationen
- zur Erhaltung des Innovationsvorsprunges weltweit und im europäischen Markt und
- als Teil des Unternehmensbildes und der Unternehmenskultur

aus: Unternehmensleitlinien der BASF AG – Leitlinien für den Umweltschutz
„Die BASF hat sich zum Ziel gesetzt, Produkte zu erzeugen, die sicher herzustellen, sicher zu verwenden und sicher zu entsorgen sind. ... Die BASF betreibt in Übereinstimmung mit den Gesetzen und behördlichen Vorschriften verantwortlichen Umweltschutz. ...

7 Die Zeit, Nr. 36, 31.8.90, 46.
8 Die Welt, Nr. 247, 22.10.90, 15.

Die BASF sieht im sachlichen Dialog mit der Öffentlichkeit ein wichtiges Instrument, um das Wissen über Umweltschutz und Produktsicherheit zu mehren und zu vermitteln."

Neben dem alljährlich erscheinenden Umweltbericht stellt das Unternehmen seine Aktivitäten zur Zeit in der Presse unter dem Leitgedanken „Menschen mit Verantwortung" vor. Dabei lädt jeweils ein Mitarbeiter im Namen des Unternehmens zur Besichtung seiner Produktionsstätte ein: „Denn ich möchte Ihnen zeigen, wie wir in der Verfahrenstechnik Umweltproblemen zu Leibe rücken"[9], „...warum wir viel Geld ausgeben, damit der Landwirt gezielter düngen kann"[10], „...denn ich möchte Ihnen unsere Kläranlage zeigen – und was ich alles tue, damit nichts passiert."[11]

aus: Hoechst – Unser Selbstverständnis
„Leben und Umwelt schützen.
Sicherheit und Umweltschutz sind für Hoechst ein Gebot vorausschauenden Handelns und eigener Verantwortung. Sicherheit und Umweltschutz stehen gleichrangig neben dem Ziel der Leistungsfähigkeit im internationalen Wettbewerb. Unsere Produkte sollen umweltverträglich sein. Bei der Herstellung soll die Umwelt möglichst wenig belastet werden."

Ein Beispiel für das Umsetzen des Selbstverständnisses ist das Engagement des Unternehmens unter dem Slogan „FCKW-Stop. – Hoechst handelt"[12], wo auf den bereits begonnenden Ausstieg des Unternehmens aus der FCKW-Technologie im Jahr 1988 hingewiesen wird und der im Jahr 1995 abgeschlossen sein wird.

Die Bayer AG stellt ihre Bemühungen für Umweltschutz[13] u.a. unter dem Slogan „Bayer: Kompetenz und Verantwortung" in überregionalen Tageszeitungen vor. In dem ersten Teil der jeweiligen Ausführung geht es um den zu schützenden Wert, in dem zwei-

9 Die Zeit, Nr. 26, 22.6.90, 36.
10 Die Zeit, Nr. 37, 7.9.90, 7.
11 Die Zeit, Nr. 34, 17.8.90, 23.
12 Die Zeit, Nr. 26, 22.6.90, 22.
13 vgl.: „Leitlinien für Umweltschutz und Sicherheit bei Bayer".

ten um die daraus erwachsende Aufgabe des Unternehmens. „Pflanzen müssen geschützt werden. Unsere Verantwortung ist, daß dabei die Umwelt nicht zu Schaden kommt.“[14] oder: „Keine chemische Produktion ohne Abwässer. Unsere Verantwortung ist, die Natur so gering wie nur möglich zu belasten.“[15] oder: „Die biologische Abwasserreinigung hinterläßt Klärschlamm. Unsere Verantwortung ist, ihn auch umweltgerecht zu entsorgen.“[16]

Unter dem Leitgedanken „Chemie im Dialog“ betreibt auch der Verband der Chemischen Industrie Aufklärungsarbeit.

Im vergangenen Jahr lud man u.a. zum bundesweiten Tag der offenen Tür bei diversen Firmen ein[17], in diesem Jahr wird der Öffentlichkeit die Möglichkeit gegeben, Fragen oder Meinungen zu einem umweltpolitischen Thema zu stellen. Auf die Frage z.B., ob PVC wiederverwertbar ist oder durch umweltfreundlichere Kunststoffe ersetzt werden kann, wird die zunächst sehr bündige Antwort – „PVC ist wiederverwertbar. Es werden derzeit zahlreiche Recyclingsysteme für PVC-Produkte ausgebaut“ – in der Folge entfaltet[18].

„Für uns ist Entsorgung viel mehr als die Versöhnung von Mensch und Natur“. U.a. auch mit diesem Leitgedanken aus der Unternehmensphilosophie der RWE AG – unter dem Slogan „High-Tech. Versorgung. Entsorgung. Wir denken im Ganzen.“ – stellt das Unternehmen die Aktivitäten im Bereich des Umweltschutzes[19] vor. „Der Schutz unserer Umwelt ist eine Aufgabe von grundsätzlicher Bedeutung. Sichere Entsorgung ist aber noch mehr als aktiver Umweltschutz. Denn es gibt auf Dauer keine positive Entwicklung – und damit Wohlstand und Sicherheit für alle – ohne die Erforschung und die Nutzung wirkungsvoller Entsorgungstechnologien...“.

---

14 Die Welt, Nr. 216, 15.9.90, 48.
15 Die Welt, Nr. 251, 27.10.90, 8.
16 Zeit-Magazin, Nr. 39, 21.9.90, 38f.
17 vgl. Die Zeit, Nr. 36, 31.8.90, 64.
18 vgl. Die Welt, Nr. 26, 31.1.91, 8.
19 vgl. auch: RWE – Umweltbilanz.

Mit dem Slogan „Wer die Umwelt verbessern will, muß zuerst sich selbst verbessern“[20] weist die Opel AG hin auf seine Aktivitäten im Umweltschutz. „Opel hat den durchschnittlichen Benzinverbrauch seiner Autos ... in den letzten 10 Jahren um 24% gesenkt und damit auch hier mehr für die Umwelt getan als der Durchschnitt der deutschen Automobilhersteller. Was uns aber nicht daran hindern wird, auch weiterhin besser zu werden.“

aus: Henkel – Unternehmensleitlinien – Identität, Zweck, Strategien
„Henkel soll auf die Umwelt Rücksicht nehmen.
Henkel soll umweltverträgliche Produkte entwickeln und herstellen. Die Produktionsprozesse sollen so gestaltet werden, daß keine Beeinträchtigungen der Umwelt auftreten...“
Der in den Medien publizierte Leitgedanke zu dieser Thematik des Unternehmens lautet: „Unsere Antwort auf Umweltfragen: Qualität“[21].

aus: Leitsätze für den Umweltschutz bei Schering
„Leitsatz 1 – Bekenntnis zur Verantwortung
Wir bekennen uns zu industrieller Aktivität auf der Grundlage wissenschaftlich-technischer Erkenntnisse und zu verantwortungsvollem Verhalten gegenüber der Umwelt unter Beachtung der ökonomischen und technischen Rahmenbedingungen für unsere Tätigkeit im In- und Ausland.

Leitsatz 2 – Sicherheit und Umweltschutz
Unser Unternehmensziel ist es, sichere Produkte auf hohem Qualitätsniveau herzustellen und gewinnbringend zu vermarkten. Dabei darf der wirtschaftliche Nutzen, keinen Vorrang haben ... vor dem Schutz der Umwelt.“[22]

---

20 Die Welt, Nr. 239, 12.10.90, 17.
21 Zeit-Magazin, Nr. 37, 7.9.90, 7.
22 vgl. firmeneigene Kommentierung der Leitsätze.

Die Stromversorger betreiben im Verbund (Bayernwerk Karlsruhe, Bayernwerk München, Elektromark Hagen, EVS Stuttgart, Isar Amperwerke München, Neckarwerke Esslingen, Preussen Elektra Hannover, RWE Energie Essen, TWS Stuttgart, VEW Dortmund) Umweltpolitik. Unter der head-line „Treibhaus. Wir müssen darüber reden“[23] weist man hin auf die Möglichkeit einer vielfältigen Art und Weise der Stromerzeugung.

Ein Zeugnis für die Aktivitäten der ABB:
„Als ein weltweit führendes Unternehmen der Elektrotechnik arbeitet ABB mit Nachdruck daran, neue und bessere Wege zu finden, um Energie umweltfreundlicher gewinnen und nutzen zu können.“[24]

---

23 Die Zeit, Nr. 39, 21.9.90, 17.
24 Die Zeit, Nr. 24, 8.6.90, 23.

Bewertende Zusammenfassung

1. Der Kulturauftrag des Menschen

Vom Schöpfer hat der Mensch den Auftrag erhalten, „selbst Gestalter und Schöpfer der Kultur zu sein“[1]. Denn „nur durch Kultur“[2] gelangt der Mensch zur vollen Entfaltung seines Menschseins. „Sinn und Wert dieser angestrengten Tätigkeit“[3] ist es, „eine Welt zu bauen, wo jeder Mensch .... ein volles menschliches Leben führen kann ...“[4].

Verstanden als Wert steht die Ausgestaltung von Kultur in den verschiedenen Bereichen, so auch im Bereich der Wirtschaft, im Dienst des Menschen.

So heißt es im „Davoser Manifest“ des Dritten Europäischen Managementsymposiums (Februar 1973): „Berufliche Aufgabe der Unternehmensführung ist es, Kunden, Mitarbeitern, Geldgebern und der Gesellschaft zu dienen ...“[5].

Eine ähnliche Definition des Zielhorizontes eines Unternehmens wurde von der „Arbeitsgemeinschaft Soziale Marktwirtschaft“ vorgetragen: „Daseinszweck des Unternehmens ist weder der Profit der Anteilseigner noch der Verdienst oder Unterhaltserwerb der im Unternehmen abhängig Beschäftigten, sondern die Bedienung und Versorgung der aktuellen und/oder potentiellen Kundschaft, der unbestimmten Vielheit der Marktteilnehmer. Um deren Interesse ist daher der Zielhorizont des Unternehmens zu

---

1 vgl. GS, 55.
2 vgl. GS, 53.
3 GS, 33.
4 vgl. PP, 47.
5 vgl. Steinmann (1973), 372f.

erweitern, oder richtiger gesagt, das ist der wahre Zielhorizont jedes einzelnen Unternehmens und aller unternehmerischen Wirtschaft überhaupt."[6]

So definiert Nell-Breuning das Unternehmen als „Wertschöpfungsanstalt": „Als solches dient es den Haushalten, indem es bereitstellt und den Haushalten zur Verfügung stellt, was für diese von Wert ist. Ist Wertschöpfung im Dienst oder zugunsten der Haushalte das Ziel des Unternehmens, dann bildet alles zusammen, was es durch seine Wertschöpfung den Haushalten leisten kann, seinen Zielhorizont."[7]

Dieses Bekenntnis zum Dienst am Kunden und an der Gesellschaft findet in den Leitlinien seine Entsprechung. Die einzelnen Unternehmen sind sich durchweg über die Notwendigkeit eines Beitrages zur Förderung des Gemeinwohls bewußt.

In den Leitlinien sprechen sie von der Anerkennung der Erfüllung der Verpflichtungen, von einer selbstverständlichen Beitragsleistung gegenüber der Gesellschaft, von dem Willen, der Volkswirtschaft zu nützen, von der Achtung gesellschaftlicher Werte und -vorstellungen.

In den Unternehmensleitsätzen der Siemens AG heißt es zur Orientierung am Kunden: „Unser Ziel ist, unseren Kunden in aller Welt Produkte und Leistungen von höchstem Nutzen zu bieten." Zur Ausrichtung an der Gesellschaft lautet der Leitsatz: „Wir sehen uns als integrierten Bestandteil der nationalen Volkswirtschaften und fühlen uns der Gesellschaft ... verpflichtet."

Die Ausrichtung auf dieses Ziel der Wirtschaft bestand in der Siemens AG auch schon vor deren Einbindung in Leitlinien. Für Werner von Siemens bestand die Ausrichtung des technischen Fortschritts neben der Erweiterung des Wissens darin, die Menschheit auf eine höhere Kulturstufe zu führen.

---

6 vgl. Nell-Breuning (1979), 127.
7 a.a.O., 130.

In Anlehnung daran könnte heute eine mögliche allen Einzelaspekten übergeordnete Ausrichtung für das Unternehmen lauten: Den Menschen eine Vision zu geben und mit ihnen die Zukunft zu gestalten.

2. Die Bedeutung des Eigennutzes

Das Motiv für unternehmerisches Handeln, so Plesser ist „die Kombination der kurzfristigen Gewinnoptimierung mit der mittelfristigen Erhaltung der Wettbewerbsfähigkeit und der langfristigen Vertrauensbildung durch Glaubwürdigkeit", weil diese Aspekte in der Zusammenschau „die Marktstellung des Unternehmens, die Zukunftsaussichten, die Rentabilität und damit die Kontinuität des Unternehmens sichern"[8].

So verstandener „Eigennutz" wird „zum Motor für erfolgreiches Handeln durch die Kombination von technischer Machbarkeit, ökonomischer Realisierbarkeit mit ökologischer Vertretbarkeit und ethischer Verantwortbarkeit"[9], denn der Ausschluß des Elementes „Eigennutz" führt zum Nachlassen des Interesses am Ergebnis der Arbeit[10].

Dieses von Plesser so formulierte Unternehmensziel ist die Grundlage für eine Berufsethik der in der Wirtschaft Tätigen, liegt doch in der Erfüllung ihrer Aufgaben das zentrale sittliche Gebot.

Unterstützt wird die Verwirklichung des unternehmerischen Zieles durch die Erstellung einer Unternehmenskultur, womit das Unternehmen das Ziel verfolgt, Wettbewerbsvorteile durch kulturelle Profilierung zu erlangen.

Alle Kulturelemente lassen sich in Ausrichtung auf dieses übergeordnete Ziel lesen. So steht in der Reihung der Unterneh-

8 Plesser (1988), 36.
9 ebd.
10 Plesser (1985), 41.

mensleitsätze der Siemens AG an erster Stelle: „Wir wollen auf dem Gebiet der Elektrotechnik und der Elektronik zu den wettbewerbsstärksten Unternehmen der Welt gehören ...".

Auf die Gefahr, den Eigennutz, verstanden im eigentlichen Sinn des Wortes, insgeheim für bedeutender zu erachten als das Hinwirken auf die Mehrung des Gemeinwohls, weist die katholische Soziallehre in ihren Ausführungen zu den Begriffen „Wettbewerb" und „Gewinn" hin. Der Wettbewerb dürfe nicht zu dem obersten Gesetz der Wirtschaft erhoben werden, Neuberger sieht ihn bereits als den Mittelpunkt aller unternehmerischen Handlungen, die Erwirtschaftung von Gewinn nicht zum letzten Ziel. Nell-Breuning umschreibt die Gefahr dieser einseitigen Ausrichtung mit den Worten: „Der sog. Marktgehorsam ist unbestreitbar eine conditio sine qua non für den Erfolg des Unternehmens, aber wehe, wenn die Leistung des Unternehmers sich darin erschöpft."[11]

In den mir vorliegenden Leitlinien wird von den meisten Unternehmen betont, daß die Erwirtschaftung eines hohen Ertrages wenn auch kein Selbstzweck, so doch „unerläßliche Voraussetzung" (BASF) für die Sicherung der Zukunft des Unternehmens ist. Ferner gilt er als „Maßstab und Lohn" (Hoechst) für den Erfolg der Arbeit. Unilever bezeichnet die Erwirtschaftung von Gewinn als „erste Aufgabe und ... erste Verpflichtung".

Der scheinbare Widerspruch zwischen Gewinnmaximierung und Wahrung des Person-Seins des Menschen verliert an Schärfe, unterscheidet man zwischen subjektiven und objektiven Zielen, zwischen privatwirtschaftlicher und volkswirtschaftlicher Sicht. „Wer wirtschaftliche Produktion ‚unternimmt', ... will (subjektiv) dadurch Gewinne machen, daß er (objektiv) gesellschaftlich nützliche Güter oder Dienstleistungen hervorbringt und auf dem Markt anbietet."[12]

---

11 Nell-Breuning (1983b), 70f.
12 Kerber (1990), 246f.

3. Die Wahrung der Selbstzwecklichkeit des Menschen

Mit der Einbindung des „Eigennutzes“ als Wert in die „gleichzeitig und verhältnismäßig zu beachtende Gemeinnützigkeit“ als „regulierendes Gegengewicht“[13] wird der Selbstzwecklichkeit des Menschen[14] entsprochen.

Aus der Grundformel des Kategorischen Imperativs – „Handle nur nach derjenigen Maxime, durch die du zugleich wollen kannst, daß sie ein allgemeines Gesetz werde“[15] – ergibt sich für Kant als eine der drei Unterformeln die Selbstzweckformel: „Handle so, daß du die Menschheit, sowohl in deiner Person, als auch in der Person eines jeden anderen, jederzeit zugleich als Zweck, niemals bloß als Mittel brauchest.“[16]„Ein vernünftiges Wesen (ist) so zu behandeln, daß es als vernünftiges in die Maxime seiner Behandlung einstimmen kann. Der andere wird als Zweck an sich selbst behandelt, wenn die Weise, wie er behandelt wird, ihm gegenüber gerechtfertigt werden kann.“[17]

Schon die rein formale Forderung ohne Nennung inhaltlicher Kriterien weist die Richtung der Ausgestaltung der Unternehmensethik auf, wonach ein Unternehmen „wirtschaftlichen Zwecken förderlich sein kann und soll, ... aber niemals allein aus diesen Zwecken begründet und niemals vollständig für Erwerbszwecke instrumentalisiert werden darf“[18].

---

13 Plesser (1988), 38; an anderer Stelle spricht Plesser (1985) von der „Symbiose von Eigennutz und Gemeinnützigkeit“, 42.

14 Kant, Grundlegung zur Metaphysik der Sitten (GMS), B 64f: Der Mensch „und überhaupt jedes vernünftige Wesen, existiert als Zweck an sich selbst, nicht bloß als Mittel zum beliebigen Gebrauche für diesen oder jenen Willen, sondern muß in allen seinen, sowohl auf sich selbst als auch auf andere vernünftige Wesen gerichteten Handlungen jederzeit zugleich als Zweck betrachtet werden“.

15 GMS, B 52.

16 GMS, B 66f.

17 Ricken (1983), 105.

18 Koslowski (1988), 43.

Instrumentalisiert bzw. funktionalisiert wird der Mensch dann, wenn er nur noch Objekt, Mittel im Wirtschaftsprozeß ist und nicht mehr die Orientierungsinstanz, Subjekt und Sinnmitte aller gesellschaftlichen Handlungen[19]. Dieser Umstand wäre z.B. dann gegeben, wenn Unternehmen den ökonomischen Erfolg „gegen diejenigen erringen wollen, die ihre Mitarbeiter sind"[20].

4. Zur Stellung des Menschen im Wirtschaftsprozeß gemäß der Leitlinien

Aus den mir vorliegenden Leitlinien ist generell eine solche Instrumentalisierung oder Funktionalisierung – oder wie es Neuberger sagt: Der Mensch ist Mittel. Punkt. – nicht herauszulesen. Der Grund mag in der Einsicht liegen, daß Unternehmen „Erfolg immer nur dann erringen können, ... wenn der Erfolg des Konzerns erkennbar und begreifbar auch der Erfolg des einzelnen Mitarbeiters des Konzerns ist"[21]. „Wo der Mensch aber dazu benützt wird, bessere Ergebnisse zu erzielen, wo der Mensch ... ethisch ausgebeutet wird, schlägt es irgendwann zurück."[22]

5. Zur Einbindung des Mitarbeiters in den Wirtschaftsprozeß

○ Zusammenarbeit

Aus allen vorgestellten Unternehmensleitlinien zu diesem Aspekt ist herauszulesen, daß Solidarität im Sinne von Zusammenarbeit nicht nur wünschenswert ist, sondern deren Verwirklichung auch über die Bereichsgrenzen hinaus gefordert wird.

19 vgl. Reisinger (1989), 39f.
20 Donnersmarck (1987), 14.
21 ebd.
22 a.a.O., 19.

So heißt es in den „Grundsätzen der Organisation und Zusammenarbeit der Siemens AG“, daß Unternehmensziele nur dann erreicht werden, wenn alle Mitarbeiter an deren Verwirklichung mitarbeiten oder im „Selbstverständnis“ der Hoechst AG, daß die Leistung des Unternehmens wesentlich von der Leistung seiner Mitarbeiter abhänge. Gefördert werden könne diese mittels Aktivierung verschiedener Komponenten: Leistungsbereitschaft, Beurteilung, Identifikation, Vertrauen, Information, Kritik, Weiterbildung, Einarbeitung, Hilfeleistung.

O **Mitbestimmung**

Die katholische Soziallehre, so Nell-Breuning, fordert in Anlehnung an das Subsidiaritätsprinzip ein „verantwortungsfreudiges Handeln aus eigenem Antrieb und nach eigener Einsicht, ohne daß man erst durch Vorschrift gesagt bekommen muß, was man zu tun hat“[23].

Dieser Appell steht in inhaltlicher Übereinstimmung mit der Intention aller Unternehmensleitlinien[24]. Wie auch die Bereitschaft zur Zusammenarbeit wird die Selbständigkeit der Mitarbeiter hinsichtlich der Durchführung der gestellten Aufgaben nicht nur gewünscht, sondern erwartet und entsprechend gefördert. Die Rückgabe von Verantwortung an den Vorgesetzten wird allein schon auf Grund seines Eingebundenseins hinsichtlich der Erledigung der ihm gestellten Aufgaben als kein sinnvoller Lösungsweg verstanden. Wie es das Subsidiaritätsprinzip vorsieht, soll

---

23 Nell-Breuning (1978), 124f. in Anlehnung an GS, 31.

24 vgl. Kirsch (1967), 118–147, der von der „Einsichtigkeit“ der Unternehmen spricht, gemäß der in diesem Prinzip grundgelegten Forderung zu verfahren; Karner bezeichnet das Subsidiaritätsprinzip gar „als das modernste Managementprinzip“ (Mitschrift eines Vortrages auf der WU Wien, 6/1988); nicht nur gewünscht, erwartet wird in der Praxis, so Karner (1987), von den Mitarbeitern die Umsetzung der von Nell-Breuning angesprochenen zwei Seiten des Prinzips: „Genauso wie es falsch ist, das, was der einzelne durch Eigeninitiative in seinem engen Umfeld erledigen/erzielen kann, an die Gesellschaft abzutreten, genauso falsch und ungerecht ist es, etwas auf höheren hierarchischen Ebenen als notwendig erledigen zu lassen.“

der Vorgesetzte gemäß den Leitlinien der aufgeführten Unternehmen auch nur dann in den Handlungsbereich des Mitarbeiters eingreifen, „wenn das Erreichen der Ziele ... gefährdet ist" (Daimler-Benz) – gleichsam zu verstehen als Hilfe zur Selbsthilfe.

Nicht zuletzt steigert die Aufforderung zu selbständigem, verantwortlichem Handeln die Schaffensfreude des Mitarbeiters; auch lassen sich Konfliktursachen schneller ausfindig machen.

Der Begriff der „Mitbestimmung" der Mitarbeiter wird in den Leitlinien durch den der „Delegation", „das Übertragen von Aufgaben und der zu ihrer Lösung erforderlichen Entscheidungsbefugnisse", so den Führungsgrundsätzen der Volkswagen AG entnommen, ersetzt, wobei Delegation lt. den „Grundsätzen der BMW Führungsstruktur" nicht nur Mittel zur Leistungssteigerung ist, sondern den Raum zur Vermittlung von Sinnstrukturen bietet.

6. Die Bedeutung der Verantwortung

Das Fehlen eines allgemein verbindlichen Wertsystems[25] in unserer Gesellschaft führt zur der Schwierigkeit der Formulierung allgemeingültiger Maximen.

Auch in der Wirtschaft Tätige bekennen sich zur Werturteilsfreiheit. Die Verkündigung verbindlicher Handlungsnormen wird deshalb abgelehnt. Die Folge ist die, daß „man zwar über einen erfolgs- und wachstumsorientierten Pragmatismus verfügt, der jedoch auf keiner geistig-ideellen Grundlage steht"[26]. Doch gerade mit der Ausblendung wirtschaftsethischer Fragestellungen, „ge-

---

25 vgl. Bierich (1988), 1; in die gleiche Richtung zielt die rhetorische Frage Spatschek's (1988): „Wer ist aber heute die Institution, die ethische Normen aufstellen könne...Da gebe es eben keine allgemeingültigen Antworten mehr", 23.

26 Rückle (1987).

winnt ... die Orientierung des Verhaltens an der monetären Rentabilität normative Bedeutung"[27].

Auf die Frage, vor wem der in der Wirtschaft Tätige sein Handeln zu verantworten habe, gibt es bei aller Vielzahl der Begründungen eine durchgängige Meinung. Der Einzelne hat letztendlich sein Tun vor sich selber zu verantworten.

Demmer weist darauf hin, daß „für den Anspruch auf ethisch-moralisches Verhalten sie (die in der Wirtschaft Tätigen, eig. Anm.) auf sich selbst angewiesen sind"[28]. Plesser erklärt, daß er die Art und Weise der Legitimation der Glaubwürdigkeit als Kriterium der Unternehmenspolitik dem Unternehmer selber überlassen sehen will: „Ob ... er für diesen immateriellen Wert die katholische Soziallehre, die evangelische Ethik ... oder ... das Humanum als Richtschnur" ansieht, „hängt von ihm selbst ab."[29] Verbindliche Normenkataloge aber seien als ein Schritt in die zentral gesteuerte Wirtschaft abzulehnen[30].

Damit befindet man sich in Übereinstimmung mit der Aufassung der katholischen Soziallehre. Was die Enzyklika „Populorum progressio" in Bezug auf die Völker sagt, gilt analog auch für den einzelnen: Weil der Mensch Baumeister seines eigenen Fortschritts ist, muß er selbst auch an erster Stelle die Last und Verantwortung dafür tragen[31].

Bei aller Zubilligung eines persönlichen Entscheidungsspielraumes hält man dennoch im allgemeinen „Eckpositionen, innerhalb derer die unternehmerischen Ziele angestrebt, die Methoden ge-

27 vgl. Kerber (1990), 255; ebd.: „All die scharfsinnigen methodologischen Überlegungen einer wertfrei verstandenen Theorie der Wahlakte lassen sich in der Anwendung auf die Praxis nicht voll durchhalten, und so geht man in der tatsächlich geltenden Theorie doch wieder von einem homo oeconomicus klassischer Prägung als dem handelnden Wirtschaftssubjekt aus, dem der monetäre Gewinn wichtiger ist als alle anderen menschlichen Werte."

28 Demmer (1988), 1.

29 Plesser (1988), 36f.

30 vgl. a.a.O., 37.

31 vgl. PP, 77.

wählt werden und die unabdingbare Flexibilität erhalten bleibt"[32], Leitlinien, die eine Möglichkeit sind, die reine Willkürfreiheit einzuschränken, sowie dem einzelnen einen gewissen Orientierungsrahmen bieten, für unverzichtbar[33].

Ohne sie erwiese sich auch der in den Unternehmensleitlinien enthaltene zentrale Begriff der „Verantwortung" als bedeutungslos. Neben der Tatsache, daß er im Zusammenhang mit der Ausrichtung des Unternehmens auf die Gesellschaft wie auch auf die Umwelt in so gut wie allen expressis verbis aufscheint, herrscht auch hinsichtlich des Verständnisses dieses Begriffs Übereinstimmung. Allgemein gilt, daß Verantwortung sowohl die Wertschätzung längerfristiger Interessen gegenüber den unmittelbar partikulären Interessen meint, als auch der damit notwendig verbundene Realitätssinn, „der die Verantwortung anmahnt, keine großen visionären Würfe anzugehen, die nicht an vernünftigen Eckpfeilern immer wieder reversibel wären"[34].

Für die Firma Siemens gibt es „ethische Grundsätze im engeren Sinn" nicht, „da sich ein Unternehmen, das auf dem Weltmarkt agiert, solch globalen Grundsätzen verschreiben müßte, die dann in ihrer Globalität eben auch nicht greifen würden"[35]. Allerdings setzt das Unternehmen den verantwortlichen Führungskräften Rahmenbedingungen, u.a. in Form der in dieser Arbeit vorgestellten Kulturelemente, von Unternehmensleitsätzen und Grundsätzen der Organisation und Zusammenarbeit, aber auch von Schulungsmaßnahmen zu wirtschaftsethischen Fragestellungen.

Auf die Frage, wie zwischen der Notwendigkeit der Entlastung und der Notwendigkeit konkreter Zuweisung von Verantwortung für die Folgen wirtschaftlichen Handelns zu vermitteln ist, verfährt man im Unternehmen nach dem Prinzip, daß die Entscheidung, ob ein Tun ethisch verantwortbar ist oder nicht, der jeweili-

32 a.a.O., 34.
33 Kerber (1990), 257.
34 Reuter (1989b), 140.
35 Kürn (1989), 95.

gen Führungskraft obliegt[36]. „Wir erwarten allerdings ... von unseren Führungskräften, daß diese nicht bewußt unmoralisch handeln. Tauchen dennoch Probleme auf, wird sich ... das Unternehmen vor die Führungskraft stellen."[37] Wenn auch „natürlich letztendlich das Unternehmen die Verantwortung für das Fehlverhalten der Mitarbeiter" übernimmt, so „wird bei uns das personalpolitische Prinzip vertreten, daß jeder Mitarbeiter Fehler macht und machen wird (das ist natürlich, da menschlich), aber ein Fehler sollte nur einmal gemacht werden"[38].

Aus Zweifel an einem Erwachsen der Verantwortung aus eigener Intention ist Detharding der Ansicht, daß die konsequente Einhaltung von Verantwortung „nur über gesellschaftlichen Druck"[39] möglich ist. Wie „Moral" hat auch Verantwortung „nur eine Chance, wenn sie Gesetz ist und sich rechnet"[40].

---

36 vgl. dazu die Stellungnahme des Vorstandsvorsitzenden Kaske, in: Die Welt, Nr. 21, 25.1.1991, 10, der auf Vorwürfe, die Siemens AG „habe dem Irak sensitives Know-how gegeben", antwortet: „Die Siemens-Mitarbeiter wissen, daß sie sowohl nach dem Buchstaben als auch nach dem Geist der Gesetze zu handeln haben und daß sie im Zweifelsfalle – wie bereits geschehen – auf Auf träge verzichten sollen."

37 Kürn (1989), 98.

38 Kürn (1989), 97.

39 Detharding (1989), 142.

40 vgl. Greffrath (1990), 40.
In diesem Zusammenhang weist Kerber (1990), 248–255, auf die Möglichkeit hin, daß „betriebliche und ethische Kostenrechnung in Konflikt" geraten können.
Beispielsweise wird die „Humanisierung der Arbeitswelt" von Seiten des Unternehmens solange uneingeschränkt befürwortet, solange sie keine monetären Kosten für das Unternehmen verursacht. Ist dies aber der Fall, so wird oftmals darauf hingewiesen, daß der Kostenaufwand sich rechne, da sich bessere Arbeitsbedingungen und ein angenehmeres Betriebsklima auch positiv auf die Arbeitsproduktivität der Mitarbeiter auswirken. Auch in diesem Fall gibt es keinen eigentlichen Rationalitätskonflikt. Zu dem kommt es aber dann, wenn solche Maßnahmen Kosten verursachen ohne das unternehmerische Ergebnis zu verbessern.
„Auf freiwilliger Basis kann ein Unternehmen sich solche soziale Maßnahmen nur innerhalb enger Grenzen leisten, wenn dadurch nämlich seine Stellung am Markt nicht gefährdet wird" oder aber, wenn soziale Maßnahmen dieser Art durch Tarifvertrag oder Gesetz allgemein vorgeschrieben und damit für alle Unternehmen des betreffenden Bereiches verbindlich gemacht werden, um

7. Die Bedeutung des Gewissens

„Grundsätzlich", so Klose, „hat der Unternehmer wie jeder andere Mensch sein gesamtes Handeln nach seinem Gewissen zu bestimmen"[41]. Daß er aber auch „real" die Möglichkeit hat[42], Entscheidungen aus seiner Gewissensverantwortung zu treffen, dazu scheinen Leitlinien unverzichtbar zu sein.

Neben der Einschränkung der reinen Willkür und der Gewährung eines Orientierungsrahmens geben sie die Ausrichtung vor, weil „sich der Unternehmer mit seinem Gewissen allein fühlt"[43]. Die Überschrift eines Artikels formuliert diese Thematik so: „Auf der Suche nach dem ruhigen Gewissen. ... Die Suche nach einer verbindlichen Wirtschaftsethik ist in vollem Gange."[44]

Eine Erhebung unter in der Wirtschaft Tätigen bestätigt die Bedeutung des Gewissens. Auf die Frage, wem man sich in erster Linie verantwortlich fühlt, wurde die Antwortvorgabe „meinem Gewissen" von 59% der Befragten ausgewählt; 36% haben ihm gegenüber eine indifferente Haltung, von 5% wird es als entscheidene Instanz abgelehnt[45].

Das dem Gewissen gemäße Verhalten ist für einen Teil der Befragten ein Agieren nach der Lebensregel: „Handle so, daß die Richtschnur Deines Handelns als allgemeines Gesetz gelten kann"; ein Drittel setzte diese an die erste Stelle[46].

---

dadurch die Wettbewerbsfähigkeit zu sichern, hier: 250f; dazu Wetter, in: Nahrendorf (1989), 1: „Der Staat hat eine Rahmenordnung zu schaffen, die den Notwendigkeiten des Gemeinwohls Rechnung trägt und sittliches Handeln ermöglicht, fördert und gegebenfalls auch erzwingt, damit durch die Willkür von Einzelunternehmen in der Verfolgung ihrer Ziele dem Gemeinwohl kein Schaden zugefügt wird."

41 Klose (1988), 65.

42 vgl. a.a.O., 76.

43 Plesser (1988), 56.

44 Management Wissen (12/1988), 52.

45 vgl. Kaufmann u.a. (1986), 68.

46 a.a.O., 202, vgl. Frage 13, 306 und Frage 16, 308f.

Schlußbetrachtung

Der Mensch ist ein Kulturwesen. Von seiner frühesten Kindheit an erlebt der Mensch Kultur.

Daß aber der Mensch als Kulturwesen zur vollen Entfaltung des wahrhaft Menschlichen gelangt, dazu bedarf es der grundlegenden Ausrichtung durch das Sittliche. Das Sittliche ist dabei aber nicht etwas zum Menschen Hinzukommendes, sondern ist das einmal aus der Erfahrung und der Vernunft als menschenwürdig Erkannte: das sittlich Richtige ist das menschlich Richtige.

Das Leben in und mit Kultur stellt für den Menschen seine ihm gemäße Lebensform dar. Demnach kann nur der Kulturbegriff der Wirklichkeit genügen, der alle Lebensbereiche des Menschen umfaßt.

Die Wirtschaft ist einer der Kultursachbereiche, jedes einzelne Unternehmen ein Kulturbereich des Menschen. Neben seiner Funktion als Produktionsstätte im wirtschaftlichen Sinn bietet es auch den Raum zu schöpferischer Persönlichkeitsentfaltung aller in einem Unternehmen Tätigen.

Bedingt durch seine Bezogenheit auf die Entfaltung der existentiellen Zwecke des Menschen erhält der wirtschaftliche Wert seine sittliche Grundlegung: „Das wirtschaftliche Prinzip als Sachprinzip der Wirtschaft ist zugleich auch ein sittliches Prinzip.“[1]

Wirtschaftlich „richtiges“ Handeln geschieht unter der Berücksichtigung sachbezogener und sittlicher Normen: Wirtschafte sachgemäß! Wirtschafte gewissenhaft![2]

Zusammenfassend ist auf die Frage, inwieweit die in Unternehmenskulturen zum Ausdruck gebrachten sittlichen Grundwerte

1 Weiler (1985), 12.
2 vgl. Nawroth (1989), 63–72, hier: 63.

und Prinzipien wirtschaftlichen Handelns mit der in der katholischen Soziallehre vertretenden Wirtschaftsethik übereinstimmen, eine durchgängige Entsprechung festzustellen.

Bestätigt wird dieser primär an der Unternehmenskultur der Siemens AG geführte Aufweis durch den Vergleich mit Leitsätzen weiterer Unternehmen aus der Industrie.

Wenngleich damit auch noch keine Aussage über die Art der praktischen Umsetzung gemacht ist, so „besteht zumindestens eine gewisse Chance, daß durch solche Leitsätze ein gemeinwohlorientiertes Handeln begünstigt wird“[3].

---

3 vgl. Kerber (1990), 257.

Abkürzungsverzeichnis

RN	Rerum novarum, Leo XIII., 1891.
QA	Quadragesimo anno, Pius X., 1931.
ACLI	Ansprache an die Delegierten der italienischen christlichen Arbeitervereine (ACLI), Pius XII., 11. März. 1945.
MM	Mater et magistra, Johannes XXIII., 1961.
PT	Pacem in terris, Johannes XXIII., 1963.
GS	Gaudium et spes, 2. Vatikanisches Konzil, 1965.
PP	Populorum progressio, Paul VI., 1967.
IAO	Ansprache vor der Internationalen Arbeiterorganisation (IAO), Paul VI., 10. Juni 1969.
OA	Octogesima adveniens, Paul VI., 1971.
LE	Laborem exercens, Johannes Paul II., 1981.
SRS	Sollicitudo rei socialis, Johannes Paul II., 1987.
CA	Centesimus annus, Johannes Paul II., 1991.

Enzykliken und Ansprachen werden zitiert nach:
Texte zur Katholischen Soziallehre (1989).

Die letzte Enzyklika „Centesimus annus“ wird zitiert nach:
Verlautbarungen des Apostolischen Stuhls, 101.

Literaturverzeichnis

Auer, A. (1987), Wirtschaftsethische Aspekte des Umweltschutzes, in: Umwelt und Gewissen, Hrsg.: AG Christlicher Unternehmer, 46–68.

ders. (1988), Autonome Moral im Blick auf wirtschaftsethische Fragestellungen, in: Dialogprogramm ..., Bd. 1, 1–9.

Bader, E. (1990), Die geistige Grundlegung der christlichen Sozialreform: Karl v. Vogelsang, Wien.

Baker, E.L. (1980), Managing Organizational Culture, in: Management Review, 7/1980, 8–13.

Barnard, C.J. (1938), The Functions of the Executive, Cambridge.

Baumgartner, A. – Korff, W. (1990), Das Prinzip Solidarität, Strukturgesetz in einer veränderten Welt, in: Stimmen der Zeit, Heft 4, 115.Jg., 237–250.

Bidney, D. (1968), Theoretical Anthropology, New York.

Bleicher, K. (1990), Unternehmensphilosophien im internationalen Wettbewerb, in: zfo, 1/1990, 5–14.

Böckle, F. (1978), Fundamentalmoral, München².

Brantl, S. (1985), Unternehmenspolitische Rahmenplanung und moralisch-praktische Rationalisierung der Unternehmensführung, München.

Bierich, M. (1988), Solidarität in der Marktwirtschaft, in: Handelsblatt, Nr. 199, 14./15.10.1988, 1.

Bourjau, M. (1987), Wertvollstes „Kapital" bedarf sorgfältiger Pflege, in: Handelsblatt, 19.11.1987.

Bund Katholischer Unternehmer (1990), Umweltschutz und Kernenergie, Diskussionsbeiträge Nr. 12., Trier.

Burhenne, K. (1932), Werner Siemens als Sozialpolitiker, München.

Calvez, J.-Y.; Perrin, J. (1965), Kirche und Wirtschaftsgesellschaft, 2 Bände, Recklinghausen.

Deal, T. / Kennedy, A. (1987), Unternehmenserfolg durch Unternehmenskultur, Bonn.

de Chardin, T. (1959), Der Mensch im Kosmos, München.

Degenhardt, J.J. (1989), Unternehmertum aus der Sicht der katholischen Soziallehre, Paderborn.

ders. (1989b), Der Unternehmer in katholischer Sicht, in: s. Roos/Watrin, 11–26.

Demmer, Chr.(1988), Die Unternehmer – ratlos, Wie weit reicht ihre Verantwortung?, in: FAZ, 8.11.1988.

Detharding, H. (1989), Mit der Rettung der Welt überfordert, in: Manager Magazin 2/1989, 142.

Deting (1989), Corporate Identity und Werbung und Design, in: Corporate Culture/Corporate Identity, Workshop in Nürnberg der Siemens AG, 8f.

Dialogprogramm Wirtschaft und christliche Ethik (1988/89), Hrsg.: Akademie der Diozese Rottenburg-Stuttgart u.a., 5 Bände.

Dill, P.(1986), Unternehmenskultur, Grundlagen und Anknüpfungspunkte für ein Kulturmanagement, Bonn.

Dill, P. / Hügler, G. (1987), Unternehmenskultur und Führung betriebswirtschaftlicher Organisation, in: Heinen (1987), Unternehmenskultur, München, 141ff.

Dormeyer, H.-J./ Kettner, Th. (1987), Kulturkonzepte in der allgemeinen Kulturforschung, in: Heinen (1987), Unternehmenskultur, München, 49ff.

Dorn, D. (1989), Betrieblicher Umweltschutz in einem Großunternehmen, Das Beispiel Siemens AG, in: zfo, 2/1989, 89–93.

Dröge, W. (1987), Strategien zur Unternehmensentwicklung, Krisen- und Erfolgsfaktor bleibt der Mensch, in: Blick durch die Wirtschaft, 9.12.1987.

Duch, K.Chr. (1985), Unternehmenskultur auf dem Prüfstand, in: Personalwirtschaft 11/85, 427–436.

Endres, J. (1989), Gemeinwohl heute, Innsbruck.

Fetsch, C. (1989), Wirtschaftliches und soziales Handeln im Unternehmen, in: s. Roos/Watrin (1989), 27–40.

Fischer, H. – Kriese, R. (1987), Risikomanagement: ein ganzheitlicher Ansatz, in: gdi-impuls, 3/1987, 16–23.

Fortmann, H. (1987), Unternehmenskultur und Mitarbeiter, in: Personalführung 11–12/87, 186–793.

Gabele, E. (1982), Unternehmens- und Führungsgrundsätze, Wirkungslose Lippenbekenntnisse oder Wegweiser zum Erfolg?, in: Die Unternehmung 3/1982, 185–204.

Gaspari, Chr. (1988), Ethos für die Wirtschaft, Über ein Symposium in Wien zum Thema „Die moderne Wirtschaft-Ethik und Realität", in: Die Furche, 27.5.1988.

Geiger, Th. (1949), Aufgaben und Stellung der Intelligenz in der Gesellschaft, Suttgart.

Gesprächskreis Kirche – Wirtschaft (1983), Kirche und wirtschaftliche Unternehmen im internationalen Spannungsfeld, Zürich².

Goetzeler, H. / Schoen, L. (1986), Wilhelm und Carl Friedrich von Siemens, Die zweite Unternehmergeneration, Stuttgart.

Gottschall, D. (1975), Am Menschen vorbeigeschrieben?, in: Manager Magazin, 2/1975, 76–80.

Grave, F. (1991), Was erwartet die Kirche vom Unternehmer, in: Bund Katholischer Unternehmer (BKU), Ausgewählte Vorträge Nr. 13, Köln.

Greffrath, M. (1990), Das Prinzip Goldmarie – Moral ist gut. Politik ist besser. Am besten aber sind Menschen, die sich darum kümmern, in: Die Zeit, Nr. 6, 2.2.1990, 40.

Greverus, M. (1978), Kultur und Alltagswelt – eine Einführung in Fragen der Kulturanthropologie, München.

Grimm, W. (1986), Unternehmenskultur als Erfolgsfaktor, in: Personalführung 7/86, 295–298.

Grüner, M. (1986), Menschen machen Wirtschaft: Für die Menschen, in: Personalführung 7/86, 308–309.

Gussmann, B. / Breit, C. (1987), Ansatzpunkte für eine Theorie der Unternehmung, in: Heinen (1987), Unternehmenskultur, München, 107ff.

Guth, W. (1981), Führungswechsel und Kontinuität im Unternehmen, Vortrag anläßl. des 70. Geburtstages von Peter von Siemens.

ders. (1988), Die Ethik des Gewinnstrebens, in: FAZ, 26.11.1988, 15.

Halfpap, K. (1989), Von der „Philosophie“ zur „Kultur“ des Unternehmens, in: Lernfeld Betrieb 2/1989, 8–10.

Hartfelder, D. (1985), Man wollte doch den harten Führungsstil abbauen..., in: Management Zeitschrift 10/1985, 459–461.

Heinen, E. (1987), Unternehmenskultur, München.

Hengsbach, F. (1989), Der Unternehmer in der Sozialverkündigung der Kirche, in: s. Roos/Watrin (1989), 41–52.

Henkel von Donnersmarck, A.H. (1987), „Ist verantwortbar, was hier geschieht?“, in: Manager Magazin, 6/1987, 306–313.

Hinterhube, H.H. (1986), Strategie, Innovation und Unternehmenskultur, in: Blick durch die Wirtschaft, 20.10.1986.

Hirtenbrief der katholischen Bischofkonferenz der USA (1987), Wirtschaftliche Gerechtigkeit für alle, Hrsg.: Kath. Sozialakademie Österreichs u.a., Wien.

Hochstätter, D. (1990), Lorbeer und Mammon, Elementare Sinnfragen werden neu gestellt, in: Wirtschaftswoche, Nr. 5, 26.1.1990, 34–44.

Höffner, J. (1969), Die christliche Heilsbotschaft – Richtmaß des Sozialen, in: BKU, Beiträge zur Gesellschaftspolitik, Nr. 4, Köln.

ders. (1975), Christliche Gesellschaftslehre, Kevelar[6].

ders. (1980), Mensch und Natur im technischen Zeitalter, in: Zukunft der Schöpfung – Zukunft der Menschheit, Hrsg.: Die Deutschen Bischöfe, Nr. 28, Bonn, 22–45.

ders. (1985), Wirtschaftsordnung und Wirtschaftsethik, Hrsg.: Deutsche Bischofskonferenz, Heft 12, Bonn.

ders. (1986), Ein humanes Leitbild für die Wirtschaft, Fünf Aussagen der katholischen Soziallehre zum Leistungswettbewerb, in: FAZ, 17,5,1986, 15.

ders. (1987), Theologische Sinndeutung des christlichen Sonntags, in: BKU, Diskussionsbeiträge, Nr. 9, Bonn, 6–11.

Hoffmann, F. (1989), Erfassung, Bewertung und Gestaltung von Unternehmenskulturen, in: zfo 3/1989, 168–173.

Huck, H. / Sourisseaux, A. (1986), Unternehmenskultur, in: Blick durch die Wirtschaft, 27.8.1986.

Huber, M. (1985), Die betriebspädagogische Bedeutung von Betriebsphilosophien, München.

Hübner, J. (1990), Unternehmensphilosophie, Unternehmensethik und Unternehmenskultur, gehalten als Vortrag in Feldafing am 19.2.1990.

Inglehart, R. (1979), Wertewandel in westlichen Gesellschaften, in: Wertwandel und gesellschaftlicher Wandel, Hrsg.: Klages, G., Frankfurt, 296–318.

Itin, E. (1989), Das IBM-Credo: Zuerst der Mensch, in: io Management Zeitschrift 5/1989, 43–45.

Jacques, E. (1951), The Changing Culture of a Factory, London.

Karner, H.F. (1987), „Wieviel Raum für Ethik gibt es in einem multinationalen Konzern?“, Vortrag zum Internat. Symposium Economica „Wirtschaftsethik“, Wien.

Kaske, K (1985), Herausforderung führt zu Leistung, in: Informationen, Argumente für die Führungskräfte des Hauses Siemens (5.1.1985), Hrsg.: Siemens AG, Berlin und München.

ders. (1986), Rundschreiben vom 29.1.1986, Hrsg.: Siemens AG, Berlin und München.
Kaufmann, F.-X., Kerber, W., Zulehner, M. (1986), Ethos und Religion bei Führungskräften, München.
Keller, E.v. (1982), Management in fremden Kulturen, Bern.
Kerber, W. (1970), Wettbewerb und Wirtschaftsordnung in sozialethischer Sicht, in: Jahrbuch für Christliche Sozialwissenschaften, Hrsg.: Weber, W., Bd. 11, 21–43.
ders. (1990), Sittlich handeln unter dem Druck ökonomischer Sachzwänge, in: Wirtschaftswissenschaft und Ethik, Hrsg.: Hesse, H., Berlin², 240–258.
Klose, A. (1979), Die Katholische Soziallehre: ihr Anspruch, ihre Aktualität, Graz.
ders. (1982), Zur Kulturordnung, in: Bleibendes und Veränderliches in der katholischen Soziallehre, Hrsg.: Klose, A./Merk,G., Berlin, 119–132.
ders. (1986), Maßstäbe für Entscheider, Konzeption einer Unternehmensethik, in: Die Neue Ordnung, Hrsg.: Inst. für Gesellschaftswissenschaften Walberberg, Walberberg, 102–118.
ders. (1988), Unternehmerethik, Linz.
Klose, A. u.a. (Hrsg.) (1980), Katholisches Soziallexikon, Innsbruck².
Kluckhohn, C. (1949), Mirror for Man, The Relation of Anthropology of Modern Life, New York³.
Klüber, F. (1968), Katholische Gesellschaftslehre, Osnabrück.
ders. (1982), Der Umbruch des Denkens in der katholischen Soziallehre, Köln.
Kobi, J.-M. / Wüthrich, H.A. (1986), Unternehmenskultur verstehen, erfassen, gestalten, Landsberg.
ders. (1988), Kulturbewußtes Management, in: Management Zeitschrift 2/1988, 74–76.
König, F. (1982), Die Ethik des Unternehmertums, Thauer/Tirol.
Kondziela, J. (1980), Subsidiaritätsprinzip, in: Katholisches Soziallexikon, Hrsg.: Klose, A. u.a., 2577–2585.
Kopp, B. (1974), Beiträge zur Kulturphilosophie der deutschen Klassik, Meisenheim.
Korff, W. (1988), Umweltschutz aus wirtschaftsethischer Verantwortung, in: BKU, Ausgewählte Vorträge Nr. 1, Köln.
ders. (1989), Zur naturrechtlichen Grundlegung der katholischen Soziallehre, in: Kirche heute, Bd. 3, Christliche Gesellschaftslehre, Hrsg.: Baadte, G./Rauscher, A., Graz, 31–52.
ders. (1990), Die Wirtschaft vor der Herausforderung der Umweltkrise, in: Energiewirtschaftliche Tagesfragen, 40.Jg., Heft 1/2, 27–35.
Koslowski, P. (1987), Die postmoderne Kultur, Gesellschaftlich-kulturelle Konsequenzen der technischen Entwicklung, in: Schriftenreihe des Bundeskanzleramtes, Band 2, München.
ders. (1988), Prinzipien der ethischen Ökonomie, Tübingen.
Kreikebaum, H. (1989), Die Wahrnehmung von Verantwortung, in: Personalführung, 11/1989, 1054–1057.
Kroeber, A.L. / Kluckhohn C. (1952), Culture, A Critical Review of Concepts and Definitions, Cambridge.

Küffner, G. (1985), Ohne Menschen geht es nicht, Die vollautomatische Fabrik, in: FAZ, 28.12.1985.
Kürn, H. Chr. (1989), Ethik im Unternehmen – Beschreibung und Begründung einiger Anstrengungen, in: Dialogprogramm..., Bd. 3, 73–79.
Kürpick, H. (1986), Gemeinwohlverantwortung des Unternehmers, in: Gesellschaftspolitische Korrespondenz, Heft 6, Hrsg.: BKU, Köln.
Lay, R.(1983), Ethik für Wirtschaft und Politik, Langen.
ders. (1989), Ethik für Manager, Düsseldorf.
ders. (1990), Die Macht der Moral, Düsseldorf.
Leder, Th. (1987), Was bewegt das Unternehmen?, in: Blick durch die Wirtschaft, 2.1.1987.
Leitherer, E. (1986), Identität, Identifikation, Unternehmenskultur, in: Blick durch die Wirtschaft, 22.8.1986.
Lehmann, K. (1989), Die Verantwortung des Unternehmers, in: s. Roos/Watrin (1989), 71–94.
Leser, N. (1984), Sozialphilosophie, Wien.
ders. (1985), Grundsätze und Einseitigkeiten – Von Weltanschauungen lernen, in: Nachdenken über Politik, Hrsg.: Krainer, J. u.a., Graz, 41–52.
ders. (1986), Genius Austriacus, Beiträge zur politischen Geschichte und Geistesgeschichte Österreichs, Wien[2].
Marcuse, H. (1989), Der eindimensionale Mensch, Darmstadt[23].
Matschoß, Konrad (1916), Werner Siemens, ein kurzgefaßtes Lebensbild nebst einer Auswahl seiner Briefe, 2 Bände, Berlin.
Messner, Joh. (1954), Kulturethik mit Grundlegung durch Prinzipienethik und Persönlichkeitsethik, Innsbruck.
ders. (1969), Kultur, in : Hörmann, K., Lexikon der christlichen Moral, Innsbruck, 725–731.
ders. (1969), Du und der andere, Vom Sinn der menschlichen Gesellschaft, Kommentarreihe zur Pastoralkonstitution des Zweiten Vatikanischen Konzils, in: Veröffentlichungen der Katholischen Sozialwissenschaftlichen Zentralstelle Mönchengladbach, Köln.
ders. (1975), Das Unternehmerbild in der katholischen Soziallehre, in: ders., Ethik und Gesellschaft, Aufsätze 1965–1974.
ders. (1984), Das Naturrecht, Handbuch der Gesellschaftsethik, Staatsethik und Wirtschaftsethik, Berlin[7].
Mieth, D. (1988), Wirtschaft und Technologie: Zum Problem der Verantwortung, in: Dialogprogramm..., Bd. 2, 1–18.
Mill, J.St. (1969), Über die Freiheit, Stuttgart.
Mohn, R. (1986), Der Mensch in der Welt der Arbeit, in: Personalführung 7/86, 305.
Mühlmann, W.E. (1966), Umrisse und Probleme einer Kulturanthropologie, in: Kulturanthropologie, Hrsg.: Mühlmann,W.E./Müller,E.W., Köln, 15–49.
Müller, H.J. (1988), Die acht Mißverständnisse der Firmenkultur, in: Management Wissen 8/88, 24.
Müri, P. (1985), Stehen wir am Beginn des Kulturzeitalters?, in: Management Zeitschrift 4/1985, 205–209.

Nahrendorf, R. (1989), Ohne Ethos verkommt die Wirtschaft, in: Handelsblatt, Nr. 242, 15./16.12.1989, 1.

Nawroth, E. (1986), Wirtschaftliche Sachgesetzlichkeit und Wirtschaftsethik, Essen.

ders. (1989), Humanisierung der Marktwirtschaft, in: Kirche – Wirtschaft, Hrsg.: Schmölz, F.-M., Innsbruck, 63–74.

Nell-Breuning, O.v. (1967), Staat und Wirtschaft, Beschlüsse des 2. Vatikanischen Konzils, Freiburg.

ders. (1968), Mitbestimmung, Frankfurt a.M..

ders. (1976), Ein katholisches Prinzip?, in: Kirche und moderne Gesellschaft, Hrsg.: Brockmann, H.Wilh., Düsseldorf, 61–83.

ders. (1979), Soziale Sicherheit? Zu Grundfragen der Sozialordnung aus christlicher Verantwortung, Freiburg.

ders. (1983a), Soziallehre der Kirche, Erläuterungen der lehramtlichen Dokumente, Hrsg.: Katholische Sozialakademie Österreichs, Wien³.

ders. (1983b), Worauf es mir ankommt, Zur sozialen Verantwortung, Freiburg.

ders. (1985), Gerechtigkeit und Freiheit, Grundzüge katholischer Soziallehre, München².

ders. (1987), Unsere Verantwortung, Für eine solidarische Gesellschaft, Freiburg.

ders. (1990), Baugesetze der Gesellschaft, Solidarität und Subsidiarität, Freiburg.

Neuberger, O. / Kompa, A. (1987), Wir, die Firma, Der Kult um die Unternehmenskultur, Weinheim.

Neuberger, O. (1990), Der Mensch ist Mittelpunkt. Der Mensch ist Mittel. Punkt., Acht Thesen zum Personalwesen, in: Personalführung, 1/1990, 3–10.

Niedermann, J. (1941), Kultur: Werden und Wandlungen des Begriffs und seiner Ersatzbegriffe von Cicero bis Herder, Florenz.

Ockenfels, W. (1985), Fünf Thesen zur Ethik der Technik, in: BKU, Diskussionsbeiträge, Heft 5: Technischer Fortschritt in sozialethischer Verantwortung, Bonn, 11–12.

ders. (1991), Technischer Fortschritt – Moralische Bewältigung, in: Lebendiges Zeugnis, Heft 1, 46. Jg., 27–36.

Oeing-Hanhoff, L.(1981), Freiheit und Solidarität, Zur Kritik des liberalistischen und sozialistischen Freiheitsverständnisses, in: Personale Freiheit und pluralistische Gesellschaft, Hrsg.: Pöltner, G., Wien, 9–21.

Paschen, K. (1977), Führungsleitsätze – eine modische Erscheinung oder eine effiziente Chance für Unternehmenssteuerung?, in: Der Betriebswirt, 6/1977, 677–686.

Perpeet, W. (1984), Zur Wortbedeutung von Kultur, in: Naturplan und Verfallskritik, Hrsg.: Brackert, H./ Wefelmeyer, F., 21–28.

Plesser, E.H. (1985), Rentabilität und Humanität, in: Beiträge zur Gesellschafts- und Bildungspolitik, Institut der deutschen Wirtschaft, 2/1985, Heft 106, 35–59.

ders. (1988), Unternehmer zwischen Rentabilitätszwängen und Glaubwürdigkeit, in: Beiträge zur Gesellschaftspolitik, Hrsg.: BKU, Heft 28, Köln.

Plesser, E.H. / Dräger, W. (1973), Das Unternehmen im Dienste des Menschen und der Gesellschaft, in: BKU, Beiträge zur Gesellschaftspolitik, Nr. 11, Bonn.

Portmann, A. (1974), An den Grenzen des Wissens; ein Beitrag der Biologie zu einem neuen Weltbild, Wien[2].
Pramann, G. (1985), Unternehmenskultur und Unternehmensführung, in: Blick durch die Wirtschaft, 15.11.1985, 4.
Pümpin, C. u.a. (1988), Unternehmenskultur, Basis strategischer Profilierung erfolgreicher Unternehmen, in: Die Orientierung, Nr. 85, Bern.
Ratzinger, J. (1985), Technische Sicherheit als sozialethisches Problem, in: Beiträge zur Gesellschafts- und Bildungspolitik, Institut der deutschen Wirtschaft, 2/1985, Heft 106, 24–34.
Rauscher, A. (1971), Wissen und Gewissen als Grundlage von Entscheidungen, in: Menschen im Entscheidungsprozeß, Hrsg.: Klose, A./Weiler, R, 47–58, Wien.
Reichart, L. (1989), Führungskultur: Ethik und Macht, in: Lernfeld Betrieb, 2/1989, 11–14.
Reisinger, F. (1989), Nota zum Wirtschaftskapitel in „Gaudium et spes", in: Kirche-Wirtschaft, Überwundene Berührungsängste, Hrsg.: Schmölz, F.-M., Innsbruck, 25–42.
Reuter, E. (1989a), Unternehmenskultur: Modische Managementtechnik oder moralische Herausforderung?, Vortrag vor dem Internat. Lichtensteiner Presseclub.
ders. (1989b), Anhalten, wenn der Weg in die Irre führt, in: Manager Magazin 2/1989, 140–141.
Rich, A. (1987), Wirtschaftsethik, Grundlagen in theologischer Perspektive, Gütersloh[3].
Ricken, F. (1983), Allgemeine Ethik, in: Grundkurs Philosphie Bd. 4, Stuttgart.
Rieckmann, H. (1990), Sieben Thesen und ein Fazit, in: Personalführung 1/1990, 12–17.
Roos, L. (1971), Ordnung und Gestaltung der Wirtschaft, Grundlagen und Grundsätze der Wirtschaftsethik nach dem II. Vatikanischen Konzil, Köln.
ders. (1977), Kirche – Politik – soziale Frage: Bischof Ketteler als Wegbereiter des sozialen und politischen Katholizismus, in: Rauscher, A. u. Roos, L., Die soziale Verantwortung der Kirche, Wege und Erfahrungen von Ketteler bis heute, Köln.
ders. (1988a), Zuversicht für die arme Welt, in: Rheinischer Merkur, Sonderdruck zur neuen Enzyklika des Papstes: „Sollicitudo rei socialis", Bonn.
ders. (1988b), Freiheit und Solidarität, Zur Ordnungsethik in Sollicitudo rei socialis, in: Kirche und Gesellschaft, Nr. 149, Hrsg.: Katholische Sozialwissenschaftliche Zentralstelle, Mönchengladbach.
ders. (1989), Mitarbeiterführung und neue Unternehmensethik, in: BKU, Ausgewählte Vorträge, Nr. 8.
ders. (1990), Christliches Ethos der Arbeit, in: Christliches Arbeitsethos und moderne Arbeitskultur, Hrsg.: Vereinigung zur Förderung der christlichen Sozialwissenschaften, Paderborn, 7–33.
Roos, L. / Watrin, Chr. (Hrsg.) (1989), Das Ethos des Unternehmers, in: BKU, Beiträge zur Gesellschaftspolitik, Bd. 30, Trier.

Rosche, J.-D. (1988), Katholische Soziallehre und Unternehmensordnung, in: Abhandlungen zur Sozialethik, Bd. 27, Hrsg.: Rauscher, Anton u. Roos, Lothar, Paderborn.
Rückle, H. (1987), Keine Strategie ohne Philosophie, Die Identifikation mit den Unternehmenszielen weckt neue Energien, in: Blick durch die Wirtschaft, 27.11.1987.
Rühli, E. (1984), Unternehmenspolitik als Problem der entscheidungsorientierten Betriebswirtschaftslehre, in: Betriebswirtschaftliche Entscheidung bei Stagnation, Hrsg.: Pack, L./Börner, D., Wiesbaden, 21–36.
Rüttinger, R. (1986), Personalentwicklung, Vermittler zwischen Mitarbeiter- und Unternehmenskultur, in: Personalführung 7/86, 299–303.
Schein, E.H. (1984), Soll und kann man eine Organisationskultur verändern?, in: gdi-impuls, 2/1984, 31–43.
Scheuplein, H. (1987), Unternehmenskultur und persönliche Weiterentwicklung, in: zfo, 5/1987, 301–304.
Scheuten, W.K. (1985), Wertewandel und Unternehmenskultur, in: Der Arbeitgeber 17/37, 608f.
Schmidt, K.-D. (1989), Zur Kompetenz der Kirche in Wirtschaftsfragen, in: BKU, Ausgewählte Vorträge, Nr. 4, Köln.
Schmidt, J. (1986), Unbewußte Fehler im Umgang mit Menschen, Erfolgsfaktor Humankapital, in: Blick durch die Wirtschaft, 6.8.1986.
Schneider, L. (1985), Subsidiäre Gesellschaft, in: Abhandlungen zur Sozialethik, Bd. 24, Hrsg.: Rauscher, A. u. Roos, L., Paderborn[2].
Schuhmacher, B. (1986), Unternehmenskultur und fortschrittliche Personalführung, in: Blick durch die Wirtschaft, 20.3.1986.
ders. (1986b), Die Identitätsbildung wird unterstützt, Unternehmenskultur als stabile Motivation im Wandel der Werte, in: Blick durch die Wirtschaft, 24.9.1986.
Schumpeter, J.A. (1961), Konjunkturzyklen, 2 Bände, Göttingen.
ders. (1987), Beiträge zur Sozialökonomik, Hrsg.: Böhm, St., Wien.
Seidel, E. (1987), Unternehmenskultur, in: zfo, 5/1987, 295–300.
Selznick, P. (1957), Leadership in Administration, Evanston.
Short, L.E. / Ferrat, Th.W. (1984), Work unit Culture: Strategic starting point in building organizational change, in: Management Review, 8/1984, 15–19.
Siemens, C.F.v. (o.J.), Reden und Aufsätze, 5 Bände + Nachtrag, (o.O.).
Siemens, Georg (1957), Erziehendes Leben, Freiburg.
ders. (1962), Carl Friedrich von Siemens, Ein großer Unternehmer, Freiburg[2].
Siemens, W.v. (1983), Lebenserinnerungen, München[17].
Sigl, H. (1986), Unternehmenskultur: Ist sie für die Praxis von Bedeutung?, in: Personalführung 7/86, 290–294.
Spaemann, R. (1986), Moralische Grundbegriffe, München[3].
Spangenberger, M. (1988), Dialog als Auftrag, Düsseldorf.
Spengler, O. (1988), Der Untergang des Abendlandes, München[9].
Spieker, M. (1989), Gewinn und Gemeinwohl, in: s. Roos/Watrin (1989), 95–116.
Splett, J.(1978), Der Mensch ist Person, Zur christlichen Rechtfertigung des Menschseins, Frankfurt.

ders. (1978b), Gotteserfahrung im Denken, Zur philosophischen Rechtfertigung des Redens von Gott, Freiburg².

ders. (1981), Konturen der Freiheit, Zum christlichen Sprechen vom Menschen, Frankfurt².

ders. (1981b), Lernziel Menschlichkeit, Philosophische Grundperspektiven, Frankfurt.

Stagl, J. (1974), Kulturanthropologie und Gesellschaft, Wege zu einer Wissenschaft, München.

Stark, W. / Scheilke, Chr. (1989), Moralische Bildung als Unternehmensziel, in: Lernfeld Betrieb, 2/1989, 15–17.

Staffelbach, B. (1988), Werte im Management, in: zfo 1/1988, 25–30.

Steinmann, H. (1973), Zur Lehre von der „Gesellschaftlichen Verantwortung der Unternehmensführung", in: Wirtschaftswissenschaftliches Studium 2/10, 368–389.

Tacke, G. (1976), Ein Beitrag zur Geschichte der Siemens AG, Der Weg zum Weltunternehmen, Hrsg.: Siemens AG, Berlin und München.

Texte zur katholischen Soziallehre (1989), Hrsg.: Bundesverband der KAB Deutschlands, Kevelaer⁷.

Then, W. (1988), Vom Wandel im „System Arbeit", in: BKU, Ausgewählte Vorträge, Nr. 2, Köln.

ders. (1990), Auf dem Weg zur einer neuen Arbeitskultur, in: Christliches Arbeitsethos und moderne Arbeitskultur, Hrsg.: Vereinigung zur Förderung der christlichen Sozialwissenschaften, Paderborn, 35–62.

Thommen, J.-P. (1988), Ethik für Manager?, in: gdi-Impuls, 1/88, 43–54.

Toffler, A. (1972), Der Zukunftsschock, Bern⁶.

ders. (1975), Die Grenzen der Krise, Bern.

Tylor, E.B. (1958), The Origine of Cultur, New York.

Ulrich, H. (1970), Die Unternehmung als produktives soziales System, Bern².

Utz, A.F. (1958), Sozialethik, Bd. 1, Die Prinzipien der Gesellschaftslehre, Heidelberg.

ders. (1983), Ethische und soziale Existenz, Gesammelte Aufsätze aus Ethik und Sozialphilosophie, in: Veröffentlichungen des Institutes für Gesellschaftswissenschaften Walberberg, Bd. 9, Hrsg.: Streithofen, H.B., Walberberg.

Verlaubarungen des Apostolischen Stuhls (1991), Enzyklika „Centesimus annus", 101, Bonn.

Virt, G. (1988), Umwelt – Eine Gewissensfrage?, in: Für ein Lebensrecht der Schöpfung, Hrsg.: Bauer, D.M./Virt, G., Salzburg, 16–38.

ders. (o.J.), Das Gewissen im Widerspruch, Antrittsvorlesung.

Wächter, H. (1990), Personal oder Menschen als Gegenstand einer Personalwirtschaftslehre, in: Personalführung 1/1990, 18–22.

Weber, W. (1973), Der Unternehmer, Eine umstrittene Sozialgestalt zwischen Ideologie und Wirklichkeit, Hrsg.: Internationale Stiftung Humanum, Bd. 7, Köln.

Wehrhahn, P.H. (1990), Der Unternehmer, Trier.

Weiher, S.v.; Goetzeler, H. (1981), Weg und Wirken der Siemens-Werke im Fortschritt der Elektrotechnik 1847–1980; Hrsg.: Siemens AG, Berlin und München[3].

Weiler, R. (1968), Die Frage des Menschen: Wer bin ich? Köln.

ders. (1980), Einführung in die Katholische Soziallehre, 2. Teil, Katholische Soziallehre im System[3], in: Publikationen des Institutes für Ethik und Sozialwissenschaften der Kath.-Theol. Fakultät der Universität Wien, Hrsg.: Rudolf Weiler, Wien.

ders. (1982), Zur Grundwertordnung, in: Bleibendes und Veränderliches in der katholischen Sozialordnung, Hrsg.: Klose, A./Merk, G., Berlin, 73–80.

ders. (1983), Einführung in die Katholische Soziallehre, 1. Teil, Die soziale Botschaft der Kirche[4], in: vgl. Weiler (1980).

ders. (1985), Wirtschaftsethik, in: vgl. Weiler (1980).

ders. (1987), Zur sittlichen Ordnung des Marktes, in: Gesellschaft und Politik 3/87, Hrsg.: Inst. für Sozialpolitik und Sozialreform, 37–41, Wien.

ders. (1989), Die Entwicklungsökonomie vor der Wertfrage, in: Kirche – Wirtschaft, Hrsg.: Schmölz, F.-M., Innsbruck, 101–112.

ders. (1990), Gemeinwohl, in: Neues Lexikon der christlichen Moral, Hrsg.: Rotter, H./Virt, G., Innsbruck, 237–242.

ders. (1991), Die Menschheit in vielen Ethosformen und Kulturen vor der Frage nach der sittlichen Ordnung, Wien.

Weizäcker, C.F.v. (1988), Bewußtseinswandel, München.

Wever, U.A. (1987), Unternehmenskultur – was ist das?, Eigenverlag der Hypo-Bank, München.

Wittenzellner, Chr. (1988), Suche nach Normen, in: Management Wissen, 1/1988, 82–83.

Wittkowski, B. (1987), „So-Tech"-Programm stellt den Menschen in den Mittelpunkt, in: Frankfurter Rundschau, 18.3.1976.

Wunderer, R. / Grunewald, W. (1980), Grundlagen der Führung, Kooperative Führung, 2 Bände, Berlin.

Zsifkovits, V. (1980), Gemeinwohl, in: Katholisches Soziallexikon, s. Klose, A. u.a. (1990), 854–862.

ders. (1980), Subsidiaritätsprinzip, in: Katholisches Soziallexikon, s. Klose, A. u.a. (1990), 2994–3000.

Zürn, P. (1986), Vom Geist und Stil des Hauses, Landsberg[2].

Publikationen der Siemens AG, Berlin und München

Bildungsarbeit aktuell (1988).

Fakten und Argumente für gesellschaftspolitische Öffentlichkeitsarbeit (1989).

ders. (1990).

Fragen und Antworten für die Hauptversammlung 1991.

Firmenkundlicher Bericht über Siemens (1990).

Geschäftsbericht (1989).

Leitsätze für Führungskräfte (10/87).

Mitarbeiter im Unternehmen (1990).

Siemens aktuell, Daten und Fakten, Internationale Ausgabe (1990).

ders. (1991).

Siemens Archiv Akte (SAA).

Siemens-Nixdorf, Synergy at work (1990).

Siemens Corporate-Image bei Kunden (1988).

Unsere Umwelt erhalten, Informations- und Kommunikationstechnik für den Umweltschutz (1989).

Unternehmensleitsätze – Grundsätze der Organisation und Zusammenarbeit (1990).

Unternehmensleitlinien

Folgende Unternehmen stellten Materialien zur Verfügung:

Daimler-Benz AG
Siemens AG
Volkswagen AG
VEBA Oel AG
BASF AG
Hoechst AG
Bayer AG
Thyssen AG
Bosch GmbH
RWE AG
BMW AG
Ruhrkohle AG
Ford AG
Adam Opel AG
Deutsche Shell AG
Degussa AG
Esso AG
Preussag AG
IBM Deutschland GmbH
Deutsche BP AG
Henkel KGaA
Salzgitter AG
Hoesch AG
Deutsche Unilever
Continental AG
MBB
Klöckner GmbH
Holzmann AG
Philip Morris GmbH
Nixdorf AG
Schering AG
Deutsche Babcock AG
FAG-Kugelfischer KGaA
Beiersdorf AG
Grundig
Hewlett Packard GmbH